山东省高等学校"十三五"人文社科研究基地民商事法律与民生研究中心科研成果文库

ZHISHI CHANQUAN
FALÜ YINGYONG YANJIU

知识产权法律应用研究

隋洪明　著

知识产权出版社
Intellectual Property Publishing House
全国百佳图书出版单位

图书在版编目（CIP）数据

知识产权法律应用研究/隋洪明著. — 北京：知识产权出版社，2019.4
ISBN 978-7-5130-6122-3

Ⅰ.①知… Ⅱ.①隋… Ⅲ.①知识产权法－研究－中国 Ⅳ.①D923.404

中国版本图书馆CIP数据核字(2019)第034822号

内容提要

本书系统全面地从专利权、商标权、著作权及其他知识产权法律四个方面出发，按照理论—原理—问题—对策的路径，将知识产权领域的相关理论、原理与所涉及的实务工作、案例相结合，致力于解决企业和知识产权法律工作者遇到的难题。运用知识产权理论与实践相结合的方法，侧重实务问题的可操作性，寻求符合知识产权内在本质的特有规律，提供知识产权纠纷的解决思路，旨在为有志于从事知识产权法律事务的学子和实务工作者提供专业的指导与启迪，为知识产权法律的实施与应用提供借鉴与方法。

责任编辑：李小娟　　　　　　　　**责任印制**：孙婷婷

知识产权法律应用研究

ZHISHI CHANQUAN FALÜ YINGYONG YANJIU

隋洪明　著

出版发行：**知识产权出版社** 有限责任公司　　网　　址：http://www.ipph.cn
电　　话：010－82004826　　　　　　　　　　　　　　 http://www.laichushu.com
社　　址：北京市海淀区气象路50号院　　邮　　编：100081
责编电话：010－82000860转8531　　　　责编邮箱：lixiaojuan@cnipr.com
发行电话：010－82000860转8101　　　　发行传真：010－82000893
印　　刷：北京中献拓方科技发展有限公司　经　　销：各大网上书店、新华书店及相关专业书店
开　　本：720mm×1000mm　1/16　　　　印　　张：24.75
版　　次：2019年4月第1版　　　　　　　印　　次：2019年4月第1次印刷
字　　数：435千字　　　　　　　　　　 定　　价：78.00元
ISBN 978-7-5130-6122-3

编辑委员会

前　言

知识产权法律问题今天已成为备受关注的显学。知识产权正在成为国家发展的关键，企业竞争的利器。随着以网络空间和人工智能为代表的现代科技的迅速发展，知识产权在经济、社会与生活等各领域发挥着越来越重要的作用，占据的地位也越来越无可替代。

无论在理论界还是在实务中，知识产权都是亟待深入开垦的宝地。国家知识产权战略的实施，为知识产权发展提供了千载难遇的良机，也为知识产权人提出了时不我待的要求。然而，遗憾的是，除专业研究及实务领域外，公众对于知识产权的理解和认识还非常浅薄，还停留在懵懂阶段，不要说自觉地运用知识产权，即使是基本知识的学习也还停留在启蒙阶段，这显然无法适应国家经济、科技形势发展的要求，也不能满足现实社会对现代市场主体的需求。因此，出版一部系统性的将知识产权基本原理与实务结合起来进行研究的专门书籍就成为必然的选择。为将知识产权原理运用于实践，将理论与实践结合起来，便于人们对知识产权的学习与应用，使知识产权的价值得到体现，作者确定了这一选题。基于此，本书在撰写的过程中注重实务性与应用性，不刻意追求理论的深奥与逻辑的推理，也不同于一般的案例分析，而是旨在实用性的基础上，让读者知道知识产权法律与实务"是什么，为什么，怎么做"。

迄今为止，虽然理论界与实务界积累了知识产权大量的研究成果，但由于各自的局限，在理论与实践的结合上还存在着非常薄弱的环节。以知识产权类教材与专著为代表的教学科研成果基本上是理论介绍和原理阐述，而法官和律师等编写的书籍大多侧重于判决的解读与案例分析，这些成果或书籍要么理论性较强而应用性不足，无法满足实际应用的需求，要么只是就事论事的简单分析，让人知其然而不知其所以然。其直接的结果是本科毕业、硕士毕业甚至博士毕业的学子们即使通过了严苛的法律职业资格考试，走上知识产权专业工作岗位后，面对或易或难的知识产权业务依然无从下手，而众多长期从事知识产权业务的"资深"从业者往往只知道怎么做而不知道为什么这样做，一旦出现问题或纠纷则不知道症结出在哪里，所以，有一项以理论为指导进行实务解读的研究成果是现实的迫切需求。本书试图在这方面做出自己的努力，使读者在学习知识产权知识的过程中知道其原理是什么，知道核心症结是什么，知道该如何应用，同时可以找到相应的法律依据以及司法判例，便于依法分析问题、解决问题。

目　录

原 理 篇

实 务 篇

原理篇

第一章

知识产权概述

第一节　知识产权基本概念

一、知识产权概述

（一）知识产权的定义

知识产权又称为智力成果权，是人们对于自己的智力劳动创造的成果和经营管理活动中的标记信誉依法享有的各项权利的总称。不同专家和学者在不同的场合对于知识产权定义的表述有所区别，但基本内涵大同小异，都认同其基本的性质为：知识产权是一种法律上确认的智力成果权利，她可以为权利人带来实际的经济利益，也可以具有潜在的荣誉与精神利益。囿于纯学术研究的局限性，一味深究其字面的形式差别在实际中的应用价值不大，对此不一一列举与评析。

通常国外的定义方式是通过列举知识产权的范围说明其含义，以便准确地界定，这种定义方式大多体现在外国法律法规以及世界知识产权组织的文件中，其优点是清楚明确，易于理解知识产权的含义，但缺点是无法穷尽全部外延。而且，随着科技与法律的不断变化知识产权的范畴也会不断变化，往往需要及时补充知识产权的范围与内容，而法律的发展又常常落后于科技的发展，我国的知识产权定义更倾向于用概括的语言来抽象地界定知识产权的范围与含义，更容易揭示知识产权的本质。

（二）知识产权的含义解读

根据知识产权的定义可知，知识产权的含义主要有两个方面：一是知识产权是一种智力成果权，是人的脑力劳动创造出来的无形的权利，区别于有形的物权，不占用任何空间，有着自己的特性，属于无形财产权。二是知识产权是一种法律赋予的权利，需要有法律的明文规定权利才能产生，一般知识产权的取得需要通过法律程序，经过相应国家机关的审批，得到法律的确认才能获得相应的权利。

（三）知识产权的范围

知识产权的范围非常广泛，源于西方发达国家的知识产权在其产生与发展的过程中，其范围始终受到资本主义国家的高度重视，体现在以西方国家为主签署的条约中，尽可能穷尽一切可能保护的范围，为保护其已建立起的领先优势服务。《成立世界知识产权组织公约》(1967 年) 第二条第八项规定："知识产权"包括下列有关的产权：文学、艺术和科学著作或作品；表演艺术家的演出、唱片或录音片或广播；人类经过努力在各个领域的发明；科学发现；工业品外观设计；商标、服务标志和商号名称及标识；以及所有其他在工业、科学、文学或艺术领域中的智能活动产生的产权。根据 1995 年 1 月 1 日成立的世界贸易组织（WTO）的《与贸易有关的知识产权协定》（Agreement on Trade-Related Aspects of Intellectual Property Rights，TRIPS，以下简称《TRIPS 协定》），知识产权包括：版权与邻接权、商标权、地理标志权、工业品外观设计观、专利权、集成电路布图设计权以及未公开的信息专有权，主要是商业秘密权。由于科学技术的进步，新的技术领域不断出现，人类智能产物应受法律保护的日益增多，知识产权的范围也逐渐扩大。例如受保护对象又增加了版面设计、计算机软件、专有技术、集成电路，等等，而且随着科技的发展还在不断增加，甚至未知的领域随时都会出现。所以，知识产权现在是一个尚在扩大中的、一类权利的总称。十二届全国人民代表大会第五次会议表决通过的《中华人民共和国民法总则》（以下简称《民法总则》)中规定了 8 种知识产权类型，即著作权、专利权、商标权、地理标志权、商业秘密权、集成电路权、植物新品种权和其他科技成果权，并规定了知识产权的民法保护制度，使我国的知识产权保护更加完善。[①]

---

① 《民法总则》第一百二十三条。

（四）知识产权的特征

由于知识产权的客体是人的脑力劳动创造的成果，具有无形性，决定了知识产权不同于一般财产权利。知识产权与一般财产权利相比，具有以下几方面的特征。

1. 专有性

或称独占性、垄断性，除权利人同意或法律规定外，权利人以外的任何人不得享有或使用该项权利。由于知识产权的无形性不同于有形财产的时空独占性，其知识权利内容可以为其他人在同一时空中所获得，可以为不同的人在不同的地点同时得到或使用，也就使知识产权权利极易受到侵害，被他人窃取或以其他不正当手段获得。一旦出现这样的情形，对于智力成果的创造人将是极大的不公平，甚至是灾难性的。对于社会而言，将伤害发明创造者创新的积极性，甚至阻碍社会的发展。为此，法律必须以特殊的方式对原始发明创造人进行特殊保护，赋予发明创造人独占的权利，将智力成果与权利人的人身紧密联系，使其终身受益，以保护最先的发明创造权利人，使权利人独占或垄断的专有权利受严格保护，不受他人侵犯，只有在特定的例外情况下，通过"强制许可"等法律有明确规定的程序，才能变更权利人的专有权或者使用权。

2. 地域性

知识产权不同于有形财产权，只在特定的地域范围内才能享受权利。由于知识产权是根据一国的法律授予的，根据法律规定，知识产权只在得到确认和保护的国家或地区内有效，在其他国家不能发生法律效力；即经一国法律所保护的某项权利只在该国范围内发生法律效力，除非国家之间签有国际公约或双边互惠协定可以相互承认，否则，得不到其他国家的承认，不受该国法律的保护。所以，从理论上说，知识产权既具有地域性，在一定条件下又具有国际性。在实务操作中，知识产权主体要获得知识产权，使自己的权利得到有效的保护，必须到相应国家申请，得到所在国家相应机关的批准，得到所在国家法律的认可，否则，不受法律的保护，在一个国家享有权利的知识产权，如果没有得到另一个国家的承认，履行相应的法律手续，即不享有相应的权利。

3. 时间性

知识产权不同于物权，是有时间限制的，不具有永久性，只在法律规定的有效期限受到保护，一旦超过了法律规定的期限，即失去了相应的权利，不再受到保护。各国法律根据自己的情况对保护期限都有自己的规定，其期限的长短可能一致，也可能不完全相同，只有参加国际协定或进行国际申请时，才对某项权利有统一的保护期限。美国 1976 年的《版权法》将著作权保护期限规定为作者终身及其死后 50 年。1998 年美国国会又通过《著作权期限延伸法》，将个人著作权期限延长到作者去世后 70 年，而将公司的著作权延长为 95 年。德国 1837 年的《版权法》规定的保护期为作者有生之年加死后 30 年，后来又延长到作者有生之年加死后 70 年，[①] 我国法律对于知识产权的保护期限借鉴国际条约和其他国家的先进做法，结合我国的实际情况分别做了规定，著作权自然人保护期为作者终生及其死亡后 50 年，截止于作者死亡后第 50 年的 12 月 31 日；如果是合作作品，截止于最后死亡的作者死亡后第 50 年的 12 月 31 日。法人作品的保护期为 50 年，截止于作品首次发表后第 50 年的 12 月 31 日，但作品完成后 50 年内未发表的，不再保护。发明专利权的期限为 20 年，实用新型专利权和外观设计专利权的期限为 10 年，均自申请日起计算。注册商标的有效期为 10 年，自核准注册之日起计算。注册商标有效期满，需要继续使用的，商标注册人应当在期满前 12 个月内按照规定办理续展手续；在此期间未能办理的，可以给予 6 个月的宽展，每次续展注册的有效期为 10 年，自该商标上一届有效期满次日起计算。期满未办理续展手续的，注销其注册商标。知识产权权利人必须根据法律规定维护自己的合法权益，如果超过了规定的期限，将失去法律的保护。

4. 绝对性

知识产权具有排他性，一项知识产权权利只授予一个主体，权利人以外的任何人都不得违反法律规定侵犯权利人的权利，否则，应依法承担相应的法律责任，受到法律的制裁。理论上，知识产权属于绝对权，在某些方面类似于物权中的所有权，对客体具有直接支配的权利，可以使用、收益、处分以及其他权利获取相应的利益；当然，在一定的条件下，经过合法的途径并履行法定的手续，除人身权部分外，其他权利可以进行移转，使知识产权发挥更大的作用。

---

① 　冯晓青 . 知识产权法利益平衡理论 [M]. 北京：中国政法大学出版社，2006：230.

二、专利权概述

（一）专利权的定义

专利权（patent right）是一种独占权，一般法律意义上，是指一项发明创造向国家审批机关提出专利申请，经依法审查合格后向专利申请人授予的在规定的时间内对该项发明创造享有的专有权利。

（二）专利权的含义

专利权属于知识产权的组成部分，专利权的含义广泛，从不同的角度可以对专利权做不同的理解。在非法律意义上所说的专利通常是指"独占""专有"的意思，法律意义上的专利则有准确的含义，一般包括三层含义：一是指法律上的专利权，指专利权人依法对发明创造享有的专有权，是国家按照《中华人民共和国专利法》（以下简称《专利法》）法律规定在一定时期内授予发明创造者或者其权利继受者独占使用其发明创造的权利，其核心内容是法律上的权利，是一种经法律程序授予的特定的专有权，这种权利具有独占的排他性，具有法律专属意义。二是指受《专利法》保护的专利技术，专利是受法律规范保护的发明创造，它是指一项发明创造向国家审批机关提出专利申请，经依法审查合格后向专利申请人授予的该国规定的时间内对该项发明创造享有的专有权的技术，[①] 通常包括发明、实用新型和外观设计三种。专利技术有别于普通技术的关键点在于，专利技术受国家法律保护，同时需要向社会公开，而非专利技术不受国家法律保护，也不需要向社会公开。取得专利权的技术，权利人需要按照国家规定定期缴纳年费来维持这种国家的保护状态，换取国家的保护，如果不缴纳专利年费，可能会导致专利权的无效。三是指专利局颁发的确认申请人对其发明创造享有的专利权的专利证书或指记载发明创造内容的专利文献，指的是具体的表达专利内容的物质文件，专利证书以及专利文件是专利权的具体载体，也是专利权的证明，在专利保护案件中，是最直接的证据和获得法律保护的依据。

---

① 刘春田．知识产权法教程 [M]．北京：中国人民大学出版社，2000：135．

三、商标权概述

（一）商标的定义

世界知识产权组织（World Intellectual Property Organization，WIPO）对商标的含义表述为：商标是将某商品或服务标明是某具体个人或企业所生产或提供的商品或服务的显著标志。商标就是商品的标志，通常认为，商标是商品的生产者、经营者在其生产、制造、加工、拣选或者经销的商品上或者服务的提供者在其提供的服务上采用的，用于区别其他商品或服务来源的，由文字、图形、字母、数字、三维标志、声音、颜色等要素单独构成的，或上述要素的组合，现代商标已成为经营者竞争的利器，是市场主体的特定标志，已受到越来越多经营主体的重视。

（二）商标的含义

商标是用来区别一个经营者的品牌或服务和其他经营者的商品或服务的标记，商标的最初目的在于区别，通过对商标的特殊区别，提高消费者的辨识度，以扩大商家的影响力。商标的起源可追溯到古代，当时工匠们为了在自己制作的产品上留下印记，将其签字或"标记"印制在其艺术品或实用产品上，作为自己产品的标记。随着岁月的变迁，这些标记逐渐得到国家的认可，在法律上进行确认，演变成为现在的商标注册和保护制度。这一制度帮助消费者在进行消费时区分不同商家，可以识别和购买某产品或服务，从而满足自己的需求，因为不同商标代表不同的质量和服务，由产品或服务上特有的商标所标示的该产品或服务的性质和质量符合他们的需求。根据 2013 年修正的《中华人民共和国商标法》（以下简称《商标法》）规定，能将自己的商品或服务与他人的商品和服务区分开的标志（包括文字、图形、字母、数字、声音、三维标志和颜色组合，以及上述要素的组合）等都可以成为商标。

我国商标的种类多样，根据《商标法》规定，经商标局核准注册的商标，包括商品商标、服务商标和集体商标、证明商标，商标注册人享有商标专用权，受我国法律的保护，如果获得驰名商标的认定，还可以获得更为广泛的跨类别的商标专用权法律保护。

四、版权概述

（一）版权的定义

版权（copy right）又称著作权，是指作者及其他权利人对文学、艺术和科学作品享有的人身权和财产权的总称。由自然科学、社会科学以及文学、音乐、戏剧、绘画、雕塑、摄影、图片和电影摄影等方面的作品组成。

（二）版权的含义

版权本来的含义是出版的权利。由于古代社会印刷术的落后，文字的出版印刷是一件非常困难的事情，在当时落后的技术条件下，作者在写出作品后最重要的权利就是印刷出版的权利，只有印刷出版才能得到社会的认可。随着时代的发展和科学技术的进步，不同的著作种类越来越多，而印刷技术的革新为著作的发表提供了方便，出版问题已不是难题，只要有自己创作的、符合法律规定的、好的作品，就可以较为方便地出版。但是，著作的大量出版使得作者的权利保护问题变得越来越重要，侵权问题也变得越来越突出，"版权"一词已渐渐不能包括所有著作物相关之权利内容，版权一词渐渐为著作权所取代，但在许多场合往往被交替使用，没有严格的区别。

著作权的含义更为广泛，在现代社会中，著作权可进一步分为著作人格权与著作财产权。其中著作人格权的内涵包括与人身相关的一切权利，如公开发表权、姓名表示权及禁止他人以扭曲、变更方式，利用著作损害著作人名誉的权利，等等。著作财产权是著作所产生的经济上的权利，是能为著作权人带来经济利益的权利，属于无形的财产权，是基于人类知识所产生的权利，所以属于知识产权之一种，包括重制权、公开口述权、公开播送权、公开上映权、公开演出权、公开传输权、公开展示权、改作权、散布权、出租权等。需要明确的是，著作权要保障的是思想的表达形式，而不是保护思想本身，其目的是维护社会文明的进步，因此，在保障私人财产权利益的同时，须兼顾知识对于社会文明的贡献与知识传播，使之更好地为社会服务。

五、商业秘密概述

（一）商业秘密的定义

按照《中华人民共和国反不正当竞争法》（以下简称《反不正当竞争法》）的规定，商业秘密（business secret）是指不为公众所知悉、具有商业价值并经权利人采取保密措施的技术信息和经营信息。

（二）商业秘密的含义

商业秘密是现代经济中经营者进行竞争的武器，是经营者在商业活动中自己所特有的不为外人所知悉的秘密，是权利人为维护自己的权利和经济优势而采取了保密措施的各种信息，包括以下几层含义。

1. 不为他人所知悉

秘密性是商业秘密的核心特征，也是认定商业秘密的难点和争议的焦点。法律规定的"不为公众所知悉"即指商业秘密的秘密性，是指权利人所主张的商业秘密未进入"公有领域"，非"公知信息"或"公知技术"，不为他人所知。秘密性是商业秘密与专利技术、公知技术相区别的最显著特征，也是商业秘密维系其经济价值和法律保护的前提条件。一项为公众所知、可以轻易取得的信息，没有特定价值，无法借此享有技术优势和经营优势，法律亦无须给予保护，也不能给予法律保护；一项已经公开的秘密，公众都可以获知，会使其拥有人失去在竞争中的优势，同样也就不再需要法律保护。

对于在具体侵犯商业秘密的案件中"不为公众所知悉"如何理解和适用，存在一定的难度，为了正确处理本类案件，保护商业秘密的权利人，国家市场监督管理总局《关于禁止侵犯商业秘密行为的若干规定》（以下简称《若干规定》）第二条第二款指出："本规定所称不为公众所知悉，是指该信息是不能从公开渠道直接获得的。"但该解释是从字面含义和从信息的获取渠道所做的界定，其理解未免过于狭窄，并未从正面揭示出它的内涵。"不为公众所知悉"是对商业秘密内容的要求，主要是要求作为商业秘密的信息应有独有性，只是对这种独有性要求较低，只要与众所周知的信息有最低限度的区别或有新意即可。"不能从公开渠道直接获得"是对商业秘密来源的要求，是对获取手段的规定。

2. 能为权利人带来商业价值

能为权利人带来经济利益、具有实用性，是指该信息具有确定的可应用性，能为权利人带来现实的或者潜在的经济利益或者竞争优势。能为权利人带来经济利益是法律保护商业秘密的目的。权利人保护商业秘密的目的是获取经济利益，对经济利益的追求是权利人取得商业秘密并努力维护所享有的商业秘密权的内在动力。商业秘密的权利人在开发研究商业秘密的过程中，已有明确的工业化或商业化目标，目的就是谋求经济利益。从商业秘密的实施利用结果来看，权利人因使用了自己所掌握的技术秘密或商务信息取得在市场竞争中的优势地位，保护好商业秘密，可以使商业秘密持有人在竞争中处于更有利的地位，得到竞争的优势，创造更多的利润。商业秘密不同于专利，其本身不受法律的直接保护，合法持有人以外的他人也有可能以这些信息的使用谋取非法利益，保护商业秘密的意义就是禁止他人从这些信息中取得不正当的经济利益，保护诚实信用的经营者，维护正当的市场竞争秩序。

3. 实用性

实用性是指商业秘密的客观有用性，即通过运用商业秘密可以为所有人创造出经济上的价值。具有确定的实用性，是实现商业秘密价值性的必然要求。一项商业秘密必须能够用于制造或者使用才能为其持有人带来经济利益。没有实用性的经营信息和技术信息，抽象的概念、原理、原则，如不能转化为具体的可以操作的方案，不能称为商业秘密，是不能获得法律保护的。由于商业秘密的实用性特征决定了掌握商业秘密就可以在市场竞争中处于优势地位，获得他人无法获得的经济利益，实用性条件要求技术信息、经营信息具有确定性，它应该是一个或数个相对独立完整的、具体的、可操作性的方案或阶段性技术成果。实用性还体现在商业秘密必须有一定的表现形式或一定的载体，如一个化学配方、一项工艺流程说明书和图纸、制造产品的技术方案、管理档案等。需要说明的是，实用性并不要求权利人对商业秘密的现实利用或已经取得现实的经济利益，只要该信息满足应用的现实可能性即可。

4. 采取了保密措施

商业秘密的保密性是指商业秘密经权利人采取了一定的保密措施，从而使一般人不易从公开渠道直接获取，该要件强调的是权利人的保密行为，而不是保密的结果，是权利人获得法律保护的前提条件。保密性的客观存在，使得竞争对手在正常情况下通过公开渠道难以直接获悉该信息。

如果权利人对一项信息没有采取保护措施，对该项信息采取放任其公开的态度，或者由于自己的故意或过失泄露了商业秘密，说明权利人自己就不认为这是一项商业秘密，或者其并不要求保护，起码是自己没有重视，他人就没有给予其注意的义务和必要，国家也不应进行保护。

当然，秘密性的判断应当以合理性为标准，不能对保密人过于苛求，要求权利人采取万无一失的保密措施是不切实际的，即要求持有信息的人采取适当措施并合理执行，而不要求措施的万无一失。因此，对权利人来说，只要采取了合理的、适当的保密措施，使商业秘密在合法的条件下不至于被泄露就应当认为具有秘密性。对此法律的规定也非常宽容。原国家工商行政管理总局《关于禁止侵犯商业秘密行为的若干规定》第二条第四款规定："本规定所称权利人采取保密措施，包括订立保密协议，建立保密制度及采取其他合理的保密措施"，原国家工商行政管理局《关于商业秘密构成要件问题的答复》（以下简称《答复》）中指出："只要权利人提出了保密要求，商业秘密权利人的职工或与商业秘密权利人有业务关系的他人知道或应该知道存在商业秘密，即为权利人采取了合理的保密措施，职工或他人就对权利人承担保密义务"，可见《答复》中对保密措施成立的要求较《若干规定》中更为宽松，只要权利人提出保密要求即可。

世界各国及国际条约对商业秘密的保护有宽松的趋势，《TRIPS 协定》，将商业秘密保护纳入到知识产权保护协议中，确立了商业秘密的知识产权属性。具有商业价值的信息只要经合法控制人采取相关措施，保持其一定程度的秘密性，该信息都可以作为商业秘密加以保护。以英国和美国为代表的英美法系国家，通过制定成文法的方式来加强对商业秘密的保护。美国先后制定了《侵权行为法第一次重述》《统一商业秘密法》《美国经济间谍法》来构建其商业秘密的法律保护制度。受美国影响，英国和加拿大相继于 1982 年和 1987 年提出了《保护秘密权利法草案》和《加拿大统一商业秘密法草案》。大陆法系国家则以反不正当竞争法为核心来保护商业秘密，德国主要通过以《反不正当竞争法》为中心，以民法、合同法、刑法等相关法律为辅助的法律体系来保护商业秘密。日本主要依据《不正当竞争防止法》来构建商业秘密的法律保护制度体系。韩国也将商业秘密纳入不正当竞争法的轨道予以保护。①

将权利人是否采取保密措施作为认定商业秘密的要件之一，在学理上存在很大争议，但在实际中从公安部门认证犯罪、查办案件的角度来看，将是否采取保密措施作为认定的要件十分必要。根据司法实践，权利人只要采取了下列措施之一，即认为采取了保密措施：

（1）是否建立了保密规章制度；

（2）是否与相对人或职工签订了保密协议或提出了保密要求；

（3）涉及商业秘密的特殊领域是否采取了适当的管理或警戒措施；

（4）其他为防止泄密而采取了具有针对性及合理性的保密措施。

（三）商业秘密的特征

商业秘密与其他知识产权有着本质的不同，权利的维护受到严格的条件限制，把握商业秘密的特征对于完善商业秘密的保护制度具有重要作用，商业秘密和其他知识产权（专利权、商标权、著作权等）相比，有着以下特点。

1. 非公开性

这是商业秘密区别于其他知识产权的最重要特征，其他知识产权尤其是专利权在获得权利的同时必须将保护对象向社会公开，而商业秘密的前提是不为公众所知悉，并且权利人必须采取保密措施，公开是获得其他知识产权保护的必经程序和前提，而且公开的程度必须达到法定的要求，商业秘密则正相反。

2. 非排他性

商业秘密的专有性不是绝对的，只有在保密的状态下才能为权利人所独占，一旦泄密就不受法律保护，不具有排他性，所以商业秘密是一项相对的权利。如果其他人以合法方式取得了同一内容的商业秘密，就与原商业秘密拥有人具有同样的权利，商业秘密的拥有者既不能阻止在他之前已经开发掌握该信息的人使

---

① 许华兰. 商业秘密国际法律保护的比较研究 [J]. 法制与社会，2007(5).

用、转让该信息，也不能阻止在他之后开发掌握该信息的人使用、转让该信息。

3. 利益相关性

商业秘密与经济利益密切相关，商业秘密能使经营者获得利益，获得竞争优势，或具有潜在的商业利益。其实，商业秘密本身没有实际的意义，经营者看重的是商业秘密可能带来经济价值，必须与经济利益相关才具有法律的可保护性，如果不能带来经济利益的商业秘密，也就不会纳入法律保护的范畴。

第二节　我国知识产权保护现状

由于历史的原因，我国对知识产权的保护起步较晚，虽然在古代就有知识产权保护的萌芽，近代也引进了西方的知识产权保护制度，但对知识产权实施切实保护并制定相应法律制度，将知识产权保护纳入发展快车道还是在党的十一届三中全会以后。自20世纪70年代末起，在短短40多年的时间里，我国走完了西方发达国家上百年才走完的路程，建立起了较为完整的知识产权保护法律体系，在知识产权立法和执法方面取得了令世界瞩目的成绩。一方面，我们颁布实施并及时修改了《商标法》（1982年8月23日第五届全国人民代表大会常务委员会第二十四次会议通过。根据1993年2月22日第七届全国人民代表大会常务委员会第三十次会议《关于修改〈中华人民共和国商标法〉的决定》第一次修正。根据2001年10月27日第九届全国人民代表大会常务委员会第二十四次会议《关于修改〈中华人民共和国商标法〉的决定》第二次修正。根据2013年8月30日第十二届全国人民代表大会常务委员会第四次会议《关于修改〈中华人民共和国商标法〉的决定》第三次修正。《专利法》1984年3月12日第六届全国人民代表大会常务委员会第四次会议通过。根据1992年9月4日第七届全国人民代表大会常务委员会第二十七次会议《关于修改〈中华人民共和国专利法〉的决定》第一次修正。根据2000年8月25日第九届全国人民代表大会常务委员会第十七次会议《关于修改〈中华人民共和国专利法〉的决定》第二次修正。根据2008年12月27日第十一届全国人民代表大会常务委员会第六次会议《关于修改〈中华人民共和国专利法〉的决定》第三次修正)。《中华人民共和国著作权法》（以下简称《著作权法》）1990 年 9 月 7 日第七届全国人民代表大会常务委员会第十五次会议通过。根据 2001 年 10 月 27 日第九届全国人民代表大会常务委员会第二十四次会议《关于修改〈中华人民共和国著作权法〉的决定》第一次修正。根据 2010 年 2 月 26 日第十一届全国人民代表大会常务委员会第十三次会议《关于修改〈中华人民共和国著作权法〉的决定》第二次修正。《计算机软件保护条例》2001 年 12 月 20 日中华人民共和国国务院令第 339 号公布。根据 2011 年 1 月 8 日《国务院关于废止和修改部分行政法规的决定》第一次修订。根据 2013 年 1 月 30 日《国务院关于修改〈计算机软件保护条例〉的决定》第二次修订。以上是有关保护知识产权的法律、法规，同时，积极参与有关知识产权领域的国际合作，先后加入了世界知识产权组织（1980 年）、《巴黎公约》（1985 年）、《马德里协定》（1989 年）、《伯尔尼公约》和《世界版权公约》（1992 年）等，实现了与世界知识产权保护的接轨。

一、宏观知识产权保护

知识产权保护制度，是近代欧洲工业革命的产物，但在现代科技的迅猛发展趋势下变得越来越重要。随着科学技术成为国家之间的核心竞争力，知识产权在国际经济竞争中的作用日益上升，越来越多的国家已经认识到知识产权的重要性并展开行动，绝大多数国家都制定和实施了各自的知识产权战略。20 世纪 80 年代以来，随着世界经济的发展和新技术革命的到来，世界知识产权制度发生了引人注目的变化。特别是近些年来，科学技术日新月异，经济全球化趋势增强，产业结构调整步伐加快，国际竞争日趋激烈。知识或智力资源的占有、配置、生产和运用已成为一个国家经济发展的重要依托和基础支撑，自然资源的争夺逐渐演变成智力资源的抢占，专利和商标制度的重要性日益凸显。

由于我国对于知识产权的保护起步较晚，在许多方面还存在着不足，面对国际上知识产权保护的发展趋势和中国在开放条件下面临的知识产权形势，我们已认识到知识产权保护的紧迫性，并已加紧制定和实施知识产权战略保护国家的经济技术安全，促进国内的自主创新能力和限制跨国公司的知识产权滥用，并取得了一定的成绩，但与现实的需求相比还存在巨大的差距，必须付出更大的努力，尽快赶超发达国家知识产权的保护水平。

（一）宏观知识产权保护存在的问题

知识产权保护是经济发展的核心要素。随着科学技术的发展，新经济、新制度、新形势使得知识产权保护的重要性日益凸显。在宏观层面，知识产权已成为国家的核心竞争力。我国已将知识产权保护上升为国家战略，无疑是及时且正确的决策。但与宏观策略不相协调的是，行动上的迟缓远远落后于思想上的前瞻，由于我国知识产权保护发展时间较短，在很多方面还存在诸多问题，保护水平还有待进一步提高。

1. 知识产权保护立法不够完善

由于我国知识产权制度建立比较晚，虽然在短时间内制定了大量的法律法规，但由于受当时认识和条件的局限，已有的法律法规和各项制度都很不完善，现行的知识产权立法分散杂乱，没有形成完善的体系，在实际的运用过程中往往存在各种难题，有的案件因为没有明确的法律规定导致无法可依，有的案件因为法律规定本身存在矛盾，使得执法机关无所适从，而有的案件又会由于无法衔接，使得执法机关无法按照明确的法律规定进行处理，影响了执法的效果。

2. 知识产权执法力度不足

由于没有经历西方那种知识产权保护从孕育到发展的过程演变，我国各界对于知识产权的认识不足，缺乏对知识产权的保护意识，甚至存在错误的认识，没有将知识产权的保护提到与其他财产权同等重要的地位进行保护，不能很好地解决知识产权的矛盾和纠纷。

3. 公众知识产权保护意识薄弱

21世纪是知识经济的社会，是现代科技的社会，也是权利维护的社会，知识产权的地位越来越重要，知识产权保护在企业发展中所起的作用也越来越大。但这种认识只存在于少数的先行者之中并自觉地付诸行动，从总体上讲，人们对知识产权保护方面的认识还很肤浅，整体保护意识不强，在观念上不能对知识产权保护有一个立体、宏观、全面和深入的理解，缺位保护、违法违规现象较突出。社会公众知识产权保护意识淡薄，对于知识产权保护工作所面临的形势估计不够，对自主知识产权在企业发展中的地位和作用认识不足，许多企业往往比较重视企业的生产规模和市场占有率，重视企业的有形资产，反而忽略了比资金、设备更为重要的知识产权。导致我国的知识产权在国外屡屡被侵犯，受到外国的排挤与限制，即使在国内也是处处受制，由于没有自己的核心知识产权，一些企业大而不强的问题突出，没有引起高度的重视，众多的中小企业更是步履维艰。

（二）宏观知识产权保护对策

1. 完善落实我国知识产权保护战略

我国知识产权战略的确立源自 21 世纪初，2007 年 10 月 15 日，胡锦涛总书记在党的十七大报告中明确提出"实施知识产权战略"。2008 年 4 月 9 日，温家宝总理主持召开国务院常务会议，审议并原则通过《国家知识产权战略纲要》。6月 5 日，国务院发布《国家知识产权战略纲要》。《国家知识产权战略纲要》是这一战略的纲领性文件，也是今后较长一段时间内指导中国知识产权事业发展的纲领性文件，是中国运用知识产权制度促进经济社会全面发展的重要国家战略，至此已形成了清晰的知识产权战略规划，确立了知识产权战略目标——到 2020 年，把我国建设成为知识产权创造、运用、保护和管理水平较高的国家，为实现这一战略目标，必须加快建设和不断提高知识产权的创造、管理、实施和保护能力，加快建设和不断完善现代知识产权制度，加快造就庞大的高素质知识产权人才队伍，以促进经济社会发展目标的实现。进一步完善知识产权法律法规，健全知识产权执法和管理体制，强化知识产权在经济、文化和社会政策中的导向作用，加强知识产权保护。

《国家知识产权战略纲要》颁布实施以来，知识产权战略实施工作取得了巨大的进展和成效，对促进经济社会发展发挥了重要作用，为进一步贯彻落实《国家知识产权战略纲要》，全面提升知识产权综合能力，实现创新驱动发展，推动经济提质增效升级，2014 年 12 月 10 日国务院办公厅转发国家知识产权局等单位《深入实施国家知识产权战略行动计划（2014—2020 年）》，提出了具体目标"到 2020 年，知识产权法治环境更加完善，创造、运用、保护和管理知识产权的能力显著增强，知识产权意识深入人心，知识产权制度对经济发展、文化繁荣和社会建设的促进作用充分显现"，使我国知识产权战略目标更加明确和具体。

2. 完善知识产权法律制度

知识产权制度是知识经济社会运行的法律基础，是知识产权保护的可靠保障。成熟和完善的知识产权制度能够有效地促进科学技术的发展以造福社会，同时也能为企业获得竞争优势创造良好的客观环境。随着科学技术的发展，作为知识产权客体的专利、商标等的假冒复制越来越容易，假冒、复制成本越来越低，获取的渠道越来越广，甚至有专人进行"一条龙"式的假冒、复制牟利，如果在法律上不对假冒、复制行为进行严格限制、精准打击，使假冒、复制者无利可图甚至承担法律责任，就会严重损害权利人的利益，伤害发明创造人的积极性，直接影响科技创新，从而对社会与科技的发展形成阻碍。

改革开放以来，我国逐步建立起了比较完整的知识产权保护体系和管理工作体系，知识产权管理和保护工作取得了明显进步。但是由于时间较短，与国际标准还有一定的差距。因此，我国的知识产权法律制度建设不仅应该考虑本国国情，从本国的国情出发，而且需要符合知识产权的国际惯例，努力构建完善的知识产权保护法律体系。

当前我国已经营造了比较完备的知识产权保护环境。但也应该正视存在的诸多问题，加强制度建设的紧迫感，针对暴露出来的问题及时纠正与完善。首先，及时修订《专利法》《商标法》《著作权法》等知识产权专门法律及有关法规，积极探索知识产权法律的发展规律和发展方向，针对科技发展出现的新情况新问题，进行超前立法，预判立法，适应科学技术飞速发展的趋势，使知识产权法律法规成为知识产权发展的指南针和助推器。其次，加强知识产权立法的衔接配套，增强法律法规的可操作性，消除知识产权法律规范的"空白地带"，使知识产权法律成为保护权利人的有效工具。再次，加强司法保护体系和行政执法体系建设，发挥司法保护知识产权的主导作用，提高执法效率和水平，强化公共服务，有效减轻权利人的维权负担。最后，深化知识产权行政管理体制改革，形成权责一致、分工合理、决策科学、执行顺畅、监督有力、规范高效的知识产权行政管理体制。

二、微观知识产权保护

相比于国家的宏观知识产权保护，我国的微观知识产权保护更加薄弱，一方面由于我国的企业与国外企业相比，在知识产权领域处于落后的局面，受制于国外企业的技术垄断，无力与国外企业对抗，另一方面，自身没有做好保护工作，使自身的权利受到损害，制约了企业的发展。

（一）微观知识产权保护存在的问题

1. 我国多数企业对知识产权保护不重视

长期以来，受计划经济体制的影响，我国企业没有竞争意识，更没有知识产权意识，许多企业领导沿用旧的思维模式，注重传统产业结构的发展，只将主要精力投入到产品的生产中去，没有将知识产权视为企业最重要的无形资产，有意无意地将知识产权放到生产经营之后甚至可有可无的地位。这些企业管理人员只重视有形资产的积累和保护，而没有将知识产权作为财产权利来对待，对专利、商标、技术秘密等知识产权的保护意识非常淡薄，体现在具体的行动中，一方面随意复制、山寨别人的劳动成果，从而以最小的代价获取不属于自己的利益，侵犯他人的权利而不自知；另一方面，不懂得构筑自己的权利体系，只有在碰到问题或者自己的权利受到侵害时才不得不进行被动式应对，使得企业没有知识产权战略保护规划，没有知识产权保护的具体措施，一旦碰到问题，要么不知如何应对，要么仓促草率处理，除少数具有前瞻性的企业外，大多数企业只在受到侵害的时候，才知道知识产权的重要性，反映出知识产权保护意识的薄弱。

2. 知识产权保护制度不健全

长期以来，西方发达国家把知识产权保护看成是制约竞争对手的有效武器，而且把它看得非常重要，甚至提高到企业战略利益层次来考虑，专门制定知识产权保护的措施和严格的规章制度。相比之下，我国知识产权制度建立较晚，知识产权保护存在着很大的差距，虽然制定了知识产权保护的法律法规，但在贯彻实施方面存在很多问题。目前，国内许多企业对于知识产权的保护和管理处于松散和随意的状态，没有把知识产权保护作为企业经营管理的重要一环，相当一部分企业存在知识产权管理无制度、无机构、无经费的现象，知识产权管理不能有效地贯穿企业科研、生产、经营的全过程，更谈不上灵活地运用知识产权战略来促进企业的发展。

3. 知识产权流失现象严重

我国实行市场经济以后，竞争成为常态，通过竞争也调动了企业和科技工作者的积极性，随着社会主义市场经济体制的不断完善和改革开放的进一步深化，加之行业间竞争的加剧，科技人员流动性非常大，由此也带来了知识产权的流失问题，在缺乏明确产权界定、有效保护知识产权措施的情况下非常容易造成企业技术和成果的流失。由于企业管理的缺陷，加之科技人员法律意识薄弱，不少科技人员在流动过程中，将原先企业的关键技术或商业秘密当作给新企业的见面礼和提高自己身价的筹码，以期得到"新东家"的器重和今后工作的资本，甚至有的流失到外资和外国企业中去，因而导致我国企业竞争力的下降，严重损害了权利人的合法权益。

4. 运用知识产权资源的能力和水平较低

当前，由于专业人才匮乏，许多企业不懂或不善于运用专利文献等知识产权资源提供的技术信息来指导企业的研发工作，以此促进企业的发展，因而常常在研发的过程中造成重复或无效劳动，导致科研资源的浪费，知识产权的转化率低，更谈不到利用知识产权为企业服务，为企业带来经济效益。有的企业在赴国外考察或引进国外技术前不懂得事先检索专利文献，审核知识产权的权利归属，结果引进的技术落后或侵犯了他人的专利权，造成工作上的被动，经济上的损失，情况严重者还要承担法律责任，教训深刻。

（二）微观知识产权保护对策

为解决微观知识产权保护中存在的问题，需要国家外部环境的督促，创造良好的保护环境，制定完备的法律，建立高效的保护制度，而根本的转变需要企业自身做出努力，真正把知识产权当作企业管理的重要内容，在当前形势下，主要从以下两个方面入手。

1. 推动企业建立完备的知识产权制度

知识产权关乎企业的核心竞争力，甚至关系到企业的生死存亡，能否迅速建立起企业自身的保护制度直接决定了企业的未来和命运。虽然我国已对知识产权的保护制定了大量法律法规，在国家层面也大力推行知识产权战略，但具体到企业的微观实践过程，还有很多企业没有引起足够的重视，单纯地认为知识产权保护是国家的事，与自己没有关系，没有建立完善的知识产权保护制度，甚至没有设立专门的知识产权管理部门，没有专门人员对知识产权进行有效管理。当前，我国各级政府部门都在大力推行知识产权保护，为企业提供全方位的服务，企业应该借此机会采取措施推动自身基于内在的需要，自觉建立知识产权制度，在内部使越来越多的企业建立自己的知识产权部门，整合企业内部各项资源，形成保护的合力，使知识产权可以切实地为企业发展谋福利，实现管理效率和经济效益的双提升。

2. 规范企业知识产权行为

由于对知识产权的认识不足，许多企业没有把知识产权保护提上议事日程，不能有效地管理与使用自己的知识产权，同时，对他人的知识产权同样漠视与不尊重，甚至打擦边球，直接或间接侵害他人知识产权的行为时有发生，不仅破坏了知识产权制度，而且损害了他人的合法权益。为此，必须加强有关人员的培训，约束其不正当行为，使企业形成尊重知识产权，重视知识产权的良好氛围，从而达到良好的秩序，使得整个企业的全体成员对知识产权保护的意识与行为上一个新台阶。

第三节　知识产权保护的意义与作用

知识产权在现代经济中具有特殊的地位，知识产权保护是对人类创造成果的尊重，知识产权保护的终极意义在于对国家文明建设的推动，对社会进步的推动，对人类文明的推动，其现实意义是鼓励创新，维护创造者的合法权益，惩罚非法窃取他人智力成果的投机者和不诚信行为，具体体现在以下几方面。

（一）保护知识产权有利于促进科技创新

创新是人类社会发展的不竭动力与源泉，也是我国屹立于民族之林的根本。社会的发展需要创新，经济的发展需要创新，经济转型需要创新，经济新常态下的新发展更需要创新，而创新需要有健全的制度、良好的环境，完备的法律为创新者营造创新的土壤。保护知识产权是对创造者付出的劳动成果的尊重，是调动科技工作者积极性的重要手段，一旦这种尊重受到挑战，科技工作者的积极性被践踏，对于国家和社会都要面临巨大的损失，企业与科研人员等创新主体就会失去创新创造的动力，这种动力的消失，其实也是民族竞争力的消失。知识产权与我们每个人的利益息息相关，知识产权更是与整个社会的创造力息息相关，知识产权保护制度致力于保护权利人在科技和文化领域的智力成果。只有对权利人的智力成果及其合法权利给予及时全面的保护，才能调动人们的创造主动性，促进社会资源的优化配置。

（二）保护知识产权能够给企业带来巨大经济效益

知识产权的专有性决定了企业只有拥有自主知识产权，才能在市场上立于不败之地。知识产权不仅是企业的重要资产，而且是永久性资产，本身就具有极大的经济价值，其可能带来的潜在价值更无法估量，越来越多的企业开始意识到技术、品牌、商业秘密等无形财产的巨大作用，而如何让这些无形资产逐步增值，有赖于对知识产权的合理保护。

1. 知识产权帮助企业形成竞争优势

竞争的充分性是衡量市场是否开放与完善的重要标志，而充分的竞争也意味着难度的增加和利润的下降，如何获得独占的市场是参与竞争的企业追求的目标。随着《中华人民共和国反垄断法》（以下简称《反垄断法》）的制定与实施，企业想独占市场变得越来越难，而专利与商标的专有性意味着企业拥有一项专利与商标就占有了一个市场区域，并且是合法的占有，不受反垄断法的规制，利用知识产权实现市场垄断，限制其他竞争者进入，保证拥有最大的市场份额，自然可以获得巨大的高额利润。一旦有非法者侵犯自己的权益，还可以运用法律手段追究对方的责任，将对方挤出竞争市场的同时，让对方赔偿自己的损失，同样可以获得相应的利益。

2. 知识产权可以起到普通广告无法达到的宣传作用

广告的影响效应早已为市场所验证。现代经济条件下，影响力就是财富的保障和来源。与广告相比，知识产权是企业拥有知识财产所有权的法律证明，也是企业竞争实力的证明，还是企业重要的信誉资质证明。一项商标或专利对于商品的增值效应远远超过广告本身。好的商标可以增加广告的效果，扩大企业的影响力，增加企业的信誉，为广大消费者所熟知，在消费者中建立良好的口碑，增加消费者对产品的依赖度，从而产生巨大的经济效益。

（三）保护知识产权有利于参与世界经济竞争

现代经济的发展是世界范围内各个国家的协同发展，任何一个国家的发展都离不开与世界其他国家的交流。随着经济全球化的迅速发展，世界经济的融合与相互依赖趋势明显，科学技术的发展带来了全球竞争的加剧，"一带一路"的建设使我国企业与世界各国的经济交往更加频繁。由于知识产权的国际性，知识产权的竞争将是各国最前沿的竞争，要在竞争中立于不败之地，需要利用知识产权的国际保护抢占国际市场，如果没有知识产权保护，我国就不能参与世界贸易活动，即使参与也会受到各种制约，利益受到极大的损害。我国已于 2001 年 12 月 1 日加入世界贸易组织，承诺履行《TRIPS 协定》，就必须保护国内外自然人、法人或者其他组织的知识产权，与此同时，可以获得其他国家的同等承认与保护。

第二章

专利法律原理

第一节　专利权的主体

专利权的主体，是指依照《专利法》享有专利权利并承担与此相应的专利义务的人，包括自然人和法人以及其他社会组织。根据《专利法》规定，可以成为专利权主体的人包括：实际发明人、设计人；合作发明人、设计人；单位；专利转让受让人等。

一、发明人或设计人

发明人、设计人是对发明创造的实质性特点做出创造性贡献的人。根据我国《专利法》的规定，发明人、专利申请人与专利权人具有相对独立的身份，发明人或设计人是确立专利申请人或专利权人的基本依据。也就是说，发明人、专利申请人和专利权人并没有必然的统一性，在大多情况下是可以分开的，发明人不一定是专利权人，专利权人也不一定是发明人。《专利法》第六条："执行本单位的任务或者主要是利用本单位的物质技术条件所完成的发明创造为职务发明创造。职务发明创造申请专利的权利属于该单位；申请被批准后，该单位为专利权人。非职务发明创造，申请专利的权利属于发明人或者设计人；申请被批准后，该发明人或者设计人为专利权人。利用本单位的物质技术条件所完成的发明创造，单位与发明人或者设计人订有合同，对申请专利的权利和专利权的归属做出约定的，从其约定。"可见，法律对于专利权人的规定是有条件且明确的，职务发明创造申请专利的权利属于该单位，而不是发明创造人；申请被批准后，该单位为专利权人，发明的个人并不是专利权人，不享有专利权；非职务发明创造，申请专利的权利属于发明人或者设计人。区分职务发明创造与非职务发明创造的标准主要看是否是利用本单位的物质技术条件或者执行本单位的任务所完成的发明创造，具体体现为：① 本职工作；② 本职工作以外，单位交给的其他任务；③ 退休退职，调动工作后，一年内做出的，与原单位本职工作或任务有关的发明创造，仍然属于原单位的职务发明创造，当然，"利用本单位的物质技术条件所完成的发明创造"允许当事人根据具体情况进行约定，如果双方有事先约定的，可以尊重当事人自己的约定。

二、共同发明人或共同设计人

共同发明人或共同设计人，是指两个或两个以上的对同一不可分割的发明或者设计分别做出创造性贡献的人。判断共同发明人或共同设计人的标准，一是看发明人或设计人对发明创造是否做出创造性的贡献；二是看贡献之间是否存在依存关系，是否仅是整个发明或设计的一部分，即成员的贡献能否分离出来。专利的申请应由共同发明人或共同设计人一起提出，获得专利的权利也由他们共同所有。

三、委托发明的归属

委托发明是基于当事人的合作关系，因此，通常当事人会签订书面合同，主体权利的归属首先由当事人协商，如果没有协商，除另有协议外，申请专利的权利属于研究开发人，研究开发人取得专利权的，委托人可以免费实施该专利。

四、合作发明

两个以上单位或者个人合作完成的发明创造、一个单位或者个人接受其他单位或者个人委托所完成的发明创造，除另有协议的以外，申请专利的权利属于完成或者共同完成的单位或者个人；申请被批准后，申请的单位或者个人为专利权人。《专利法》第八条规定："两个以上单位或者个人合作完成的发明创造、一个单位或者个人接受其他单位或者个人委托所完成的发明创造，除另有协议的以外，申请专利的权利属于完成或者共同完成的单位或者个人；申请被批准后，申请的单位或者个人为专利权人。"

五、受让人

专利权的合法继受人，是指通过转让、受赠或继承等方式依法取得专利权的人。由于专利具有财产属性，专利申请权和专利权可以转让。通过合同或继承依法取得专利权的单位和个人属于专利权人。当然，专利权的合法继受人通过转让、受赠或继承等方式依法取得专利权，并不影响专利权原始主体的发明人、设计人的身份权。

六、外国人

依照我国《专利法》的规定，外国人有权依法在我国申请专利。这里的外国人，既包括外国自然人，也包括外国法人或其他组织。根据《巴黎公约》的国民待遇原则，在我国有经常居所或真实营业所的外国人，享有和我国公民或单位同等的专利申请权和专利权。同时，我国《专利法》第十八条规定："在中国没有经常居所或者营业所的外国人、外国企业或者外国其他组织在中国申请专利的，依照其所属国同中国签订的协议或者共同参加的国际条约，或者依照互惠原则，根据本法办理。"

第二节　专利权的客体

专利权客体，是指专利权人的权利和义务所指向的对象，即依法取得专利权并受专利法保护的发明创造。我国《专利法》第二条第一款明确规定："本法所称的发明创造是指发明、实用新型和外观设计。"也就是说，我国《专利法》保护的客体有三种：发明、实用新型和外观设计。

一、发明

我国《专利法》第二条第二款规定:"发明,是指对产品、方法或者其改进所提出的新的技术方案。"我国专利法对于发明的规定是判断能否获得专利权的依据。根据规定,产品发明、方法发明和新的技术方案都可以获得专利权。必须明确的是,发明不同于发现,发明是发明创造人利用自然规律的结果,是发明人将自然规律在特定技术领域的结合与应用。发明的过程是一个"从无到有"的过程,发明所获得的成果受到法律的保护,而如果仅仅是对已有现象和规律的揭示则不受专利法的保护,只能通过其他途径获得奖励。当然,无论是独立的开创性发明,或是在现有技术基础上的改进发明,与现有技术比较,必须有实质性的进步。

二、实用新型

实用新型,是指对产品的形状、构造或其结合所提出的适于实用的新的技术方案。实用新型的根本特征在于其实用性,保护的是创新的应用成果,只要具有实用性,能够在工业生产中应用,即使其创造性较低也可以获得专利。因此,实用新型的创造性低于发明,依据我国专利法的规定,申请发明专利的技术方案与已有技术相比,必须有突出的实质性特点和显著进步;而申请实用新型专利的技术方案与已有技术相比,只需有实质性特点和进步,创造性要求相对更低。

三、外观设计

外观设计,又称为工业产品外观设计,是指对产品的形状、图案或其结合以及色彩与形状、图案相结合所作出的富有美感并适于工业上应用的新设计。外观设计以产品的形状、图案以及色彩作为构成要素,通常只要求富有美感,其本身不解决技术问题,不考虑实用目的。外观设计保护的是工业产品的外观设计造型、图案,不保护工业产品的功能,外观设计的目的在于使工业产品的外表富有美感。

第三节　专利权的内容

一、专利权人的权利

专利权人的权利是专利权人在法律规定的范围内为满足其特定的利益而自主享有的权能和利益。《专利法》第十一条规定："发明和实用新型专利权被授予后，除本法另有规定的以外，任何单位或者个人未经专利权人许可，都不得实施其专利，即不得为生产经营目的制造、使用、许诺销售、销售、进口其专利产品，或者使用其专利方法以及使用、许诺销售、销售、进口依照该专利方法直接获得的产品。外观设计专利权被授予后，任何单位或者个人未经专利权人许可，都不得实施其专利，即不得为生产经营目的制造、许诺销售、销售、进口其外观设计专利产品。"根据《专利法》的规定，专利权人的权利包括以下几个方面：

（一）独占实施权

独占实施权，是指专利权人对其专利产品或者专利方法依法享有的进行制造、使用、许诺销售、销售和进口的专有权利。包括：

（1）制造权。制造权，是指专利权人享有运用专利技术垄断制造专利产品，禁止他人未经许可而制造相同或类似的产品的排他性权利。

（2）使用权。使用权，是指专利权人依法享有使用专利产品、专利方法或依照专利方法直接获得的产品的专有权利。

（3）许诺销售权。许诺销售权，是专利权人有明确表示愿意出售具有权利要求书所述技术特征的专利产品以及禁止他人未经专利权人许可许诺销售专利产品的权利。

（4）销售权。销售权，是指专利权人依法享有的独占性地销售专利产品或由专利方法直接获得的产品的权利。

（5）进口权。进口权，是指专利权人享有自己进口其专利产品或进口依照其专利方法直接获得的产品并禁止他人未经许可为制造、许诺销售、销售、使用等生产经营目的而进口的权利。

（二）许可权

许可权，是指专利权人依法享有的许可他人实施其专利的权利。我国《专利法》第十二条规定："任何单位或者个人实施他人专利的，应当与专利权人订立实施许可合同，向专利权人支付专利使用费。被许可人无权允许合同规定以外的任何单位或者个人实施该专利。"专利权人有权独占实施专利技术，但专利权人由于种种原因可能不愿或不能自己实施其专利。为了充分发挥专利技术的效能，《专利法》同时鼓励专利权人的权利扩张，允许其把这种实施权全部或部分转让给他人，由他人实施专利技术。按照许可对象的不同，分为独占许可、排他许可、普通许可、交叉许可和分许可（或者称为从属许可）。独占许可只能由被许可人使用，一旦许可以后即使专利权人也不能使用；排他许可是允许权利人和被许可人使用，除此之外，其他人不能使用；普通许可权利人自己可以使用，也可以允许一个或几个被许可人使用，即同时可以授予不特定的第三人使用；交叉许可是同时拥有专利的两方基于合作关系或利益交换关系，相互允许对方使用自己的专利，以实现各自利益；分许可就是被许可人在权利人同意下可以将权利再许可给第三方。

（三）转让权

转让权是指专利权人将自己的专利所有权依法转让给他人的权利。《专利法》第十条规定："专利申请权和专利权可以转让。中国单位或者个人向外国人、外国企业或者外国其他组织转让专利申请权或者专利权的，应当依照有关法律、行政法规的规定办理手续。转让专利申请权或者专利权的，当事人应当订立书面合同，并向国务院专利行政部门登记，由国务院专利行政部门予以公告。专利申请权或者专利权的转让自登记之日起生效。"为了获取经济利益，实现专利的利益最大化，当事人可以将自己的专利权依法转让。

（四）标记权

标记权是专利权人享有的在其专利产品或产品包装上标明专利标记和专利号的权利。我国《专利法》第十七条对此做出确认："发明人或者设计人有权在专利文件中写明自己是发明人或者设计人。专利权人有权在其专利产品或者该产品的包装上标明专利标识。"标记权在我国是专利权人的一项权利，专利权人行使与否，取决于当事人的意愿，法律对此不强制干预，一般企业为体现自己产品的专有性和先进性，会将专利号标注在自己的产品上，既彰示自己的权利，又警示他人不能侵权。

（五）署名权

署名权是指发明人或设计人享有在专利申请文件和专利文件中写明自己是发明人或设计人的权利。我国《专利法》第十七条第一款规定："发明人或者设计人有权在专利文件中写明自己是发明人或者设计人。"署名权是一种身份权，是发明人或者设计人享有的专属权利，具有明显的人身依附性，不能转让、赠予和继承。

二、专利权人的义务

（一）按规定缴纳专利年费

专利年费，是指专利权人为维持其专利权的有效性，自被授予专利权的当年开始，在专利权有效期内每年应向国家专利部门缴纳的费用。《专利法》第四十三条规定："专利权人应当自被授予专利权的当年开始缴纳年费。"法律规定权利人缴纳专利年费主要有两个方面的原因：一是维持专利权。庞大的专利维护体系需要经济的支持，国家设置专利机关为专利权人服务，接受专利申请、审查批准专利、接受专利咨询、为申请人提供专利文献检索、管理专利事务、保护专利权人的合法权益等，有大量的工作要做，这些服务所需费用除国家财政负担外，专利权人也应当承担一部分。二是以年费作为经济杠杆，促进专利权人实施专利和推广应用专利技术。专利权人只有尽快将专利付诸实施或转让出去才能取得经济收益，不因获得专利而经济受损，可以防止权利人无代价占有专利，阻碍他人对技术的实施与推广应用。

（二）依法实施专利技术

国家建立专利制度授予申请人专利权的最终目的是实施，因此，专利权人取得专利权后必须按照法律规定实施其专利。我国《专利法》第四十八条规定，发明和实用新型专利权人负有实施其发明、实用新型专利的义务。发明或者实用新型专利权人自专利权被授予之日起满 3 年，且自提出专利申请之日起满 4 年，无正当理由未实施或者未充分实施其专利的，国务院专利行政部门根据具备实施条件的单位或者个人的申请，可以给予实施该发明专利或者实用新型专利的强制许可。

（三）不得滥用专利权

不得滥用专利权，是指专利权人必须在法律规定的范围内正确行使专利权，不得利用专利权损害国家利益、社会利益或他人的合法利益。权利的行使必须合法，专利权人不得滥用专利产品的独占实施权限制技术进步，进行不正当竞争，牟取垄断暴利等。《反垄断法》第五十五条规定："经营者依照有关知识产权的法律、行政法规规定行使知识产权的行为，不适用本法；但是，经营者滥用知识产权，排除、限制竞争的行为，适用本法。"根据 2008 年修改后的《专利法》第四十八条的规定，专利权人滥用专利权的行为被依法认定为垄断行为，为消除或者减少该行为对竞争产生的不利影响，国务院专利行政部门根据具备实施条件的单位或者个人的申请，可以给予实施发明专利或者实用新型专利的强制许可。

（四）对发明人或设计人给予奖励和支付报酬

在职务行为中做出的发明创造申请权与专利权归单位，单位必须给发明创造人必要的奖励，否则，对于发明创造人是极不公平的，因为发明人或设计人做出发明创造需要付出精神与物质上的极大代价，应该获得相应的报偿。我国《专利法》第十六条规定："被授予专利权的单位应当对职务发明创造的发明人或者设计人给予奖励；发明创造专利实施后，根据其推广应用的范围和取得的经济效益，对发明人或者设计人给予合理的报酬。"《中华人民共和国专利法实施细则》（以下简称《专利法实施细则》）第七十七条规定："被授予专利权的单位未与发明人、设计人约定也未在其依法制定的规章制度中规定专利法第十六条规定的奖励的方式和数额的，应当自专利权公告之日起 3 个月内发给发明人或者设计人奖金。一项发明专利的奖金最低不少于 3000 元；一项实用新型专利或者外观设计专利的奖金最低不少于 1000 元。由于发明人或者设计人的建议被其所属单位采纳而完成的发明创造，被授予专利权的单位应当从优发给奖金。"我国《专利法实施细则》第七十八条规定："被授予专利权的单位未与发明人、设计人约定也未在其依法制定的规章制度中规定专利法第十六条规定的报酬的方式和数额的，在专利权有效期限内，实施发明创造专利后，每年应当从实施该项发明或者实用新型专利的营业利润中提取不低于 2%或者从实施该项外观设计专利的营业利润中提取不低于 0.2%，作为报酬给予发明人或者设计人，或者参照上述比例，给予发明人或者设计人一次性报酬；被授予专利权的单位许可其他单位或者个人实施其专利的，应当从收取的使用费中提取不低 10%，作为报酬给予发明人或者设计人。"

三、对专利权人专利权的限制

专利权的限制是指《专利法》规定的，允许第三人在某些特殊情况下可以不经专利权人许可而实施其专利，且其实施行为并不构成侵权的一种法律制度。任何事物都有特殊性，专利权同样如此，《专利法》对不作为专利侵权的情形做出例外规定，实际上是对专利权人权利的限制。

（一）不视为侵犯专利权的行为

根据《专利法》第六十九条规定，以下情形不视为侵犯专利权。

1. 专利权用尽

当专利权人自己制造、进口或者经专利权人许可而制造、进口的专利产品或者依照专利方法直接获得的产品售出后，即认为其专利权已经"用尽"，他人对该产品再次进行分销、转卖或零售，都无须征得专利权人的许可。这一原则又称为"专利权穷竭原则"，也有人称之为"首次销售原则"。当然，专利权用尽原则只适用于合法投入市场的专利产品。《专利法》第六十九条第一款规定，专利产品或者依照专利方法直接获得的产品，由专利权人或者经其许可的单位、个人售出后，使用、许诺销售、销售、进口该产品的，不视为侵犯专利权。

2. 在先实施

对于在专利申请日以前已经制造相同产品，使用相同方法或者已经具备制造、使用的必要准备条件的"先使用人"，可以在原生产规模范围内继续使用这一技术。

3. 临时过境

《专利法》第六十九条第三项规定，"临时通过中国领陆、领水、领空的外国运输工具，依照其所属国同中国签订的协议或者共同参加的国际条约，或者依照互惠原则，为运输工具自身需要而在其装置和设备中使用有关专利的"，不视为侵犯专利权。

4. 专为科研和实验目的而使用

专为科学研究和实验而使用有关专利的，不视为侵犯专利权。其目的是为了鼓励进行科学技术研究。但限于"专为"进行科学研究和科学实验，即仅限于不是为了生产经营，不以营利为目的的科研活动。

5. 行政审批需要

根据《专利法》第六十九条第五项规定，为了提供行政审批所需要的信息，制造、使用、进口专利药品或者专利医疗器械的，以及专门为其制造、进口专利药品或者专利医疗器械的，不视为侵犯专利权。

（二）强制许可

强制许可也称非自愿许可，是指国务院专利行政部门根据具体情况，不经专利权人同意，通过行政程序授权他人实施发明或者实用新型专利的一种法律制度。

1. 不实施的强制许可

有下列情形之一的，国务院专利行政部门根据具备实施条件的单位或者个人的申请，可以给予实施发明专利或者实用新型专利的强制许可：

（1）专利权人自专利权被授予之日起满 3 年，且自提出专利申请之日起满 4 年，无正当理由未实施或者未充分实施其专利的；

（2）专利权人行使专利权的行为被依法认定为垄断行为，为消除或者减小该行为对竞争产生的不利影响的。

2. 公共利益强制许可

（1）在国家出现紧急状态或者非常情况时，或者为了公共利益的目的，国务院专利行政部门可以给予实施发明专利或者实用新型专利的强制许可。

（2）为了公共健康目的，对取得专利权的药品，国务院专利行政部门可以给予制造并将其出口到符合中华人民共和国参加的有关国际条约规定的国家或者地区的强制许可。

（3）从属专利的强制许可。一项取得专利权的发明或者实用新型比前一已经取得专利权的发明或者实用新型具有显著经济意义的重大技术进步，其实施又有赖于前一发明或者实用新型的实施的，国务院专利行政部门根据后一专利权人的申请，可以给予实施前一发明或者实用新型的强制许可。

第四节　专利权的取得

一、专利权的授予条件

专利权授予的条件也叫专利授予的实质条件，它与专利申请的形式条件相对。对于专利的授权条件，我国专利法做了明确的规定，根据发明、实用新型和外观设计三种专利的特性，分别规定了各自的授权条件。

（一）发明和实用新型的授权条件

授予发明和实用新型专利权的条件分为积极条件和消极条件。《专利法》从正反两个方面作了规定，积极条件具体表现为"三性"：新颖性、创造性和实用性；消极条件的规定旨在排除《专利法》保护，确立了不能被授予专利权的情形和技术领域。

1. 新颖性

新颖性是指该发明或者实用新型不属于现有技术；也没有任何单位或者个人就同样的发明或者实用新型在申请日以前向国务院专利行政部门提出过申请，

并记载在申请日以后公布的专利申请文件或者公告的专利文件中。现有技术，是指申请日以前在国内外为公众所知的技术。必须满足三个条件：①公知性，已经为公众所知，公开方式包括出版物公开、使用公开或者以其他方式公开三种；②时间性，公开时间必须在申请日（有优先权的，指优先权日）以前；③实用性，能够制造或者使用和能够产生"积极效果"。也就是说申请专利的发明或者实用新型满足新颖性的标准，必须不同于现有技术，同时还不得出现抵触申请。

但是，并不是所有申请日以前已经公开的技术都丧失新颖性，申请专利的发明创造在申请日以前六个月内，有下列情形之一的，不丧失新颖性：①在中国政府主办或者承认的国际展览会上首次展出的；②在规定的学术会议或者技术会议上首次发表的；③他人未经申请人同意而泄露其内容的。

2. 创造性

创造性是指与现有技术相比，该发明具有突出的实质性特点和显著的进步，该实用新型具有实质性特点和进步。创造性是对申请专利的发明或实用新型在技术方案构成上的实质性要求，所申请的专利必须是创造性思维活动的结果，而不是现有技术的简单归纳和综合。创造性的判断以所属领域普通技术人员的知识和判断能力为准。创造性，又称非显而易见性。专利的非显而易见性是专利制度的核心，从许多方面来说，也是专利申请人面临的最重要的障碍。非显而易见性的判断作为一项发明可获得专利的最重要的标准，在一个国家的专利政策中具有重要地位。与专利新颖性的"单独对比"原则相比，判断非显而易见性时应"综合评价"，即将一份或多份现有技术中的不同技术内容组合在一起对要求保护的发明进行评价。当然，对发明和实用新型的创造性要求程度不同，发明要求"具有突出的实质性特点和显著的进步"，实用新型要求"具有实质性特点和进步"。

3. 实用性

实用性是指申请专利的发明或者实用新型能够制造或者使用，并且能够产生积极效果。实用性又称有用性，是授予专利权的条件之一，是授予专利权的效果条件，一项发明或者实用新型如果不能在实际中应用，就没有实用价值，无法给权利人和使用者带来真实的经济利益，就不能取得专利权。同样，如果一项发明或实用新型不能在实际中产生积极的效果，在经营活动或社会活动中产生良好的效果，甚至给社会带来危害，就不能授予其专利权。

（二）授予外观设计专利权的条件

发明和实用新型属于新的技术方案，其目的在于解决所属领域内的技术问题，因而发明和实用新型一般比较注重产品或方法本身的技术特征和技术效果，而不涉及产品的外观。外观设计属于新设计，其目的在于使产品外形新颖而富有美感，因而它比较注重外表装饰效果，而不涉及产品本身的功能与技术构造，因而，授予外观设计专利权的条件与发明和实用新型有所区别。

1. 新颖性

我国《专利法》第二十三条规定，"授予专利权的外观设计，应当不属于现有设计；也没有任何单位或者个人就同样的外观设计在申请日以前向国务院专利行政部门提出过申请，并记载在申请日以后公告的专利文件中""授予专利权的外观设计与现有设计或者现有设计特征的组合相比，应当具有明显区别"。也就是说，授予专利权的外观设计，应当同申请日以前在国内外出版物上公开发表过或者国内公开使用过的外观设计不相同和不相近。

2. 实用性

授予专利权的外观设计必须适于工业应用。要求外观设计本身以及作为载体的产品能够以工业的方式重复再现，即能够在工业上进行批量生产。外观设计是为了美化产品的外观而从事的设计，虽不能改善产品的内在属性和功能，但可以使人得到美的享受，获得广大消费者的认可，帮助企业扩大销路。

3. 不得与他人在先权利相冲突

"在先取得"是指在先权利人的权利取得是在外观设计的申请日或优先权日之前。其中，需要注册登记产生的权利，注册登记之日即为权利取得之日。《专利法》第二十三条第三款规定："授予专利权的外观设计不得与他人在申请日以前已经取得的合法权利相冲突。"这里的在先权利范围广泛，包括了一切合法权利，如商标权、著作权、企业名称权、肖像权、知名商品特有包装装潢使用权等。

二、专利权取得的程序

专利权不能自动取得，必须经过国家机关的授权，履行特定的程序，这也是专利权与物权自动取得的重要区别。发明创造人要获得专利权，使其发明创造成果获得法律的保护，必须依《专利法》向国家专利主管机关提出申请，经严格审查，履行法定程序，方可获得授权。

（一）专利申请

1. 书面申请

书面是指申请专利文件和办理专利申请的各种法定手续，都必须依法以书面形式办理，并按照规定格式（包括表格）和要求进行撰写和填写。《专利法》第二十六条规定："申请发明或实用新型专利的，应当提交请求书、说明书及摘要和权利要求书等文件。"第二十七条规定："申请外观设计专利的，应当提交请求书以及该外观设计的图片或照片等文件，并且应当写明使用该外观设计的产品及其所属的类别。"我国《专利法实施细则》第二条规定："专利法和本细则规定的各种手续，应当以书面形式或者国务院专利行政部门规定的其他形式办理。"

2. 在先申请

专利授予最先申请的人。《专利法》规定几个人各自独立完成同一发明创造，专利权授予最先提出申请的人，旨在鼓励发明人早日提出专利申请，使发明创造早日公开。我国《专利法》第九条第一款规定，"同样的发明创造只能授予一项专利权。但是，同一申请人同日对同样的发明创造既申请实用新型专利又申请发明专利，先获得的实用新型专利权尚未终止，且申请人声明放弃该实用新型专利权的，可以授予发明专利权"。第二款规定"两个以上的申请人分别就同样的发明创造申请专利的，专利权授予最先申请的人"。这就要求发明创造人在做出发明创造后应尽快提出专利申请，否则，一旦被他人抢先申请，可能无法获得专利权。

申请的先后以申请日为确定标志。申请日的确定以专利局收到申请文件之日为准。具体界限按照以下情形确定：①向国务院专利行政部门邮寄的各种文件，以寄出的邮戳日为递交日；②邮戳日不清晰的，除当事人能够提出证明外，以国务院专利行政部门收到日为递交日；③直接递交申请文件的，以专利局收到之日为申请日。

3. 一发明一申请

一件专利申请只能限于一项发明创造，如果一件专利申请案中包含了来自不同技术领域的多个发明创造，将会给专利审查带来难以克服的困难，使申请案的分类、检索、实质性审查等工作无法顺利进行。因此，申请人在申请专利时必须就每一项发明创造单独提出申请，否则，将无法通过专利局的形式审查。我国《专利法》第三十一条规定："一件发明或者实用新型专利申请应当限于一项发明或者实用新型。属于一个总的发明构思的两项以上的发明或者实用新型，可以作为一件申请提出。一件外观设计专利申请应当限于一项外观设计。同一产品两项以上的相似外观设计，或者用于同一类别并且成套出售或者使用的产品的两项以上外观设计，可以作为一件申请提出。"

（二）专利申请的审查

国务院专利行政部门受理发明专利申请以后，必须依照专利法规定的程序进行审查。发明专利申请的主要审查程序有初步审查、公布专利申请、请求实质审查、实质审查。实行专利审查制度有利于统一专利标准，提高专利质量，维持良好的申请秩序。对于发明专利、实用新型和外观设计专利，我国《专利法》分别规定了不同的审查制度。我国对发明专利审批采用审查制，即必须经过初步审查公开和实质审查才可授予专利权。对实用新型专利和外观设计专利的审批采用登记制，即只要经过初步审查，就可以授予专利权。

1. 发明专利的审查

我国对发明专利实行审查制，同时进行形式审查和实质审查。《专利法》第三十四条规定："国务院专利行政部门收到发明专利申请后，经初步审查认为符合本法要求的，自申请日起满十八个月，即行公布。国务院专利行政部门可以根据申请人的请求早日公布其申请。"第三十五条规定："发明专利申请自申请日起三年内，国务院专利行政部门可以根据申请人随时提出的请求，对其申请进行实质审查；申请人无正当理由逾期不请求实质审查的，该申请即被视为撤回。国务院专利行政部门认为必要的时候，可以自行对发明专利申请进行实质审查。"发明专利只有同时符合形式条件和实质条件的专利申请，才能够获得专利权。

2. 实用新型和外观设计专利的审查

一般意义上，由于实用新型和外观设计对国民经济和技术进步的作用比发明要小，所以多数国家对实用新型和外观设计申请并不进行实质审查，掌握的条件比较宽松。我国对实用新型和外观设计专利申请的审查采用登记制，即只进行形式审查，只对申请文件是否完备，文件书写格式是否符合规定，代理人的手续是否合法以及是否已经缴纳了申请费等进行审查。《专利法》第四十条规定："实用新型和外观设计专利申请经初步审查没有发现驳回理由的，由国务院专利行政部门做出授予实用新型专利权或者外观设计专利权的决定，发给相应的专利证书，同时予以登记和公告。实用新型专利权和外观设计专利权自公告之日起生效。"实用新型和外观设计专利申请经初步审查符合形式条件，没有发现驳回理由的，由专利主管部门做出授予实用新型专利权或外观设计专利权的决定，发给相应的专利证书，同时予以登记和公告。实用新型专利权和外观设计专利权自公告之日起生效。

（三）专利的复审

专利的复审是指由专利复审委员会对当事人不服国家专利主管部门有关处理决定的请求进行的审查。国家知识产权局设立专利复审委员会[①]，其成员由国家专利主管部门指定的有经验的技术专家和法律专家组成。专利申请人对专利局驳回申请的决定不服的，可以自收到通知之日起 3 个月内，向专利复审委员会请求复审。申请人请求复审的，应当向专利复审委员会提交复审请求书，说明理由并附具有关证明文件。复审请求书不符合规定的，复审请求人应在专利复审委员会指定的期限内补正。逾期不补正的，复审请求视为未提出。专利复审委员会对复审请求应及时进行审查，复审后做出处理决定，并以书面形式通知复审请求人。复审请求人对专利复审委员会的复审决定仍不服的，可以自收到通知之日起 3 个月内向人民法院起诉。

（四）专利的无效宣告

我国《专利法》第四十五条规定，"自国务院专利行政部门公告授予专利权

---

① 自 2019 年 2 月 15 日专利复审委员会并入国家知识产权局专利局，不再保留专利复审委员会，其职能由专利局行使。

之日起，任何单位或者个人认为该专利权的授予不符合本法有关规定的，可以请求专利复审委员会宣告该专利权无效"。请求宣告专利无效，必须依法向国家专利局提交申请书和相应文件，并说明理由。国家专利局对宣告专利权无效的请求应当及时审查和做出决定，并通知请求人和专利权人。国家专利局认为请求书符合法律规定的，应依法定程序做出宣告专利权无效或维持专利权的明确决定。对国家专利局宣告专利权无效或维持专利权的决定不服的，可以自收到通知之日起3个月内向人民法院起诉。人民法院应当通知无效宣告请求程序的当事人作为第三人参加诉讼。

第五节　专利权的保护

一、专利权的保护范围

专利权的保护范围是指专利权法律效力所涉及的发明创造的范围。专利权的保护范围是确定专利是否侵权的重要依据，行为人是否侵权主要看行为人的产品及方法是否与专利权人在权利要求书中要求的权利相重合，发明或者实用新型专利权的保护范围以其权利要求的内容为准，说明书及附图可以用于解释权利要求。外观设计专利权的保护范围以表示在图片或者照片中的该外观设计专利产品为准。

根据《专利法》第二十六条、第二十七条、第五十九条第一款和《专利法实施细则》第二十条第一款的规定，发明或实用新型专利权的保护范围以其权利要求书的内容为准，说明书、附图不能作为认定专利权保护范围的依据，只是居于从属地位。在认定专利权的保护范围时，为了明确某一技术术语的含义还可以参考专利申请过程中国务院专利行政部门和申请人之间的往来信件和文件。根据《专利法》第五十九条第二款的规定，外观设计专利权的保护范围以表示在图片或者照片中的该外观设计专利产品为准，在认定外观设计专利权的保护范围时，保护范围以图片或照片为准，即使尺寸上存在细微差别也并不妨碍权利认定。外观设计专利权的保护范围仅限于在授予专利权时指定的产品上使用的外观设计，即他人不能在指定的产品上使用相同或近似的外观设计。

二、专利法不予保护的对象

专利法对专利进行保护的目的是使发明创造产生良性效应，在经济社会的发展中产生积极的效果，因此，专利制度并不保护全部发明，对于不能给社会带来良好作用的发明，专利法不予保护。我国《专利法》第五条规定："对违反法律、社会公德或者妨害公共利益的发明创造，不授予专利权。对违反法律、行政法规的规定获取或者利用遗传资源，并依赖该遗传资源完成的发明创造，不授予专利权。"

《专利法》第二十五条进一步明确规定，以下创造性智力成果也不能被授予专利权。

（一）科学发现

科学发现是指对自然界中客观存在的现象、变化过程及其特性和规律的揭示。科学理论是对自然界认识的总结，是更为广义的发现。它们都属于人们认识的延伸。但这些被认识的物质、现象、过程、特性和规律不同于改造客观世界的技术方案，其本身不是改造现实世界的具体的技术方案，不满足专利的实用性要求，不是专利法意义上的发明创造，因此不能被授予专利权。

（二）智力活动的规则和方法

智力活动，是指人的思维运动，它源于人的思维，经过推理、分析和判断产生出抽象的结果，或者必须经过人的思维运动作为媒介才能间接地作用于自然产生的结果。它仅是指导人们对信息进行思维、识别、判断和记忆的规则和方法，由于其没有采用技术手段或者利用自然法则，也未解决技术问题和产生技术效果，因而不构成技术方案。例如，交通行车规则、各种语言的语法、速算法或口诀、心理测验方法、各种游戏、娱乐的规则和方法、乐谱、食谱、棋谱、计算机程序本身等，虽然是人们推理、分析和判断的有效手段，是人的思维活动作用于具体物质的工具和媒介，但本身具有抽象性，不能直接制造出某种有用物质，也未能直接解决实际中的技术问题和产生技术效果，虽然也具备创造性和新颖性，但不符合实用性标准，不能授予专利权。

（三）疾病的诊断和治疗方法

疾病的诊断和治疗方法是医务人员在医疗过程中的通用方法，对于查明病情，有针对性地医治病人具有普遍性作用，它是以有生命的人或者动物为直接实施对象，进行识别、确定或消除病因、病灶的过程。将疾病的诊断和治疗方法排除在专利保护范围之外，是出于人道主义的考虑和社会伦理的原因，医生在诊断和治疗过程中应当有选择各种方法与条件的自由，不能为少数人所独有，疾病的诊断和治疗方法不同于诊断治疗设备，一旦授予专利，有可能严重限制其有效推广与应用，从而违背人道主义和社会伦理，妨害社会公共利益。另外，这类方法直接以有生命的人体或动物体为实施对象，理论上认为不属于产业，无法在产业上利用，不属于专利法意义上的发明创造。例如诊脉法、心理疗法、按摩、为预防疾病而实施的各种免疫方法、以治疗为目的的整容或减肥等。但是药品或医疗器械可以申请专利。

（四）动物和植物品种

我国对动植物新品种采用专利以外的保护措施，但是对于动植物品种的生产方法，可以依照专利法的规定授予专利权。

（五）用原子核变换方法获得的物质

原子核裂变或聚变，会产生巨大的能量，其不当使用可能对人们的生命财产安全造成重大威胁。且原子物质通常用于军事目的，需要进行严格保密，不适宜公开，因而，不满足专利的公开性要求。

（六）对平面印刷品的图案、色彩或者二者的结合做出主要起标识作用的设计

这类设计的创造性相对较低，通常属于商标权的内容，授予其专利权，可能引起权利客体的交叉和重叠，进而导致权利冲突。

另外，对违反法律、社会公德或者妨害公共利益的发明创造，不授予专利权。对违反法律、行政法规的规定获取或者利用遗传资源，并依赖该遗传资源完

成的发明创造，不授予专利权。例如，用于赌博的设备、机器或工具；吸毒的器具等不能被授予专利权。因为虽然这些"发明创造"从形式上看也具有新颖性、实用性等特征，但却会给社会带来危害，因此，不能授予专利权。

三、侵犯专利权的行为

专利侵权的行为是指在专利权有效期内，行为人未经专利权人许可，擅自制造或销售他人专利以谋取利益的非法行为。具体说来，专利侵权行为应同时满足以下要件：

（一）行为侵害了有效专利

构成侵权必须以权利人享有合法权利为前提，若行为人所实施的技术是还没有获得专利权的技术，或者虽然已经取得专利权但专利权有效期已满、被专利权人放弃或被宣告无效等，则该行为不属于侵权行为。

（二）行为未经专利权人许可

行为人擅自使用他人专利而未获得专利权人许可即构成侵权，凡是经过专利权人同意的实施行为，如签订了专利权转让合同、专利实施许可合同等，均属于合法的权利行使，不构成侵权。

（三）以谋取利益为目的，对专利权人的利益造成重大损害

行为人侵犯他人权利的目的是为获取非法利益，损害权利人的权利，如果仅仅是合法使用对权利人没有损害，如为科学研究和实验而使用有关专利的情形不视为侵权行为。

四、侵犯专利权的法律责任

（一）侵犯专利权的民事责任

对于侵犯专利权人独占实施权的行为，行为人通常需要承担相应的民事责任。依照我国《民法总则》和《专利法》，专利侵权的民事责任主要表现为停止

侵权和赔偿损失。

1. 停止侵权

停止侵权是实施法律救济中首先适用的措施，也是制止侵权行为必须采取的措施，可以有效地防止侵害行为危害的进一步扩大，避免侵权行为给专利权人造成更大的损失。停止侵权是最有效、最直接的防止继续侵权的方法。只要存在侵权行为，无论行为人是否具有过错，无论是否造成损失，都应当承担停止侵权的责任。

2. 赔偿损失

赔偿损失是一种弥补措施，为弥补权利人受到的损失，使侵权人不能从侵权中获益，法律规定了赔偿损失的民事责任。损害赔偿应当贯彻公平公正原则，使专利权人因侵权行为受到的实际损失能够得到合理赔偿。《专利法》第六十五条规定："侵犯专利权的赔偿数额按照权利人因被侵权所受到的实际损失确定；实际损失难以确定的，可以按照侵权人因侵权所获得的利益确定。权利人的损失或者侵权人获得的利益难以确定的，参照该专利许可使用费的倍数合理确定。赔偿数额还应当包括权利人为制止侵权行为所支付的合理开支。权利人的损失、侵权人获得的利益和专利许可使用费均难以确定的，人民法院可以根据专利权的类型、侵权行为的性质和情节等因素，确定给予1万元以上100万元以下的赔偿。"

3. 消除影响

由于侵权行为使专利权人的商誉受到损害的，侵权者应当承担消除影响的责任，通过媒体发表道歉声明或者公开登载侵权判决，让社会公众知晓侵权的错误行为，以消除侵权行为对专利权人带来的不利影响。

（二）侵犯专利权的行政责任

我国《专利法》对侵权行为中的假冒他人专利、泄露国家机密、徇私舞弊等行为规定了行政责任。另外，我国专利法还对侵犯发明人或者设计人合法权益的行为规定了行政责任。其目的在于维护科技人员和进行科研创造的其他人员的合法权益，以保护和激励他们进行发明创造的积极性。《专利法》第六十三条规定："假冒专利的，除依法承担民事责任外，由管理专利工作的部门责令改正并予公告，没收违法所得，可以并处违法所得 4 倍以下的罚款；没有违法所得的，可以处 20 万元以下的罚款；构成犯罪的，依法追究刑事责任。"根据行政责任的法律规定，专利管理机关可依法主动出击，有力地打击假冒专利的违法行为。这对于维护专利的声誉，更好地发挥专利制度的作用，加强市场经济条件下专利管理机关的执法职能，维护广大消费者和社会公众的利益，保证专利制度的健康发展，都有着十分重要的意义。

（三）侵犯专利权的刑事责任

专利侵权不仅仅涉及专利权人的财产权，同时也会危及社会公共利益。对违反公共利益的最严厉、最有效的制裁是刑事制裁。我国专利法对假冒他人专利、泄露国家机密以及徇私舞弊这三种行为规定了刑事责任，根据《专利法》第六十三条及《刑法》第二百一十六条的规定，假冒他人专利，情节严重的，构成假冒专利罪，处 3 年以下有期徒刑或者拘役，并处或者单处罚金。根据最高人民法院、最高人民检察院出台的《关于办理侵犯知识产权刑事案件具体应用法律若干问题的解释》，假冒他人专利，具有下列情形之一的，属于《刑法》第二百一十六条规定的"情节严重"的情形："①非法经营数额在 20 万元以上或者违法所得数额在 10 万元以上的；②给专利权人造成直接经济损失 50 万元以上的；③假冒 2 项以上他人专利，非法经营数额在 10 万元以上或者违法所得数额在 5 万元以上的；④其他情节严重的情形。"应该由司法机关追究其刑事责任。

第三章

商标法律原理

第一节　商标概述

一、商标的概念与特征

商标即商品的标记，是指能够区别商品或者服务的来源，并具有显著性的可以为视觉所感知的标记，一般由文字、图形、字母、数字、三维标志、颜色组合或者上述要素的组合构成。商标具有以下基本特征。

（一）商标是区别商品或服务来源的标记

在商标的产生之初，商标的作用仅仅用于辨别，用以表明此商品或服务区别于他人同类商品或服务的标记，商标与商品的生产者和服务的提供者紧密相连。

（二）商标具有显著性

显著性是指商标易于区别和其他商标的商品、服务等的可识别性和独特性，商标的区别性决定商标应有自己的突出特点，如果是通用性的标志或者没有任何特点，就无法与其他的商品或服务进行识别。因此，商标必须让普通消费者可以凭借该商标的特征区别于其他商品或服务的主体、出处、特点、信息等。

（三）商标具有独占性

注册商标所有人对其商标具有专用权、独占权，一旦注册只能为权利人所有，未经注册商标所有人许可，他人不得擅自使用；否则，应承担相应的法律责任。

（四）商标是竞争的工具

商标是为生产者或服务者的竞争提供服务的，现代市场经济条件下生产经营者的竞争就是商品或服务质量与信誉的竞争，商标作为商品或服务的标志，其表现形式就是商标知名度的竞争，知名商标可以为企业带来巨大的效益，成功的企业都重视商标的竞争作用，使商标的竞争作用最大化。

二、商标的功能

商标的功能是指商标在商品生产、交换或服务贸易中所具有的价值和发挥的作用。通常情况下商标有以下几方面的功能。

（一）识别功能

不同的商品或服务项目有着不同的商标，特定的商标总是同特定的经营对象联系在一起。正是凭着商标的指引，消费者才能够把众多的同类竞争的商品或服务区别开来，做出消费抉择。

（二）品质标识功能

品质标识功能是指以相同的商标显示的商品或服务的质量具有同一性，不同的商标往往体现商品的不同质量。在经营活动中，商标与商品及经营者的质量、信誉紧密联系在一起，标识着某一商品或服务一贯稳定的质量水平，公众也可以凭借以往的购买经验对商品的特性有所了解，促使生产者保证良好的质量，维护其市场声誉。

（三）广告功能

广告是现代商业宣传的重要手段，广告宣传往往以商标为中心，通过商标发布商品信息，使推介的商品突出醒目，简明易记，能借助商标这种特定标记吸引消费者的注意力，加深其对商品的印象。商品吸引了消费者，消费者借助商标选择商品，商标的作用便显而易见。

三、商标的种类

商标作为商品的标志广泛存在于商品应用中，商标的分类有助于进一步认识商标的含义与本质，分清商标的不同作用。按照不同的标准，可以将商标分为以下种类。

（一）注册商标与未注册商标

根据是否向国家商标行政主管部门申请注册为标准，可以将商标分为注册商标与未注册商标。注册商标是指按照法定程序向商标主管部门申请注册，经过审核后准予核准注册的商标；未注册商标是指未经过商标注册而在商品或服务上使用的商标。我国对商标实行自愿注册原则，当事人可以根据自己的具体情况决定是否进行商标注册。根据我国《商标法》规定，只有经过注册的商标才享有商标权，才受法律保护，对于未经注册的商标，法律只规定"不得以不正当手段抢先注册他人已经使用并有一定影响的商标"，无法享受《商标法》规定的其他权利。

（二）商品商标和服务商标

根据商标标识的对象不同，又可以将商标分为商品商标和服务商标。商品商标是指生产者或销售者用于自己生产、制造、加工、拣选或者经销的商品上的商标。服务商标是指提供服务的经营者用于自己所提供的服务项目上的商标。

（三）集体商标和证明商标

集体商标是指以工商业团体、协会或者其他组织名义注册，供该组织成员在工商业活动中使用，以表明使用者在该组织中的成员资格的标志。证明商标是指由对某种商品或者服务具有检测、监督能力的组织注册，而由该组织以外的单位或者个人使用其商品或者服务，用以证明该商品或者服务的原产地、原料、制造方法、质量或者其他特定品质的标志。

（四）驰名商标和非驰名商标

按商标知名度的高低和保护范围的大小可将其划分为驰名商标和非驰名商标。驰名商标是指在较大地域范围的市场上享有较高声誉，为相关公众所普遍熟知，具有良好质量信誉并经有权机关依照法律程序认定从而受到法律特别保护的商标。非驰名商标是指驰名商标以外的商标。需要明确，驰名商标与著名商标以及知名商标的含义不同：驰名商标是法律用语，有特定的含义和条件，必须履行法定程序才能受法律的特殊保护，同时还应该明确，驰名商标不是产品的荣誉标志，不能用于企业宣传。根据中华人民共和国国务院批准的国家工商行政管理总局"三定"方案以及《驰名商标认定和保护规定》，驰名商标的认定与管理机构是国家工商行政管理总局商标局、商标评审委员会[①]。另据最高人民法院颁布的《关于审理涉及计算机网络域名民事纠纷案件适用法律若干问题的解释》（2001年7月24日）第六条规定，人民法院审理域名纠纷案件可以对涉及的注册商标是否驰名做出认定。根据最高人民法院颁布的《关于审理商标民事纠纷案件适用法律若干问题的解释》的规定，人民法院在审理商标纠纷案件中，根据当事人的请求和案件的具体情况，可以对涉及的注册商标是否驰名依法做出认定。没有经过认定的，不能擅自称为"驰名商标"。

（五）文字商标、图形商标、组合商标和立体商标

依据商标的构成要素可以将商标划分为文字商标、图形商标、组合商标和立体商标。文字商标是指纯粹使用文字（汉字、汉语拼音、少数民族文字和外国文字或字母）、字母所构成的商标。图形商标是指出单纯的图形构成，可不含有任何文字的商标。组合商标是指由文字、图形、字母、数字任意组合而成的商标。立体商标是立体标识、商品外形或商品的实体包装物以立体形象呈现的商标。

（六）联合商标与防御商标

按照商标的使用目的和作用划分，可以分为联合商标与防御商标。联合商标是指同一商标所有人在同一种或类似商品上注册的若干近似商标。这些商标中首先注册的或者主要使用的为主商标，其余的则为联合商标。防御商标，则是指驰名商标权人在该商标核定使用的商品、服务以外的其他类别商品、服务上也加以注册形成的商标。联合商标和防御商标都是商标权人保护自己商标的手段。

---

① 2019 年 2 月 15 日整合为国家知识产权局商标局，不再保留商标评审委员会。

第二节　商标权的主体

一、商标权主体的概念

商标权的主体是指依法享有商标权利承担商标义务的自然人、法人或者其他组织。我国商标法规定，商标权主体只能是注册商标所有人。《商标法》第四条规定："自然人、法人或者其他组织在生产经营活动中，对其商品或者服务需要取得商标专用权的，应当向商标局申请商标注册。"所以，向商标局注册的商标所有人才能是商标权的主体。

二、商标权主体的种类

（一）原始主体和继受主体

根据商标权取得方式的不同，可将商标权的主体分为原始主体和继受主体。商标权的原始主体是指最先取得商标权的商标注册人。申请注册的商标被核准注册后，该商标注册申请人就成了该注册商标的商标注册人，即成为商标权的原始主体。商标权的继受主体是指依法通过注册商标的转让、继承，公司企业分立、合并等方式从原商标权人处取得商标权的自然人、法人或者其他组织。通过合法途径从他人处取得商标权的主体是继受主体。

（二）商标权的单一主体、共有主体和集体主体

商标权的单一主体是指商标权人是单独的自然人、法人或其他组织。商标权的共有主体是指共有一个商标权的两个以上的民事主体。我国《商标法》第五条规定："两个以上的自然人、法人或者其他组织可以共同向商标局申请注册同一商标，共同享有和行使该商标专用权。"商标权的集体主体是指商标权的主体是一个集体，该集体的所有成员或者符合相关条件的民事主体都可以使用该商标。

第三节 商标权的客体

一、商标权客体的概念

商标权客体指法律对商标权所保护的具体对象，即商标权人依法取得的商标。在我国只有注册商标才能成为商标法律关系的客体，受到商标法的保护，未注册的商标，其使用人不享有商标权，因此，也不能成为商标权的客体。需要说明的是，驰名商标不管其是否注册，都是商标法律关系的当然客体，受法律保护。

二、商标权客体的构成要件

商标是商品生产者、经营者或服务项目的提供者用以标明自己生产、经营的商品或提供的服务项目，并使之与他人生产、经营的商品或提供的服务项目相区别的一种专用标志，因此，商标必须具备一定的条件，符合法律规定的特别要求。在我国，商标必须符合以下条件才能使用。

（一）显著性

显著性即商标的独特性或可识别性，是指商标能够标识商品或服务的来源并使之与其他商品或服务相区别的属性。我国《商标法》把商标的显著与否作为商标注册的重要条件之一是因为可以让消费者便于识别。该特征是商标能否注册的基础与核心，是商标的生命和灵魂。《商标法》第九条规定："申请注册的商标，应当有显著特征，便于识别，并不得与他人在先取得的合法权利相冲突。"

（二）合法性

合法性是指商标不得违反法律的要求或者社会公共秩序。合法性具体包括：商标的组成要素合法和标志内容合法，我国《商标法》在不同的时期规定了不同的要素。根据我国现行《商标法》第八条的规定，能够作为商标组成元素的有文字、图形、字母、数字、三维标志和颜色组合，以及上述元素的任意组合。不得违反法律使用禁止性标志，不得产生不良的社会影响。

（三）非禁止性

商标不违反法律的禁止性规定，违反法律的文字和图形不能用作商标，商标申请人申请注册商标时，应遵守法律规定。《商标法》第十一条规定，下列标志不得作为商标注册：

（1）仅有本商品的通用名称、图形、型号的；

（2）仅直接表示商品的质量、主要原料、功能、用途、重量、数量及其他特点的；

（3）其他缺乏显著特征的。

前款所列标志经过使用取得显著特征，并便于识别的，可以作为商标注册。

第四节　商标权人的权利与义务

一、商标权人的权利

我国《商标法》规定了商标权人享有的权利，商标权人依法享有的具体权利通常包括专用权与禁止权两方面。禁止权与专用权是相对应的两个方面，专用权是积极权利，禁止权是消极权利。

（一）专用权

专用权是指商标权所有人对其注册商标依法享有的使用权。商标具有独占性，是一种绝对排他的支配权。任何第三者未经商标权所有人同意，不得擅自使用该注册商标。商标经注册后，只有该商标专用权人才有权在其注册的商品（或服务项目）上使用该商标，权利人可以独占使用其注册商标，也可以依法定程序和方式许可他人使用商标权，还可以因一定的法律事实而移转。当然，注册商标专用权的范围是有限制的，注册商标专用权的范围"以核准注册的商标和核定使

用的商品为限"。^①

（二）禁止权

禁止权是指注册商标所有人有权禁止任何人未经其许可，在同一种商品或者类似商品上使用与其注册商标相同或者近似的商标；有权禁止他人销售明知是假冒注册商标的商品；有权禁止他人伪造、擅自制造其注册商标标识，或者销售伪造、擅自制造的注册商标标识；有权禁止他人损害商标专用权的其他侵权行为。对于上述侵犯商标专用权的违法行为，商标权所有人有权向侵权人发出警示，也有权请示有关工商行政管理部门或者诉请人民法院，追究侵权人的行政责任、民事责任，直至刑事责任。商标的禁止权能够防止他人擅自使用注册商标，侵犯商标权人的合法权益，确保商标权人的利益。

（三）许可权

许可权是指注册商标所有人通过签订许可使用合同，许可他人使用其注册商标的权利。许可使用是商标权人行使其权利的一种方式。许可人是注册商标所有人，被许可人根据合同约定，支付商标使用费后在合同约定的范围和时间内有权使用该注册商标。商标权人根据法律的规定，许可他人使用其注册商标，这是商标权人对其注册商标予以利用的重要表现。商标许可他人使用，是社会经济发展的必然现象，也是现代经济发展的必然要求。市场主体进行对外投资、技术合作等，其商品必须使用已经享有盛誉的商标，才能得到市场的认可，才能开拓并保持其市场，满足消费者的需求，推动社会经济的发展。

（四）转让权

商标转让是指注册商标所有人按照一定的条件，依法将其商标权转让给他人所有的行为。转让权是商标所有人行使其权利的一种方式，商标转让权是商标权不可分割的组成部分，是从专有使用权派生出来的一项权利，商标权人可以行使，也可以不行使这一权利。在商标转让行为中，转让人将商标权转移给受让人之后，其商标权也随之消失，而受让人同时取得商标权，因此，商标权的转让实质上是商标权主体的变更。然而，商标与其他财产性质不同，商标转让并不只是

---

① 《商标法》第五十六条。

双方之间的事情，商标作为商品的标志是为了便于消费者识别，如果不进行公示，随意转让将损害消费者的合法权益。因此，法律规定商标转让须经过主管机关核准，才具有法律效力。

二、商标权人的义务

商标注册后，商标权人对该注册商标享有法定的权利，与此同时，商标权人也要承担法律规定的相应义务，发挥商标的正面作用，维护商标秩序。根据《商标法》规定，商标权人对注册商标的义务主要包括以下内容。

（一）使用义务

商标注册的目的是使用，而不仅仅是独占，商标注册后商标权人应使用注册商标——已经实际命名并使用的商标才能注册，或者商标在核准注册后一定期限内必须使用，否则将丧失商标权。依照我国《商标法》的规定，商标经核准注册后，连续三年停止使用的，任何人都可以向商标局申请撤销该注册商标（通称"撤三"）。对于使用的方式，商标法并没有严格的限制，将商标直接使用于商品上、商品包装或者容器上以及有关的商品交易文书上，或者将商标使用在广告宣传、展览以及其他业务活动中都属于对注册商标的使用。注册商标在使用过程中应当标明"注册商标"字样或者标明注册标记®。

（二）保证质量义务

经过注册得到法律上认可的商标，质量上也应该具有一定的稳定性和保障性，符合国家规定的质量标准。因此，商标权人和商标的使用者负有保证其生产经营的商品或服务的质量符合国家规定的义务，商标权人不得生产劣质不合格产品，不得欺诈消费者。商标权人在将自己的商标许可使用或者转让出去时也应当尽到这项义务，对被许可人或受让人的商品质量进行监督，即应当谨慎选择许可使用或者转让的对象，并随时对使用其注册商标的产品或服务的质量实施监督。

（三）许可与转让中的义务

商标专用权人许可他人使用其注册商标的，应当与被许可人签订商标使用许可合同，并应当报商标局备案，商标专用权人作为许可人应当监督被许可人使用其注册商标的商品质量；转让注册商标的，商标专用权人应当与受让人签订协议并共同向商标局提出申请，受让人应当保证使用该注册商标的商品质量。在商标许可法律关系中，许可人对商标仍享有所有权，因此，需要对商标的质量及使用行为负责，不得放任被许可人从事不法行为，欺骗消费者，造成社会危害。

第五节　商标权的取得

一、商标权的取得方式

取得商标权的基本方式分为原始取得和继受取得。

（一）原始取得

原始取得是指经营者通过核准注册或使用的方式直接取得商标权，并非以已经存在的商标权为依据而产生的。通常有以下两种形式。

1. 注册取得

注册取得是最基本的商标取得形式。商标权的取得必须经过核准注册，并按申请注册的先后顺序确定商标权的归属。我国实行商标注册制度，商标使用人为取得商标专用权，将其使用的商标依照法定的注册条件和程序，向商标主管机关提出注册申请，商标主管机关经过审核，准予注册即获得商标权。根据《商标法》的规定，我国商标注册遵循申请在先原则、自愿注册原则。

自愿注册原则是指商标使用人是否申请商标注册取决于自己的意愿。在自愿注册原则下，商标注册人一经商标注册，即对其注册商标享有专用权，受法律保护。未经注册的商标，可以在生产服务中使用，但不受法律保护，其使用人也不享有专用权，无权禁止他人在同种或类似商品上使用与其商标相同或近似的商标。在实行自愿注册原则的同时，我国《商标法》还规定了强制注册原则，作为对自愿注册原则的补充和例外。强制注册，是指商标使用人在其生产或者经营的特定商品上，凡使用商标的必须经过注册，不注册的商标禁止使用。《商标法》第六条规定，"法律、行政法规规定必须使用注册商标的商品，必须申请商标注册，未经核准注册的，不得在市场销售"。

2.使用取得

使用取得是指基于商标使用的事实取得商标权，并按使用商标的先后顺序确定商标权的归属。根据这一原则，商标权属于首先使用该商标的人。只要有首先使用的事实，该当事人即享有商标权。

(二)继受取得

继受取得是指商标权人取得的商标权是基于他人已存在的权利而产生的，而非最初直接取得，因而其权利的范围、内容都以原有的权利为依据。继受取得有两种方式。

1.转让取得

根据转让合同，出让人向受让人有偿或无偿地转移商标权。转让注册商标的，转让人和受让人应当签订转让协议，并共同向商标局提出申请，转让注册商标申请手续由受让人办理，经商标局核准后，发给受让人相应证明，并予以公告。受让人自公告之日起享有商标专用权，转让注册商标的商标注册人对其在同一种或者类似商品上注册的相同或者近似的商标，必须一并办理。

2.继承取得

根据继承程序，由合法继承人继承被继承人的商标权。根据我国《民法总则》和《继承法》的有关规定，继承人可以通过继承而取得商标专用权。此外，公司、法人因兼并、合并、破产等原因也可能发生商标权的转移。

二、商标权取得的程序

根据我国《商标法》的规定，商标注册的程序主要包括申请、审查和核准三个阶段。

（一）商标注册的申请

商标注册的申请是注册程序的第一步，是指申请人按照自愿原则向商标局提交商标注册申请文件并缴纳规定费用的程序。

1. 商标注册申请人的确定

根据我国《商标法》的规定，申请人可以是自然人、法人或者其他组织，只要对其生产制造、加工、拣选或者经销的商品以及提供的服务所使用的商标愿意注册的都可以提出申请。注册申请可以由申请人直接办理，也可委托国家认可的商标代理组织代理。

2. 申请文件的撰写

（1）填写《注册申请书》。申请书既可以书面方式或者数据电文方式提出，也可以一份申请就多个类别的商品申请注册同一商标。但申请书规定的项目必须填全，申请人应当提交能够证明其身份的有效证件的复印件，商标注册申请人的名义应当与所提交的证件相一致。商标注册申请书需要加盖申请人章戳，委托代理的应当按照统一制定的格式填写代理委托书，明确委托事项，委托人和代理人签字、盖章生效。

（2）提交商标图样。每一件商标注册申请应同时提交商标图样 10 份，指定颜色的，应提交着色图样 10 份，黑白稿件 1 份。商标图样用于粘贴各种商标档案和注册证，因此商标图样应当清晰和便于粘贴，用光洁耐用的纸张印制或者用照片代替，长、宽应为 5cm ～ 10cm。以三维标识申请商标注册的，还应当在申请书中予以声明，并提交能够确定三维形状的图样。

（3）提交其他有关证明文件。经有关主管部门检验许可才能生产的商品，必须提交主管部门颁发的生产许可证。申请人用人物肖像作为商标申请注册的，必须提供肖像权人授权书并经公证机关公证。办理集体商标、证明商标注册的，应在申请中予以声明，并提交主体资格证明文件和使用管理规则。

（4）按规定缴纳申请费。根据《商标法实施细则》第四条规定，申请商标还必须按照国家工商行政管理局的规定缴纳费用。

3. 申请办理方式

（1）直接办理：采取申请人直接到国家知识产权局商标局办理注册申请的方式。申请书的填报及所有相关证明文件和资料的提交均由申请人完成，经商标局审查后，办理注册。

（2）委托办理：申请人若不便直接到商标局办理商标注册或者申请人为外国人或外国企业，可委托国家知识产权局认可或指定的商标代理组织代办商标注册的申请，由商标代理组织向商标局递交各种申请文件，经商标局审查后，办理注册。

（二）商标注册申请的审批

1. 商标注册申请的审查

商标注册申请的审查可以分为形式审查与实质审查两大类：形式审查是指仅对商标注册申请的书件、手续是否符合法律要求进行的审查，主要是对申请书的填写是否属实、准确、清晰和有关手续是否完备等事项进行核查。实质审查是指除了对注册申请进行形式审查外，还要对商标是否具备注册条件进行审查。我国商标法采取实质审查制度。对申请注册的商标，商标局自收到商标注册申请文件之日起 6 个月内审查完，符合本法有关规定的，予以初步审定公告。

2. 商标注册申请的核准

对初步审定的商标，自公告之日起 3 个月内，任何人均可以提出异议。商标局应当将商标异议书副本及时送交被异议人，限其自收到商标异议书副本之日起 30 日内答辩。被异议人不答辩的，不影响商标局的异议裁定。对初步审定、予以公告的商标提出异议的，商标局应当听取异议人和被异议人陈述的事实和理由，经调查核实后，做出裁定。当事人不服的，可以自收到通知之日起 15 日内向商标局申请复审，由商标局做出裁定，并书面通知异议人和被异议人。当事人对商标局的裁定不服的，可以自收到通知之日起 30 日内向人民法院起诉。公告期满无异议的，予以核准注册，发给商标注册证，并予公告。

为了提高商标审查效率，适应我国经济发展新形势，2018 年 3 月 20 日国家市场监督管理总局办公厅印发《商标注册便利化改革三年攻坚计划（2018－2020

年)》的通知，提出 2018 年 4 月 1 日前，商标变更审查周期由 3 个月缩短至 1 个月，年底商标注册审查周期由 8 个月缩短至 6 个月，赶超经合组织（OECD）成员国中实行在先权利审查国家的平均水平（7 个月）；国际注册审查周期同步缩短至 6 个月；商标转让、续展审查周期压缩 1/3；撤销 3 年不使用、撤销注册商标成为通用名称审查周期由 9 个月缩短至 8 个月；驳回复审审理周期从 8 个月缩短至 7 个月；补发商标变更、转让、续展证明业务实现立等可取。至 2020 年，基本建成优质便捷高效的商标注册体系，达到世界第一梯队的领先水平：商标申请渠道多样，商标注册程序简化，商标规费结构合理，商标注册和管理全面信息化，商标审查协作中心布局合理，商标注册审查周期缩短至 4 个月以内。

三、商标权的期限、续展与终止

商标权的期限是指商标权受法律保护的期限。我国《商标法》第三十九条规定："注册商标的有效期为十年，自核准注册之日起计算。"商标权的续展又称注册商标的续展，是指通过法定程序延长注册商标有效期的法律制度。我国《商标法》第四十条规定："注册商标有效期满，需要继续使用的，商标注册人应当在期满前十二个月内按照规定办理续展手续；在此期间未能办理的，可以给予六个月的宽展期。每次续展注册的有效期为十年，自该商标上一届有效期满次日起计算。期满未办理续展手续的，注销其注册商标。商标局应当对续展注册的商标予以公告。"商标权的终止，又称商标权的消灭，是指注册商标专用权因法定事由的发生而归于消灭。根据我国法律的规定，商标专用权终止的原因主要包括注销和撤销。

第六节　商标权的使用与限制

商标权人取得商标的主要目的是使用，商标权人取得商标权可以通过法律规定的方式使用，商标权的利用方式主要包括商标的使用、商标的使用许可和商标的转让与移转，但商标权的使用也要受到法律的约束，遵守法律的规定。

一、商标的使用

商标的使用是指商标权人将注册商标用于商品、商品包装或容器上，或用于广告宣传、展览及其他商业活动的行为。

（1）商标的使用方式多种多样，既可以直接附于商品之上，也可以用于广告宣传、展览及其他商业活动。

（2）商标的使用可以分为商标的实际使用和商标的法律使用。其中，商标的实际使用是指在经营活动中将商标用于商品、商品包装或商品交易文书上的行为，它是通常意义上的商标使用行为；商标的法律使用，是指注册商标的权利人使其已经注册的商标达到法定"使用"标准的行为。

依照《商标法》的相关规定，注册商标连续 3 年不使用的，由商标局责令限期改正或撤销其注册商标；商标所有人对注册商标连续 3 年不使用的，任何人可以向商标局申请撤销该注册商标。

二、商标的使用许可

商标的使用许可是指商标权人通过签订使用许可合同，许可他人在一定期限和一定范围内以约定的方式使用其注册商标。根据被许可人享有使用权的排他程度，商标的使用许可可以分为独占使用许可、排他使用许可和普通使用许可。

（1）独占使用许可是指商标权人在约定的期间、地域许可一个被许可人以约定的方式使用其注册商标，被许可人以外的任何人，包括商标权人本人，都不得使用该商标的许可方式。在独占实施许可有效期间和合同约定的范围内，商标权人暂时丧失商标使用权。被许可人的法律地位相当于"准商标权人"，当在规定地域内发现商标侵权行为时，被许可人可以"利害关系人"身份对侵权者直接提起诉讼。当独占实施许可合同届满时，商标权人才可恢复该注册商标使用权。

（2）排他使用许可是指商标权人在约定的期间、地域许可一个被许可人以约定的方式使用其注册商标，商标权人可以在该地域使用该注册商标。商标权人不得另行许可任何第三人在该地域使用该注册商标的许可方式。排他使用许可仅仅是排除第三方在该地域内使用该商标，商标权人仍然保留在该地域内使用该注册商标的权利。因此，排他使用许可方式中，使用权的排他程度弱于独占使用许可。

（3）普通使用许可是指商标权人允许被许可人在合同约定的时间、地域内以约定的方式使用其注册商标，并可自行使用或另行许可他人使用该注册商标的许可方式。可见，商标权人在同一地域内，可以同时允许多个被许可人以相同或不同的方式使用其注册商标。因此，多个被许可人之间的商标使用权是非排他性的。若该注册商标被第三人擅自使用，被许可人一般不得以自己的名义对侵权者直接提起诉讼，而只能将有关情况告知商标权人，由许可人对侵权行为采取相应的措施。

三、商标的转让与移转

（一）商标的转让

商标的转让实质上是商标权的转让，是指商标权人在注册商标的有效期内，通过法定程序将商标权全部转让给他人的行为，转让以后受让人成为新的商标权人，原商标权人丧失商标权。商标的转让是一种双方法律行为，必须签订商标转让合同并依法办理转让注册商标的手续，该转让行为才能发生法律效力。我国《商标法》第四十二条规定："转让注册商标的，转让人和受让人应当签订转让协议，并共同向商标局提出申请。受让人应当保证使用该注册商标的商品质量。转让注册商标的，商标注册人对其在同一种商品上注册的近似的商标，或者在类似商品上注册的相同或者近似的商标，应当一并转让。对容易导致混淆或者有其他不良影响的转让，商标局不予核准，书面通知申请人并说明理由。转让注册商标经核准后，予以公告。受让人自公告之日起享有商标专用权。"《中华人民共和国商标法实施条例》（以下简称《商标法实施条例》）第三十一条第二款规定："转让注册商标的，商标注册人对其在同一种或者类似商品上注册的相同或者近似的商标未一并转让的，由商标局通知其限期改正；期满不改正的，视为放弃转让该注册商标的申请，商标局应当书面通知申请人。"

（二）商标的移转

商标的移转是指因转让以外的其他事由引起的商标权主体的变更。所谓"其他事由"包括以下两种情形。

（1）继承。即作为商标权人的自然人死亡，依照《中华人民共和国继承法》（以下简称《继承法》）的规定，该商标权由继承人继承。此时商标权也出现了在不同主体间的转移，但是这一法律后果的发生不是基于当事人的法律行为，而是直接基于法律的规定。

（2）公司、企业的合并（兼并）。两个以上的公司、企业合并的，根据《中华人民共和国公司法》（以下简称《公司法》）的规定，包括商标权在内的所有财产及债权债务全部由合并后的公司企业承受。我国《商标法实施条例》第三十二条规定："注册商标专用权因转让以外的继承等其他事由发生移转的，接受该注册商标专用权的当事人应当凭有关证明文件或者法律文书到商标局办理注册商标专用权移转手续。注册商标专用权移转的，注册商标专用权人在同一种或者类似商品上注册的相同或者近似的商标，应当一并移转；未一并移转的，由商标局通知其限期改正；期满未改正的，视为放弃该移转注册商标的申请，商标局应当书面通知申请人。商标移转申请经核准的，予以公告。接受该注册商标专用权移转的当事人自公告之日起享有商标专用权。"

四、商标权的限制

商标权的限制是指在某些情况下因商标专用权与他人的合法权益和公众利益发生冲突，法律为了实现各方利益的平衡、防止权利滥用而对商标权人权利的行使和保护做出必要约束。商标权是独占权，如果不进行一定的限制，往往会导致滥用，损害国家利益、社会公共利益及他人的合法权益，因此，必须进行一定的限制。

（一）合理使用

商标的合理使用是指对于商标或者构成商标的文字、字母、数字、色彩、图形等要素，在不造成商品或服务来源混淆的前提下，他人可以不经商标所有权人同意，也不向其支付报酬，即在商业活动中加以使用。合理使用是对商标专有权的限制，通过这种限制可以达到利益的平衡。我国商标法没有使用"合理使用"这一术语，但对此做出了相应的具体规定。我国《商标法》第五十九条规定："注册商标中含有的本商品的通用名称、图形、型号，或者直接表示商品的质量、主要原料、功能、用途、重量、数量及其他特点，或者含有地名，注册商标专用权人无权禁止他人正当使用。"按照我国《商标法》的规定，构成注册商标的要素包括文字、图形、字母、数字、三维标志和颜色组合，以及上述要素的组合。这些要素在日常生活中可能只具有通常意义而并不具有商标意义，处于公有的领域而不是专有领域。仅就单独的组成要素而言，其在注册之前并非商标权人专有。因此，在商标注册后完全地禁止日常生活中对某些要素的提及或使用是不现实的，例如，某人以自己的姓名作为商标申请注册，而后就禁止他人使用这个姓名，这显然造成了对公共权利的不合理限制。在商品上以普通方式表示自己的姓名、肖像、字号、地理标记、产品种类、质量、数量、供应方式等标记，不受商标权保护范围的限制。但是，这种使用不应是作为商标的使用，而仅限于以确定身份或者提供信息为目的的使用，并且不能使公众对商品来源产生误解，否则，其就属于恶意使用的侵权行为。也就是说，只要使用者在使用商标时与商标权人不是同一性质上作为使用人自己的商标的使用，商标权人就无权禁止他人的合法正当使用。

（二）商标权用尽

商标权用尽又称商标权利穷竭或第一次销售理论，是指带有某一注册商标的商品经过商标权人的同意投入市场后，购买者有权使用或再次销售该商品，商标权人不得以其享有商标权为由进行干预。该理论认为，带有注册商标的商品一旦进入市场，商标权人就已经行使了自己的权利，获得了相应的商业回报，商标权人对该特定商品上的商标权即告穷竭。如果允许商标权人继续限制他人使用或销售该产品，势必会阻碍商品的正常流通。对于商标权用尽理论要从两个方面来理解：①第一次销售以后，商标权即告用尽，商标权人不得干预购买者使用该商品或者再次销售该商品；②商标权用尽并不意味着商标权人因此而丧失了商标权，更不意味着购买商品的人因此取得了商标权。商品的销售仅仅产生商品所有权的转移，商标权人仍然享有对商标的专用权，具体表现为商标权人有权禁止他人在商品的再次销售过程中改变商品的基本成分、部件、形态及商标。我国1994年的"枫叶"诉"鳄鱼"案首次引发了学术界对于销售后行为的关注。① 在此案中，被告购入原告生产的产品后将该产品上的商标撕去，换上自己的商标，并在自己的专卖店内销售，被告的这种行为在当时引起广泛争议。我国2001年修订后的《商标法》第五十二条第四项规定"未经商标注册人同意，更换其注册商标并将该更换商标的商品又投入市场的"属侵犯注册商标专用权的行为，学界称之为"反向假冒"的行为。禁止反向假冒实质上是对商标权用尽理论的限制，因为反向假冒行为人在带有商标的商品的继续流通中对该商品进行了改变（破坏了商标标识状态），使商标权人的商标信誉无法正常地传递到消费者那里。

（三）新闻报道

新闻报道和评论中对他人商标的提及是一种正当使用行为，一般不属于对他人商标权的侵害。世界各国的商标立法均表明，为了新闻报道和评论的目的而使用相关的商标或商标的构成要素，商标权人不能加以禁止。

（1）商标的基本作用是指示商品或服务的来源，新闻报道和评论中不可避免地提及某个商标不会引起消费者对商品及服务来源的混淆，对商标本身的标志作用不会造成任何影响，也不会剥夺商标权人对商标享有的一切权利。只要是真实、客观的评论或报道，商标权人就无权禁止，这是人们言论自由的体现，不构成商标侵权。

（2）如果新闻报道严重失实、评论不当，如贬损他人商标以及与之相关的商品或服务从而给商标权人造成损失，这种情况也不属于商标侵权而是侵犯了商标权人的名誉权。

（四）比较广告

比较广告又称对比广告，是指为了说明自己的产品或服务而在广告中以对比的方式使用他人商标的行为。比较广告中对他人商标的使用不会造成商品来源的混淆，因而不属于侵犯商标权的行为，需要注意的是"比较"必须是实事求是的，不得贬损他人的商标和商品，否则可能侵犯他人的名誉权等权利，也可能构成不正当竞争，触犯《反不正当竞争法》的规定。

---

① 罗东川.审理"枫叶"诉"鳄鱼"案的几个问题 [J]. 中华商标，1998（4）.

第七节　商标权的保护

一、商标权保护的范围

商标权保护范围的确定是商标权保护的基础。商标受法律保护的范围，通常指注册商标的专用权，包括两个方面的含义：一是注册商标的专用权，只能在特定的范围有效，这个范围就是核准注册的商标和核定使用的商品。二是在特定的范围内，商标注册人享有对其注册商标的专属使用权，即排除他人使用的权利。商标专用权的权利范围和对这种权利的保护范围既有联系又有不同。权利范围决定保护范围，而保护范围根据有效保护权利的需要来确定。因此，商标权的保护范围要大于专用权的范围。商标专用权的权利范围是以核准注册的商标和核定使用的商品为限，而保护范围则不限于此，在同一种商品或者类似商品上使用与其注册商标相同或者近似的商标都会引致商标专用权的保护。在保护范围中增加近似的商标和类似的商品，目的在于使商标专用权的权利得到切实保护，消除对商品的误认和在市场上引起的混淆。

二、商标侵权行为

（一）商标侵权行为的概念

商标侵权行为是指未经商标权人许可，在同一种商品、服务或类似商品、服务上使用与其注册商标相同或近似的商标，有可能引起消费者混淆商品及服务来源的行为以及法律认定的与之相关的其他行为。

（二）商标侵权行为的构成要件

构成侵犯注册商标专用权的行为，须具备以下要件。

1. 行为的违法性

行为的违法性即行为人违反《商标法》的规定，客观上使用了他人的注册商标，既没有取得商标权利人的许可，也没有其他法律依据，而且实施了侵害他人商标权保护范围和保护期限内的注册商标专用权的不法行为。体现在行为人实施积极行为，主动使用他人注册商标，违反了商标法所规定的未经许可不得擅自使用或妨碍、干涉权利人行使专用权的法定义务。

2. 客观上与损害事实有一定关联性

一般民事侵权均以损害事实作为民事侵权的构成要件，即行为必须实际发生了损害后果，包括财产上的损失或精神上的痛苦。但商标侵权并不以损害后果的实际发生作为要件，只要有不法使用他人注册商标的行为就构成侵权，就应该承担相应的法律责任，损害后果只作为承担责任轻重的衡量因素，不是承担责任与否的必要条件。

3. 主观上实行严格责任

《商标法》第五十七条的规定，商标侵权行为的构成不以主观过错为必备要件。即使行为人主观上是没有过错的，也应承担侵权责任，只不过其承担的侵权责任要比有过错的轻，有过错的行为人除承担停止侵权、销毁侵权产品、消除影响等侵权责任外，往往还要承担损害赔偿责任。

三、驰名商标的特殊保护

（一）驰名商标的概念

驰名商标是指为相关公众广为知晓并享有较高声誉的依法予以认定的商标。驰名商标在市场上享有较高声誉并为相关公众熟知，具有较强的识别功能，在相关公众中的品牌声誉较非驰名商标更高，驰名商标的商品或服务的质量通常都更为稳定、优良。因而商标法理论认为驰名商标在法律上应该得到超过非驰名商标的特殊保护。驰名商标并非一种单独的商标类型，任何一种商标只要符合商标法关于驰名商标的条件，都可以经过有关机关的认定后成为驰名商标；驰名商标因其品牌声誉下降，也可能成为非驰名商标，驰名商标具有动态性。

（二）驰名商标的认定

我国驰名商标的认定工作主要由商标局和人民法院两个机关负责。驰名商标主要通过商标异议案件、商标在使用过程中的侵权纠纷案件、商标争议案件以及商标侵权诉讼案件等方式获得认定。

1. 国家知识产权局商标局认定

商标在使用的过程中，当事人认为他人在不同或不类似相关商品上使用与自己注册商标相同或近似的商标的，可经设区市以上的知识产权局立案调查，将案件材料逐级报送商标局案件指导处，请求认定为驰名商标。此种情况是通过商标使用过程中的侵权纠纷案件来认定驰名商标的。

根据《驰名商标认定和保护规定》第五条规定："当事人依照商标法第三十三条规定向商标局提出异议，并依照商标法第十三条规定请求驰名商标保护的，可以向商标局提出驰名商标保护的书面请求并提交其商标构成驰名商标的证据材料。"

2. 法院认定

除了通过商标异议和商标争议等方式申请的商标侵权案件外，其他的商标侵权案件都可以向法院提出申请来认定驰名商标，驰名商标的认定只能由有管辖权的人民法院才可以认定。最高人民法院《关于审理商标民事纠纷案件适用法律若干问题的解释》第二十二条规定："人民法院在审理商标纠纷案件中，根据当事人的请求和案件的具体情况，可以对涉及的注册商标是否驰名依法做出认定。"

根据我国《商标法》第十四条规定，认定驰名商标应当考虑下列因素：

（1）相关公众对该商标的知晓程度；

（2）该商标使用的持续时间；

（3）该商标的任何宣传工作的持续时间、程度和地理范围；

（4）该商标作为驰名商标受保护的记录；

（5）该商标驰名的其他因素。

需要注意的是，认定驰名商标要进行综合判断，司法机关应从严掌握。因为，驰名商标并非一种单独的商标类型，任何一种商标只要符合商标法关于驰名商标的条件，都可以经过有关机关的认定后成为驰名商标；驰名商标因其品牌声誉下降，也可能成为非驰名商标。

（三）驰名商标的特殊保护

1. 驰名商标保护的国际条约

《巴黎公约》是最早规定保护驰名商标的公约，它对驰名商标的保护主要体现在商标注册程序中的保护及商标使用中的保护两方面。《TRIPS 协定》第十六条第三款规定："《巴黎公约》（1967）第六条之二，细节上作必要修改后应适用于与已注册商标的货物或服务不相类似的货物或服务……"《TRIPS 协议》规定是在《巴黎公约》的基础上将驰名商标保护的客体扩大到了服务商标，并将驰名商标所有权人的权利进一步延伸到了不相类似的货物或服务上，从而扩大了对驰名商标保护的范围，实行了跨类保护，并对认定驰名商标的标准也作了原则性规定。

2. 我国关于驰名商标的保护

我国《商标法》对驰名商标的保护包括以下几方面：

（1）对未注册的驰名商标的保护。就相同或者相类似货物申请注册的商标是复制、模仿或者翻译他人未在中国注册的驰名商标，容易导致混淆的，不予注册并禁止使用，未注册的驰名商标享有类似于普通注册商标的专用权。

（2）对注册的驰名商标的保护。就不相同或者不相类似的货物申请注册的商标是复制、模仿或者翻译他人已经在中国注册的驰名商标，误导公众，致使该驰名商标注册人的利益可能受到损害的，不予注册并禁止使用。已注册的驰名商标注册人除依法享有商标注册所产生的商标专用权外，还有权禁止他人在一定范围的非类似货物上注册或使用其驰名商标，甚至有权禁止他人将其驰名商标作为企业名称进行使用。

第四章

著作权法律原理

第一节　著作权概述

一、著作权的概念与特征

著作权是指作者或其他著作权人依法对文学、艺术或科学作品所享有的各项专有权利的总称，包括著作人身权利和著作财产权。著作权有狭义与广义之分。狭义的著作权是指各类作品的作者依法所享有的权利；广义的著作权除狭义著作权的含义之外，还包括艺术表演者、录音录像制品的制作者和广播电视节目制作者依法所享有的权利，在法律上称"邻接权"或称"与著作权有关的权利"。我国《著作权法》将邻接权纳入规范范畴，在《著作权法》中单列一章保护邻接权。可见，我国著作权立法采用的是广义的著作权。

著作权不同于一般民事权利，在权利客体和权能属性等方面都具有自己的特征。

（一）著作权的权利客体具有可复制性

作为著作权客体的作品是思想或情感的表现，具有无形性和共享性，能够被多人同时使用或复制。同时，作品的表现形式多样，具有表演、广播、翻译等多种利用方式，作品的利用对作品载体产生影响，但对作品本身不构成事实改变。

（二）著作权权能具有可分性

著作权本身由著作人身权和著作财产权复合而成，两者可以实现有效分离，著作人身权可以独立于著作财产权而单独存在，同一权能能够进行多次处分。

（三）著作权自动产生

专利权、商标权的取得必须经过申请、审批、登记和公告，即必须以行政确认程序来确认权利的取得和归属。而著作权因作品的创作完成而自动产生，一般不必履行任何形式的登记或注册手续，也不论其是否已经发表，只要创作完成即具有著作权。

（四）著作权人身保护的永久性

著作权与作品的创作者密切相关，因此，在著作权中，保护作者对作品的人身权利是其重要的内容。著作权中作者的发表权、署名权、修改权、保护作品完整权等人身权利，永远归作者享有，不能转让，也不受著作权保护期限的限制。

二、著作权保护

著作权制度的产生与社会经济的发展和文化、艺术、科技的进步密不可分。随着资本主义生产方式逐渐占据统治地位，人们认识到，文学、艺术和科学作品的作者才是创造的源泉。随后，逐步确立了以保护作者精神权利为中心的著作权观念。1710 年 4 月，世界上首部版权法——英国《安娜女王法令》（以下简称《安娜法令》）诞生了。这也是世界上第一部现代意义的版权法。我国著作权立法始于清朝末年，1910 年颁布的《大清著作权律》是我国历史上第一部著作权法。1986 年 4 月 12 日通过的《中华人民共和国民法通则》第九十四条对著作权的规定以及第一百一十八条对著作权侵权的规定，第一次把著作权列为民事权利的重要组成部分，明确规定公民、法人的著作权受法律保护，从而为我国的著作权立法奠定了坚实的基础。1990 年 9 月 7 日经第七届全国人大常委会第十五次会议表决通过《著作权法》，并于 1991 年 6 月 1 日起实施。该法的通过，标志着我国初步建立了现代著作权制度。

第二节　著作权的主体

一、著作权主体的概念

著作权主体是指依法对文学、艺术和科学作品享有著作权的人。根据《著作权法》的规定，著作权的主体可以分为三种类型：①自然人作者，即创作作品的自然人；②被"视为作者"的法人或其他组织。在作品创作过程中，由法人或其他组织主持，代表法人或其他组织的意志而创作，并由法人或非法人单位承担责任的作品，法人或其他组织被视为作者；③基于一定的法律事实继受取得权利的主体，如通过继承、接受馈赠或依法律规定而取得权利者。作品的作者可以是自然人，也可以是法人或国家。

二、著作权主体的分类

从不同的角度，可以将著作权的主体划分为不同的种类：

（一）原始主体与继受主体

原始主体是指作品创作完成后，直接根据法律规定或合同约定对作品享有著作权的主体。继受主体是指未进行作品的直接创作，而是通过受让、受赠、继承等方式取得著作权的主体。

（二）完整的著作权主体与部分的著作权主体

著作权主要包括著作人身权和著作财产权两个部分。完整的著作权主体是指同时拥有全部著作人身权和全部著作财产权的主体，著作权主体的权利与著作权的内容完全一致。部分的著作权主体是相对于完整的著作权主体而言的，指的是仅拥有部分著作人身权或部分著作财产权的主体。

（三）本国著作权主体和外国著作权主体

本国著作权主体包括本国公民、本国法人及本国其他组织。外国著作权主体包括外国公民、外国法人、外国其他组织以及无国籍人或组织等。需要注意的是，国家是特殊的民事主体，在某些情况下国家也可以成为著作权主体。我国在以下几种情况下，国家可以成为著作权主体：

（1）公民、法人将著作权中的财产权赠予国家，国家即为著作权主体；

（2）公民死亡时既无继承人又无受遗赠人的，著作权中的财产权归国家所有；

（3）法人终止，没有承受其权利义务的主体的，著作权中的财产权归国家所有。

三、著作权的法定主体

（一）作者

作者是指文学、艺术和科学作品的创作人，是最直接和最基本的著作权主体，其权利是第一位的，即享有完整的和原始的著作权。根据《著作权法》的规定，作者按照以下标准进行认定：创作作品的公民是作者，这是作者最基本的认定原则。创作是指直接产生文学、艺术和科学作品的智力活动，任何作品都是作者的创造性结果，为他人创作进行组织工作，提供咨询意见、物质条件，或者进行其他辅助工作，均不视为创作。对作品进行修改、审校的人一般也不是作者。

（二）著作权的继受主体

著作权的继受主体是指作者以外的其他依法享有著作权的公民、法人或者其他组织，国家在某些特殊情形下，也会成为该主体，简称著作权的继受主体（其他著作权人）。其取得著作权主要有三种情况：因合同而取得著作权，因继受而取得著作权以及作为特殊著作权主体形态的国家取得著作权。

（三）特殊作品的著作权主体

1. 演绎作品的著作权主体

演绎作品是指改编、翻译、注释、整理已有作品而产生的新作品，新作品既是对已有作品的继承，又进行了某种程度上的创新，其著作权由改编、翻译、注释和整理人共同享有。

2. 合作作品的著作权主体

两人以上共同创作的作品属于合作作品，著作权由合作者共同享有。

3. 汇编作品的著作权主体

汇编作品是指通过对若干作品、作品片段或不构成作品的数据等进行编排而形成的新作品。汇编作品的著作权由汇编人享有，但行使著作权时，不得侵犯原作品的著作权。汇编他人作品时，应当取得原作品著作权人的同意，并支付相应的报酬。

4. 委托作品的著作权主体

委托作品是指一方接受另一方的委托，按照委托合同规定的有关事项进行创作的作品。我国《著作权法》第十七条规定："受委托创作的作品，著作权的归属由委托人和受托人通过合同约定。合同未作明确约定或者没有订立合同的，著作权属于受托人。"

5. 职务作品的著作权主体

我国《著作权法》第十六条第一款规定："公民为完成法人或者其他组织工作任务所创作的作品是职务作品，除本条第二款的规定以外，著作权由作者享有，但法人或者其他组织有权在其业务范围内优先使用。作品完成两年内，未经单位同意，作者不得许可第三人以与单位使用的相同方式使用该作品。"

6. 美术作品的著作权主体

美术作品不仅指绘画作品，还包括书法、雕塑等。我国《著作权法》第十八条规定："美术等作品原件所有权的转移，不视为作品著作权的转移，但美术作品原件的展览权由原件所有人享有。"美术作品转移时，著作权的权利中只有展览权随之转移，其他权利仍归作者所有。

7. 电影作品和以类似摄制电影的方法创作的作品的著作权主体

我国《著作权法》第十五条规定："电影作品和以类似摄制电影的方法创作的作品的著作权由制片者享有，但编剧、导演、摄影、作词、作曲等作者享有署名权，并有权按照与制片者签订的合同获得报酬。"

"电影作品和以类似摄制电影的方法创作的作品中的剧本、音乐等可以单独使用的作品的作者有权单独行使其著作权。"这类作品的著作权从整体上说属于制片人，导演只享有署名权。

第三节　著作权的客体

一、著作权客体的界定

著作权的客体是著作权法律关系主体的权利和义务所指向的对象，是指由作者或其他著作权人脑力劳动所创作的、为著作权法所确认和保护的一定形态的知识产品。

著作权的保护对象是作品，作品是文学、艺术和科学领域内具有独创性并能以某种有形形式复制的脑力劳动成果。至于著作权保护的客体是作品的内容还是作品的表现形式，学界有不同的争论，大多倾向于著作权同时保护作品的表现形式和内容。作品必须是作者独立创作的，不能抄袭他人作品；否则，不受法律保护。只要是作者独立创作完成的，内容相同的作品也可以独立地享有著作权。

二、著作权客体的构成要件

作为著作权的客体，必须满足以下构成要件：

（一）作品必须属于文学、艺术和科学领域

《中华人民共和国著作权法实施条例》（以下简称《著作权法实施条例》）规定：作品必须属于文学、艺术和科学领域，并且是通过智力活动创造的成果。因此，凡不属于上述三个领域的，或虽属上述领域，但不是智力创作成果的，都不能称为作品，比如体育活动中的技巧、动作、阵势排列等，不属于作品范畴。

（二）必须表达一定的思想和情感

著作权保护的宗旨是鼓励创作，繁荣社会的文化和科学，作为智力活动的成果，要获得法律的保护，必须是一定的思想或情感的表达，或传授知识，或阐述哲理，或反映现实，或抒发情感，若没有反映一定的思想或情感，仅仅标明客观情况，则不能称为著作权法中的作品。

（三）有一定的表达形式

思想和情感必须通过一定的表达形式才能够为外界所感知，成为思想传达的载体。其表现形式可以多种多样，不限于文字形式，也包括文学艺术和科学领域中所有用来表现思想和情感的媒介和符号系统。不同的作品，其具体表达形式各不相同。文字作品的表现形式可以是文字符号的组合、字词句的排列；美术作品的表现形式可以是富有情感的线条、色彩、描绘；音乐作品的表现形式可以是旋律、节奏、和声等；舞蹈作品的表现形式可以是动作、姿势、表情等。

（四）作品必须具有独创性

"独创性"或"原创性"是一件作品内含的区别于其他作品的基本属性，也是法律保护的客观依据。作品是由创作者独立完成的，而不是抄袭他人的；作品应体现创作者的个性，体现作者的特点和素养；同时，创作应具有一定的高度和深度，这是著作权保护的基本条件。因此，如果两人独立完成一部雷同的作品，只要不是刻意模仿，两人对各自的作品都享有著作权，不属于侵权行为。

三、著作权客体的类型

根据《著作权法》第三条的规定，著作权法保护的客体包括以下九个方面。

（一）文字作品

文字作品指用文字或等同于文字的各种符号、数字来表达思想或情感的作品，是日常生活中数量最多、最为普遍、运用最为广泛的一种作品形式，如小说、散文、论文、剧本、教科书、科学专著及其译文、统计报表、乐谱等。应当注意的是，并非所有的文字作品都受著作权法保护，而是要看有无创造性，如没有创造性，就不受保护，如火车时刻表、电话号码簿等，因没有独创性就不受保护。

（二）口述作品

口述作品指不借鉴任何载体形式，仅以口头方式表达出来的作品，如即兴的讲演、授课、法庭辩论、讲故事等。作者借助于口头表达表现自己的思想内涵，没有书面文字，口述作品具备了作品的性质，虽没有书面载体，但属于作品的范畴。我国为了防止口述作品被无限制滥用，将其列入保护范围。

（三）音乐、戏剧、曲艺、舞蹈、杂技艺术作品

音乐作品是指歌曲、交响乐等能够演唱或者演奏的带词或者不带词的作品，音乐作品所要保护的是创作音乐的词曲作者的劳动成果。戏剧作品是把人的连续动作、台词、唱词、曲等编在一起，供舞台演出的作品，戏剧作品保护的是剧本本身。曲艺作品是以说唱为主要形式的文艺形式，曲艺作品同戏剧作品一样，保护的是曲目而不是曲艺的表演说唱。舞蹈作品是指通过连续的动作、姿势、表情表现的作品。舞蹈作品大多通过口头或形体动作来表现，因而这些独创性的动作和姿势的表演成为保护对象。杂技艺术作品指杂技、魔术、马戏等通过形体动作和技巧表现的作品。杂技艺术作品所要保护的是杂技作品中的艺术成分，如脚本、动作编排、造型等，并不包括杂技中表现的动作和技巧难度。

（四）美术、建筑作品

美术作品是指绘画、书法、雕塑等以线条、色彩或其他方式构成的具有审美意义的平面或立体的造型艺术作品。我国著作权法不仅保护绘画、雕塑等纯美术作品，而且保护实用美术作品。建筑作品是指与建筑有关的建筑物品、建筑设

计图、建筑物模型等具有一定审美意义的作品。建筑作品可以分别独立存在并享有著作权保护。纯粹为了实用目的而建造的建筑物不属于建筑作品。

（五）摄影作品

摄影作品是指借助摄影器材，通过利用光学、化学原理、对客观事物再现于特定媒体的一种艺术作品。摄影作品不是简单的复制，包含作者的创作、作者的构思等智力劳动，能够突出地表现作者的思想。

（六）电影作品和以类似摄制电影的方法创作的作品

电影作品和以类似摄制电影的方法创作的作品是指摄制在一定记录介质上，由一系列的伴音或无伴音的画面组成，并借助于适当的装置放映、播放的作品。影视作品需要导演将音乐、摄影、美术、布景、灯光、人物等融为一体，包含了导演的巨大创作劳动，也包含了一些其他受著作权保护的独立客体，影视作品是一系列作品的组合。与录像作品不同，在影视作品中，剧本、音乐等作品可以单独享有著作权。

（七）工程设计图、产品设计图、地图、示意图等图形作品和模型作品

工程设计图、产品设计图、地图、示意图等图形作品和模型作品是指为工程施工和产品生产而绘制的图样以及对图样的文字说明。这类作品需要按照科学规律而不能任意绘制。需要明确的是，根据设计图纸进行施工或生产产品不属于著作权的范围，应当由专利法、技术合同法等法律保护，适用专利法、技术合同法等法律规定。

（八）计算机软件

计算机软件是指计算机的程序及有关文档。计算机程序是指为了得到某种结果，可以由计算机等具有信息处理功能的装置执行的代码化序列，或可被自动转化的符号化指令、语句序列。文档是指用来描述程序内容、组成、设计、功能规格、开发情况、测试结果及使用方法的文字资料和图表，包括程序设计说明书、流程图和用户手册等。计算机程序不同于一般的著作权保护对象，除按照著

作权法的规定保护外，还适用《计算机软件保护条例》和《计算机软件著作权登记办法》等法律法规。

（九）法律、行政法规规定的其他作品

随着科技、文化事业的发展，需要保护的客体会不断变化，将来还可能出现一些新的作品形式。这一规定可以使著作权法在相当长的时间内保持稳定性与灵活性。

四、不受著作权法保护的作品

（一）违法作品

创作人创作的作品不得违反宪法和法律，不得损害国家和社会公共利益，不得有伤风化，不得违反法律的禁止性规定；否则，不受法律保护。必须明确，根据著作权法的规定，作品一经创作完成即可享有著作权受法律保护，而是否违法，需要在公开并审查之后才能确定，法律并没有规定对作品必须在审查之后才授予著作权。因此，在确认作品违法之前，对其享有的著作权应予承认，一旦确认该作品内容违法，则认定其自始即不享有著作权。

（二）不适用著作权法保护的作品

有些作品不具备作品的条件，出于国家政策、公共利益考虑而不予保护，如下所述。

（1）法律、法规，国家机关的决议、决定、命令和其他具有立法、行政、司法性质的文件，及其官方正式译文。由于这些客体体现了国家和政府的意志，涉及社会公众和国家整体利益，属于公有领域的信息资源，不应为个人独自利用或被限制传播，故不享有著作权。

（2）时事新闻。时事新闻是通过报纸、期刊、电台、电视台等传播媒介报道的相关事实消息，只是对事实的客观报道，表达形式单一，目的是使公众迅速、广泛地获知事实真相，不应对其控制，不宜予以著作权法保护。但并不包括某些具有时事新闻性质的新闻故事、通讯、报告文学和其他纪实类作品。这些作品具有再创作的过程，因而受到保护。

（3）历法、通用数表、通用表格和公式。这类客体因缺乏独创性而早已进入公有领域，成为社会公共利益的组成部分，因而不具有作品的形式和条件，不受著作权法保护。

第四节　著作权的内容

著作权的内容是指著作权人基于作品所享有的各项人身权利和财产权利的总和。

一、人身权

著作人身权是指著作权法规定和保护的与作者的人身不可分离的、以警示利益为内容的权利。著作人身权与作者人格价值密切相关，具有不能转让和不能剥夺、不能继承的特性。

（一）发表权

发表权是作者决定是否将作品公之于众的权利。作者完成作品后有权决定是否发表、何时发表、以什么形式发表、在什么地方发表等。在绝大多数情况下发表权与使用权是相结合的，在行使发表权的过程中，发表权的行使往往受到使用权的限制。作品的发表具有重要的意义，对于适用著作权保护期限具有重要的作用。

（二）署名权

署名权是作者在作品上署上自己名字的权利，作者有权在作品上署名、不署名，署真名、署假名、署笔名、署艺名等。我国著作权法规定，如无相反证明，在作品上署名的公民、法人、非法人单位为作者。作者的署名权一般不能转移、不能变更。

（三）修改权

修改权即修改或者授权他人修改作品的权利。修改权属于作者，对作品的修改通常都有特定的原因，体现作者对作品复制的严谨态度，作者创作的作品不能随意修改，只有作者才享有修改自己作品的权利，在未经授权的情况下，任何人都不得擅自修改。

（四）保护作品完整权

保护作品完整权即保护作品不受歪曲、篡改的权利。保护作品完整权是修改权的延续，不仅禁止他人对作品擅自修改，而且禁止他人在以改编、注释、翻译、制片、表演等方式使用作品时，对作品作歪曲性的改变，侵犯原作者的权利。

二、财产权

著作权中的财产权是指能够给著作权人带来经济利益的权利。著作权人通过使用作品可以获得相应的经济利益。作品的使用可以是自己使用，也可以是许可他人使用。著作权人自己使用可以获取报酬，也可以不获取报酬。

（一）复制权

复制权即以印刷、复印、拓印、录音、录像、翻录、翻拍等方式将作品制作一份或者多份的权利，是著作财产权中最基本的权利。复制权的认定需根据具体情况具体分析。通常情况下，未经作者同意就复制他人作品，构成了侵权，但如果是对著作权的合理使用则不构成侵权。

（二）发行权

发行权是以出售或者赠予方式向公众提供作品的原件或者复制件的权利。发行权是著作权人所享有的一项与复制权紧密联系的重要权利，是实现作品的社会效益和著作财产权的重要保证。为了获得相应的经济利益，一般著作权人都会授权他人行使发行权，并依照约定或有关规定获得报酬。

（三）出租权

出租权即有偿许可他人临时使用电影作品和以类似摄制电影的方法创作的作品、计算机软件的权利，计算机软件不是出租的主要标的的除外。出租作品是著作权人实现其经济利益的一种有效方式，特别是随着现代传播技术的迅猛发展，这一使用方式将越来越重要。出租权的对象是出租载有作品的物，即作品的载体，欲要出租录音录像制品，都要取得录音录像制作者的许可，并向其支付报酬。

（四）展览权

展览权即公开陈列美术作品、摄影作品的原件或者复制件的权利。展览权的对象除美术作品或摄影作品外，还可以是个别文字作品的手稿及复印件。此外，展览须在公开场合进行，让不特定的多数人观赏，如果是仅供家庭或本单位内部少数人观赏，就不能构成展览。著作权人在行使该权利时，还要受所展示作品的所有权以及是否涉及第三人其他权利的限制。

（五）表演权

表演权即公开表演作品，以及用各种手段公开播送作品的表演的权利。表演他人作品应当取得著作权人的同意，并向其支付报酬。只有免费表演已发表的作品才可以不经著作权人的许可，不向其支付报酬，但应当标明作者的姓名、作品名称，且不得侵犯著作权人的其他权利。

（六）放映权

放映权即通过放映机、幻灯机等技术设备公开再现美术、摄影、电影和以类似摄制电影的方法创作作品等的权利。

（七）广播权

广播权即以无线方式公开广播或者传播作品，以有线传播或者转播的方式向公众传播的作品，以及通过扩音器或者其他传送符号、声音、图像的类似工具向公众传播广播的作品的权利。播放权主要是针对广播电台、电视台的播放行为而赋予作者的一项控制权。广播权的行使有利于作品的广泛传播。

（八）信息网络传播权

信息网络传播权即以有线或者无线方式向公众提供作品，使公众可以在其个人选定的时间和地点获得作品的权利。随着信息技术的发展，作品的传输手段日趋先进，作品在网络上点对点的传播较为普遍，私人使用形式无疑会压缩作者的数字化生存空间，不利于文化事业的繁荣发展，应加以规范。

（九）摄制权

摄制权即以摄制电影或者以类似摄制电影的方法将作品固定在载体上的权利。

（十）改编权

改编权即改变作品，创作出具有独创性的新作品的权利。改编是一种演绎创作行为。原作与改编过的作品的区别仅在于表现形式的差异，二者的内容基本一致，而原作中的某些独创性特点也会反映在改编作品中。改编权是作者的权利，作者有权改编，也有权许可他人改编并获取报酬。

（十一）翻译权

翻译权即将作品从一种语言文字转换成另一种语言文字的权利。翻译权是著作财产权的一项重要权利，由作者本人行使，也可以授权他人行使，未经作者授权，他人不得随意将作品翻译成其他语种。《著作权法》规定，对外国人的作品由政府颁布强制许可以及将已经发表的汉语言文字作品译成少数民族语言在国内发表视为合理使用，无须征得原作者同意，也不需要支付报酬。

（十二）汇编权

汇编权即将作品或者作品的片段通过选择或者编排，汇集成新作品的权利。汇编并不改变被汇编作品的表现形式，只是为了某种目的将作品或作品的片段汇集起来，汇编人将作品汇编成集后，享有其著作权，但须取得原作者的同意。

（十三）应当由著作权人享有的其他权利

三、与著作权有关的其他权利

（一）邻接权

邻接权是指作品传播者在其传播作品过程中所作出的创造性劳动和投资所享有的权利。邻接权是在传播作品中产生的权利。邻接权与著作权同属于知识产权的范畴。保护邻接权是保护著作权的需要，作品需要传播，而侵权行为往往在传播过程中产生，如果传播者的权利不能得到保护，就会出现无数的非法传播者，使作者的权利受到更严重的侵犯。没有对邻接权的保护，著作权也难以得到保障。现代高科技的发展，使得传播者创作的作品更容易被复制。因此，保护邻接权是著作权保护的客观需要。

（二）表演者权

表演者是指演员、演出单位或者其他表演文学、艺术作品的人。表演者对已有的作品通过一定的表演技巧，利用表情、声音等表现作品的内容。《著作权法》规定，表演者享有人身权和财产权。表演者可以署名，也可以不署名，有权禁止其他人假冒其身份或未参加表演却要求署名的行为。同时，通过表演，表演者可以获得一定的经济利益，必须将直播权授予表演者，维护其合法收益。

（三）音像制作者权

音像制作者是指录音、录像制品的首次制作人。音像制作者对自己制作的作品享有复制权、发行权、出租权、信息网络传播权等权利。录音、录像作品是一个复杂的组合工程，需要制作者付出创造性的劳动，应当予以保护。我国对音像制作者权的保护期为 50 年，从音像制品首次出版时起并截止于该制品出版后第 50 年的 12 月 31 日。

（四）广播电视组织者的权利

广播电视组织者的权利主体是那些依法核准的，专门从事广播电视节目的制作并面向其覆盖范围内不特定的公众播发图文、声像信息的单位。广播电台、电视台对其制作的广播电视节目享有自己播放或许可他人播放的权利。任何人未经允许不得播放或转播。广播电视组织权的保护期限为 50 年，从节目播放时起算，并截止于该节目播放后的第 50 年的 12 月 31 日。

（五）出版者权

出版者权是指出版者对其出版的图书和期刊的版式设计享有的专有权。《著作权法》为了保护出版者在作品出版过程中付出的劳动，而在法律中将其纳入邻接权的范围，规定保护期为 10 年，截止于使用该版式设计的图书、期刊首次出版后第 10 年的 12 月 31 日。

四、著作权利的限制

任何权利都有一定的界限，任何权利都要受到一定的限制，著作权作为一种智力成果权，如果片面地强调作者的权利，使权利绝对化，则会限制和妨碍作品的传播与使用。只有对著作权进行必要的限制，才能防止著作权因滥用而阻碍作品的传播，影响文化事业的发展和科学技术的进步。因而，法律对著作权的限制体现了维护著作权人的利益与社会整体利益的高度统一。

（一）合理使用

合理使用是指在法律规定或作者无保留相关权利的条件下，直接无偿使用已发表的享有著作权的作品，而无须经著作权人许可的著作财产权限制制度。《著作权法》第二十二条规定：在下列情况下使用作品，可以不经著作权人许可，不向其支付报酬，但应当指明作者姓名、作品名称，并且不得侵犯著作权人依照本法享有的其他权利：

（1）为个人学习、研究或者欣赏，使用他人已经发表的作品；

（2）为介绍、评论某一作品或者说明某一问题，在作品中适当引用他人已经发表的作品；

（3）为报道时事新闻，在报纸、期刊、广播电台、电视台等媒体中不可避免地再现或者引用已经发表的作品；

（4）报纸、期刊、广播电台、电视台等媒体刊登或者播放其他报纸、期刊、广播电台、电视台等媒体已经发表的关于政治、经济、宗教问题的时事性文章，但作者声明不许刊登、播放的除外；

（5）报纸、期刊、广播电台、电视台等媒体刊登或者播放在公众集会上发表的讲话，但作者声明不许刊登、播放的除外；

（6）为学校课堂教学或者科学研究，翻译或者少量复制已经发表的作品，供教学或者科研人员使用，但不得出版发行；

（7）国家机关为执行公务在合理范围内使用已经发表的作品；

（8）图书馆、档案馆、纪念馆、博物馆、美术馆等为陈列或者保存版本的需要，复制本馆收藏的作品；

（9）免费表演已经发表的作品，该表演未向公众收取费用，也未向表演者支付报酬；

（10）对设置或者陈列在室外公共场所的艺术作品进行临摹、绘画、摄影、录像；

（11）将中国公民、法人或者其他组织已经发表的以汉语言文字创作的作品翻译成少数民族语言文字作品在国内出版发行；

（12）将已经发表的作品改成盲文出版。

前款规定适用于对出版者、表演者、录音录像制作者、广播电台、电视台的权利的限制。

（二）法定许可

法定许可是指在一些特定的情形下，对未经他人许可而有偿使用他人享有著作权的作品的行为依法不认定为侵权的法律制度。法定许可能使公众广泛利用作品的愿望成为现实，在一定程度上合理地分配了著作权人与社会公众的利益。法定许可的情形有以下几种。

（1）作品刊登后，除著作权人声明不得转载、摘编的除外，其他报刊可以转载或者作为文摘、资料刊登，但应当按照规定向著作权人支付报酬。

（2）录音制作者使用他人已经合法录制为录音制品的音乐作品制作录音制品，可以不经著作权人许可，但应当按照规定支付报酬；著作权人声明不许使用的不得使用。

（3）广播电台、电视台播放已经出版的录音制品，可以不经著作权人许可，但应当支付报酬。当事人另有约定的除外。

（4）为实施九年制义务教育和国家教育规划而编写出版教科书，除作者事先声明不许使用的外，可以不经著作权人许可，在教科书中汇编已经发表的作品片段或者短小的文字作品、音乐作品或者单幅的美术作品、摄影作品，但应当按照规定支付报酬，指明作者姓名、作品名称，并且不得侵犯著作权人依照本法享有的其他权利。

（三）强制许可

强制许可是指著作权人无正当理由而拒绝与使用者达成使用作品协议时，使用者经向著作权行政管理部门申请而获得该作品使用权的制度。强制许可不必征求著作权人同意，但应当向其支付报酬。我国著作权法虽没有规定强制许可制度，但我国是《伯尔尼公约》和《世界版权公约》的缔约国，应承担强制许可制度的国际义务。

第五节　著作权的法律保护

一、著作权的保护期限

著作权的保护期限是指著作权受法律保护的时间界限，保护期限届满，该作品便进入公共领域，不再受法律保护。

（一）著作人身权的保护期限

《著作权法》第二十一条对著作人身权的保护期作了明确的规定：作品的署名权、修改权、保护作品完整权的保护期没有限制，即使作者死亡后，他人也不得侵犯；而作品的发表权，因其是著作财产权产生的前提，如果受永久保护，恐怕不利于作品的利用和公众的精神文化需求，故发表权的保护有限制，自然人作品保护期限是作者终生及其死后 50 年；法人及社会组织作品、职务作品、演绎作品、影视作品为首次发表后的 50 年。

（二）著作财产权的保护期限

根据《著作权法》规定，公民的作品，其发表权、著作权中的财产权保护期为作者终生及其死亡后 50 年，截止于作者死亡后第 50 年的 12 月 31 日；如果是合作作品，截止于最后死亡作者死亡后第 50 年的 12 月 31 日。法人或者其他组织的作品，其发表权、著作权中的财产权保护期为 50 年，截止于作品首次发表后第 50 年的 12 月 31 日，但作品自创作完成后 50 年内未发表的，本法不再保护。摄影作品的发表权，著作权中的财产权的保护期为 50 年，截止于作品首次发表后第 50 年的 12 月 31 日，但作品自创作完成后 50 年内未发表的，本法不再保护。外国人著作权保护期从首次在中国境内发表之日起计算，截止于该著作权人死亡后第 50 年的 12 月 31 日。

二、著作权侵权行为的界定

（一）轻微侵权行为

下列行为属于一般侵犯著作权的行为，应当根据情况，承担停止侵害、消除影响、赔礼道歉、赔偿损失等民事责任。

（1）未经著作权人许可，发表其作品的；

（2）未经合作作者许可，将与他人合作创作的作品当作自己单独创作的作品发表的；

（3）没有参加创作，为谋取个人名利，在他人作品上署名的；

（4）歪曲、篡改他人作品的；

（5）剽窃他人作品的；

（6）未经著作权人许可，以展览、摄制电影和以类似摄制电影的方法使用作品，或者以改编、翻译、注释等方式使用作品的，本法另有规定的除外；

（7）使用他人作品，应当支付报酬而未支付的；

（8）未经电影作品和以类似摄制电影的方法创作的作品、计算机软件、录音录像制品的著作权人或者与著作权有关的权利人许可，出租其作品或者录音录像制品的，本法另有规定的除外；

（9）未经出版者许可，使用其出版的图书、期刊的版式设计的；

（10）未经表演者许可，从现场直播或者公开传送其现场表演，或者录制其表演的；

（11）其他侵犯著作权以及与著作权有关的权益的行为。

（二）严重侵权行为

有下列侵权行为的，应当根据情况，承担停止侵害、消除影响、赔礼道歉、赔偿损失等民事责任；同时损害公共利益的，可以由著作权行政管理部门责令停止侵权行为，没收违法所得，没收、销毁侵权复制品，并可处以罚款；情节严重的，著作权行政管理部门还可以没收主要用于制作侵权复制品的材料、工具、设备等；构成犯罪的，依法追究刑事责任。

（1）未经著作权人许可，复制、发行、表演、放映、广播、汇编、通过信息网络向公众传播其作品的，本法另有规定的除外；

（2）出版他人享有专有出版权的图书的；

（3）未经表演者许可，复制、发行录有其表演的录音录像制品，或者通过信息网络向公众传播其表演的，本法另有规定的除外；

（4）未经录音录像制作者许可，复制、发行、通过信息网络向公众传播其制作的录音录像制品的，本法另有规定的除外；

（5）未经许可，播放或者复制广播、电视的，本法另有规定的除外；

（6）未经著作权人或者与著作权有关的权利人许可，故意避开或者破坏权利人为其作品、录音录像制品等采取的保护著作权或者与著作权有关的权利的技术措施的，法律、行政法规另有规定的除外；

（7）未经著作权人或者与著作权有关的权利人许可，故意删除或者改变作品、录音录像制品等的权利管理电子信息的，法律、行政法规另有规定的除外；

（8）制作、出售假冒他人署名的作品的。

三、侵犯著作权的法律责任

（一）民事责任

《著作权法》第四十七条对上述侵权行为规定了以下几种民事责任的承担方式：

（1）停止侵害。其是指责令侵权人立即停止正在实施的侵犯他人著作权的行为。无论侵权行为人主观上有无过错，都必须停止侵权行为，防止侵害扩大，以保护受害人的合法权益。被侵权人有权直接阻止侵权活动，也可以要求主管部门或法院责令停止侵害。

（2）消除影响。侵权行为如果给权利人造成不良影响的，应当采取措施予以消除。具体适用原则是对等原则，即侵权行为造成影响的范围有多大，就应在影响所及的范围内消除影响。这种方式属于非财产性责任承担方式。

（3）赔礼道歉。民事法律责任意义上的赔礼道歉具有法律上的强制性，与日常生活中的赔礼道歉不同。这种方式也是非财产性的责任承担方式之一。

（4）赔偿损失。赔偿损失是侵权行为人以自己的财产补偿其行为给著作权人所造成的经济损失。它以侵权行为给权利人造成实际经济损失为前提，若未造成经济损失，就不适用该责任方式。

（二）行政责任

行政责任是指国家行政机关依照法律规定，对侵犯著作权行为人所给予的行政处罚，行政责任的承担方式包括：

（1）没收非法所得。国家著作权行政管理机关依法对侵权人因侵权行为而获得的收益，全部收缴国库。

（2）没收、销毁侵权复制品。以防止侵权行为人的复制品在公众中继续流传而造成不良影响。

（3）罚款。对于违反《著作权法》第四十八条的侵权行为，同时损害社会公共利益的，非法经营额 5 万元以上的，可处以非法经营额 1 倍以上 5 倍以下的罚款；没有非法经营额或者非法经营额 5 万元以下的，可根据其情节轻重，处以 25 万元以下的罚款。

（4）没收用于制作复制品的材料、工具和设备等，以防止其继续从事非法复制等侵权行为。

（三）刑事责任

刑事责任是指侵权人实施的侵犯著作权的行为触犯《刑法》，依照《刑法》应承担的法律后果。我国《刑法》第二百一十七条明确规定"侵犯著作权罪"是以营利为目的，违反著作权管理法规，侵犯他人著作权，违法所得数额较大或者有其他严重情节的行为。以营利为目的，有下列侵犯著作权情形之一，违法所得数额较大或者有其他严重情节的，处三年以下有期徒刑或者拘役，并处或者单处罚金；违法所得数额巨大或者有其他特别严重情节的，处三年以上七年以下有期徒刑，并处罚金，构成侵犯著作权犯罪，行为人就应承担刑事责任，受到刑法制裁。

第五章

其他知识产权法律原理

第一节　反不正当竞争法原理

一、不正当竞争的概念与特征

不正当竞争是指经营者违反《中华人民共和国反不正当竞争法》（以下简称《反不正当竞争法》）规定，损害其他经营者的合法权益，扰乱社会经济秩序的行为。不正当竞争具有如下特征。

（一）不正当竞争行为的主体是经营者

《反不正当竞争法》第二条规定："本法所称的经营者，是指从事商品生产、经营或者提供服务的自然人、法人和非法人组织。"不正当竞争是经营者的行为，不正当竞争的主体是经营者，只有经营者违反法律规定并从事了损害消费者和其他经营者的合法权益的行为，才可能构成不正当竞争，非经营者的行为一般不构成不正当竞争行为。消费者的行为即使存在不当性，也不会构成不正当竞争。政府的限制竞争行为实际上是帮助经营者从事不正当竞争行为，其本身不直接参与竞争，不构成不正当竞争行为。

（二）不正当竞争行为具有违法性

不正当竞争行为违反了《反不正当竞争法》的规定，既包括违反了该法的原则性规定，也包括违反了该法列举的具体规定。我国《反不正当竞争法》在分则中列举了不正当竞争行为，但不可能穷尽所有的不正当竞争行为，而且，随着市场经济的不断发展，还会出现一些新的不正当竞争行为，如果出现法律没有包含的行为，按照《反不正当竞争法》的基本原则也可以确定其违法性。

（三）不正当竞争行为具有危害性

不正当竞争行为损害其他经营者的合法权益，损害消费者的利益，扰乱了社会经济秩序，具有社会危害性。

二、反不正当竞争法与知识产权法的关系

知识产权法与反不正当竞争法既是紧密联系的两个法律部门，又是相互冲突的法律规范。前者意在维持知识产权人的一种垄断地位，而后者则意在限制或破除垄断。"知识产权本身的'垄断'并不等于不正当的获得市场地位的'经济垄断'。知识产权独占权本身不能导致得出的结论——知识产权人具有市场力"。①

（一）反不正当竞争法与知识产权法的关系学说

（1）补充说。认为反不正当竞争法是知识产权法的补充，为知识产权提供"兜底保护"。商标法、专利法和著作权法好比浮在海面上的三座冰山，反不正当竞争法则是托着冰山的海水。

（2）独立说。独立说即知识产权法不能涵盖反不正当竞争法的全部，反不正当竞争法也不可能囊括知识产权法的所有内容，各自在自己的范围内分别对自己的调整对象进行保护。

（3）交叉关系说。认为两者存在交叉与重合。

厘清反不正当竞争法与知识产权法的关系具有重要的实际意义，不同的理论学说从不同的角度揭示了两者的关联，为法律的适用提供了理论支持。在知识产权法与反不正当竞争法的交叉领域，按照一般法律竞合的规则适用法律，赋予当事人选择适用法律的自由，一方面能够更好地处理两法的适用问题，且有内在逻辑；另一方面有利于法律适用的简便顺畅，也符合我国司法实践中不同法律冲突适用的实际状况。例如，竞争对手在同种产品上使用他人享有有效专利的外观设计，根据《专利法》第十一条第二项和第六十条，构成侵犯专利权，该条的适

---

① 冯晓青.知识产权、竞争与反垄断之关系探析 [J].法学，2004（10）.

用范围是"工业品的外观设计";如果外观设计已经具有一定知名度,而且不具有功能性,则会满足《反不正当竞争法》第六条第一项的适用条件,属于"有一定影响的商品名称、包装、装潢等相同或者近似的标识"。"享有专利权的外观设计"经过商业使用,可能会构成"知名商品的特有名称包装装潢",但大多数享有专利的外观设计达不到"知名"的程度;反过来,"知名商品的特有名称包装装潢"也未必拥有外观设计专利,两项适用范围之间只是交叉关系,而非包含关系。适用一般法律竞合的适用规则,当事人有权选择适用,专利法的相关规定不能优先适用,当事人有选择适用反不正当竞争法的余地。

(二)反不正当竞争法与知识产权法的区别

(1)立法基点不同。知识产权法是立足于私法,通过明确权利主体所享有权利的方式保护权利人的合法利益。一般权利包含积极权利与消极权利两个方面,积极权利是指知识产权人可以通过采取积极的行为支配专属于自己的权利;消极权利是指知识产权人享有禁止他人侵犯其合法利益的权利。反不正当竞争法是通过对市场竞争行为正当与否的判断,从而实现其禁止对市场竞争秩序产生不利影响的不正当竞争行为的目的。世界各国的知识产权法更多地表现为授权性的规范,而反不正当竞争法条文几乎体现为禁止性的规范。

(2)调整对象不同。知识产权法是调整由于知识产品产生的财产关系和人身关系的法律法规。其划定了应当受到保护的智力成果和不应受到保护的智力成果之间的界限。反不正当竞争法调整国家干预市场经济运行过程中由于竞争活动产生的各种社会关系。

(3)法律特征不同。首先,知识产权具有财产权利和人身权利双重属性的特点;知识产权还具有法定时间性(发明 20 年,实用新型、外观设计 10 年,商标 10 年可续展)、专有性(知识产权是一项法定的可以获得垄断利益的合法权利,即一种排他使用权)、法定类型性(具有权利类型法定化,必须经法律直接确认才能得到法律的保护——专利、商标需经批准)、可复制性等特点。

反不正当竞争法最显著的特征是调整对象的特殊性,主要是对违反诚实信用原则和扰乱竞争秩序的行为予以调整,反不正当竞争法还表现出自身的一些特殊性:首先,公权力干预性。王保树教授认为,从严格意义上说,竞争法乃至整个经济法的着眼点,并不在对单个竞争者利益的保护,而在于实现社会公平正义，[①]为维护公平、自由的竞争秩序和经济活力，反不正当竞争法本质上就是为弥补民商法调整的不足而自觉地干预市场而产生的。其次，社会本位性。经济法的社会本位，是指它对经济关系的调整立足于社会整体，在任何情况下都以大多数人的意志和利益为重，该特点使公法与私法明显地区分开来。

（4）基本原则不同。知识产权法主要目的是保护智力竞争，鼓励创新，其基本原则包括：鼓励和保护智力创造活动的原则；促进知识产品的传播、应用和社会进步的原则以及加强知识产权的国际保护和国际交流的原则。[②]知识产权的客体主要是智力创造成果。通过赋予创造者人身和财产的双重权利，激发人们的创造力，体现出促进社会经济文化的发展的基本原则。知识产权的种类、权利以及诸如获得权利的要件、保护期限等关键内容必须有成文法确定，除立法者在法律中特别授权外，任何机构不得在法律之外创设知识产权。而反不正当竞争法着眼于社会利益和诚实信用，反不正当竞争法的基本原则包括自愿、公平、平等、诚实信用、遵守公认、商业道德以及不得滥用竞争权利等原则。我国反不正当竞争法已颁布（1993）并实行了 26 年的时间，对于在竞争活动经常出现的大量明显违反诚实信用以及公认的商业道德的竞争行为，反不正当竞争法所列举的不正当竞争的行为无法对其全面涵盖，在此情况下，我们只能求助于基本原则，尤其是其中的诚实信用原则等由于其高度的概括性和灵活性，赋予了法官们很大程度上的自由裁量权。

（5）保护利益的侧重点不同。知识产权法侧重于保护私益。这也正是知识产权法激发人们的创造力，推动人类社会共同进步的要义所在。而反不正当竞争法主要保护三种主体的合法权益：首先是竞争者的利益，在市场经济中就是经营者的利益；其次，反不正当竞争法站在整个社会的高度，同时对社会公众的利益提供法律保护；最后，反不正当竞争法关注消费者的利益。

总之，知识产权法注重对个人利益的保护，以实际损害作为承担侵权责任的前提条件，而反不正当竞争法不仅仅保护竞争者个人的利益，还将社会公共利益纳入其保护的对象之中，个人权益的实际损害却不是承担侵权责任的必要因素，竞争关系才是适用反不正当竞争法的前提。

---

① 王保树 . 适应建立社会主义市场经济法律体系的要求，积极推进民法学经济法学研究 [J]. 法学与实践，1993（4）.

② 郑成思 . 知识产权论 [M]. 北京：法律出版社，1998：49-51.

三、与知识产权有关的不正当竞争行为

2017 年 11 月 4 日，第十二届全国人民代表大会常务委员会第三十次会议对《反不正当竞争法》进行了修订，完善了不正当竞争行为的规定，协调了不正当竞争与知识产权的保护关系，为知识产权的保障提供了更有力的依据。

（一）假冒行为

假冒行为是指生产者或经营者为了争夺竞争优势，在自己的商品或者营业标志上不正当使用他人的标志，使自己的商品或者营业与他人经营的商品、营业相混淆，谋取不正当利益的行为。假冒行为包括：

（1）擅自使用与他人有一定影响的商品名称、包装、装潢等相同或者近似的标识。经营者不得擅自使用知名商品特有的名称、包装、装潢，或者使用与知名商品近似的名称、包装、装潢，造成和他人知名商品相混淆，使购买者误认为是该知名商品。商品的名称、包装、装潢是经营者经过使用而产生的财富，与经营者的商业信誉和商品声誉紧密联系，不经权利人的同意而使用，是破坏竞争秩序的行为，也会损害权利人的合法权益。

（2）擅自使用他人有一定影响的企业名称（包括简称、字号等）、社会组织名称（包括简称等）、姓名（包括笔名、艺名、译名等）。企业名称或姓名显示了经营者的外在特征，体现了商业信誉和商品声誉。未经姓名或名称专有权人许可，擅自使用以引起消费者误认误购的，构成不正当竞争行为。假冒、仿冒他人企业名称或姓名，给被侵害的经营者造成损失的，应承担赔偿责任。

（3）擅自使用他人有一定影响的域名主体部分、网站名称、网页等。随着互联网的发展，域名、网站名称、网页等已成为市场主体的重要财富，也是一个企业的重要标志，与权利人紧密相连，权利人可以获得由此带来的利益，所以，未经权利人许可，任何人不得使用他人有一定影响的域名主体部分、网站名称、网页等；否则，即属于不正当竞争行为。

（4）其他足以让人误认为是他人商品或者与他人存在特定联系的混淆行为。这是一个弹性条款，除前述各种不正当行为外，所有可能造成混淆的行为都属于不正当竞争行为，例如在商品上伪造或者冒用认证标志、名优标志等质量标志，伪造产地，对商品质量做引人误解的虚假标识，属于不正当竞争行为。对于这种行为，主要由主管机关责令公开更正，没收违法所得，可以并处罚款。

（二）侵犯商业秘密行为

商业秘密是指不为公众所知悉、具有商业价值并经权利人采取相应保密措施的技术信息和经营信息。

根据《反不正当竞争法》规定，侵犯商业秘密的行为主要有以下三种形式：

（1）以盗窃、贿赂、欺诈、胁迫或者其他不正当手段获取权利人的商业秘密。盗窃是指通过窃取商业秘密的载体而获取商业秘密；贿赂是以金钱、物品或者其他利益为诱饵，使知悉商业秘密内容的人提供商业秘密；胁迫是指对知悉商业秘密的人进行恐吓、威胁，迫使他人提供商业秘密。其他不正当手段，是指除盗窃、利诱、胁迫以外的其他不正当手段。以上行为属于最典型、最常见的直接侵犯他人商业秘密的行为，《反不正当竞争法》一方面采取了列举的方式明确规定了侵犯商业秘密的不正当行为，同时，还作了兜底性的规定，只要采取不正当行为获取他人商业秘密都属于侵犯商业秘密的行为。

（2）披露、使用或者允许他人使用以上述第一种手段获取的权利人的商业秘密。这是上述第一种行为的继续，是在获取他人商业秘密的基础上进一步损害他人利益的行为。披露是指将其非法获得的商业秘密告知权利人的竞争对手或其他人，或者将商业秘密内容公布于众；使用是将自己非法获取的商业秘密用于生产或者经营；允许他人使用，是指允许他人将自己非法获得的商业秘密用于生产或者经营，包括有偿使用和无偿使用两种情况。

（3）违反约定或者违反权利人有关保守商业秘密的要求，披露、使用或者允许他人使用其所掌握的商业秘密。这是指合法知悉商业秘密内容的人违反法定或约定义务披露、使用或者允许他人使用商业秘密的行为，包括公司、企业内部的工作人员，曾在公司、企业内工作的调离人员、离退休人员以及与权利人订有保守商业秘密协议的有关人员。

（4）第三人明知或者应知商业秘密权利人的员工、前员工或者其他单位、个人实施前款所列违法行为，仍获取、披露、使用或者允许他人使用该商业秘密的，视为侵犯商业秘密。这是间接侵犯商业秘密的行为，即第三者明知或者应知向其传授商业秘密的人具有上述违法行为，获取、使用或者披露他人的商业秘密。

（三）虚假宣传行为

虚假宣传是指在商业活动中经营者利用广告或其他方法对商品或者服务做出与实际内容不相符的虚假信息表示，导致客户或消费者产生误解的行为。这种行为违反诚实信用原则，违反公认的商业准则，扰乱市场经济秩序，欺骗社会公众，是一种严重的不正当竞争行为。《反不正当竞争法》第八条规定："经营者不得对其商品的性能、功能、质量、销售状况、用户评价、曾获荣誉等作虚假或者引人误解的商业宣传，欺骗、误导消费者。经营者不得通过组织虚假交易等方式，帮助其他经营者进行虚假或者引人误解的商业宣传"。

从法律规定看，虚假宣传行为主要有两种形式：一种是经营者利用广告对其商品的性能、功能、质量、销售状况、用户评价、曾获荣誉等作虚假或者引人误解的商业宣传，欺骗、误导消费者，利用广告进行宣传是指在中华人民共和国境内，商品经营者或者服务提供者通过一定媒介和形式直接或者间接地介绍自己所推销的商品或者服务的商业广告活动。另一种是通过组织虚假交易等方式，帮助其他经营者进行虚假或者引人误解的商业宣传，属于帮助他人进行虚假宣传的行为，虽然不是直接的获益者与欺骗者，其结果仍然是欺骗社会公众，同样应承担法律责任。

虚假宣传行为的构成要件包括以下四个方面：

（1）行为的主体是广告主、广告代理制作者和广告发布者。广告主是虚假宣传的始作俑者，是直接受益者，广告代理制作者和广告发布者是虚假宣传的辅助者，虽然在虚假宣传中起到的作用不同，所处的地位不同，但都是责任者，不管任何一方，只要参与了虚假广告都是责任主体，都要承担责任。

（2）行为主体在客观上对其商品或服务做了虚假广告或以其他方式进行虚假宣传。虚假的含义是与真实性不符，有可能是隐瞒真相，也有可能是制造假象，只要实施了与事实不符的宣传行为，就属于虚假宣传。

（3）虚假广告或虚假宣传达到了引人误解的程度，具有社会危害性。虚假宣传的目的是引诱消费者受骗上当，从中获取不正当利益，这种行为具有欺骗性，也具有社会危害性，应予禁止。

（4）广告经营者的主观状态是明知或应知，否则不承担法律责任；广告主不论其主观上处于何种状态都必须对虚假广告承担法律责任。按照法律的要求，在主观方面对广告主和广告经营者的要求是不同的，广告经营者必须明知或应知，如果广告经营者主观上没有过错，有可能其本身也是受害者，就不需要承担法律责任，而广告主不管是否故意都要承担责任。

（四）诋毁商誉行为

诋毁商誉行为是指经营者捏造、散布虚假事实等不正当手段，损害竞争对手的商业信誉、商品声誉，从而削弱竞争对手竞争力的行为。《反不正当竞争法》第十一条："经营者不得编造、传播虚假信息或者误导性信息，损害竞争对手的商业信誉、商品声誉。"诋毁竞争对手商誉的行为属于不正当竞争行为，其构成要件包括以下几个方面：

（1）行为的主体是市场经营活动中的经营者，其他经营者如果受其指使从事诋毁商誉行为的，可构成共同侵权人。如果不是经营者，而是仅仅由于某种特定的原因牵涉纠纷当中，例如新闻单位及一般民事主体被利用和被唆使的，仅构成一般的侵害他人名誉权行为，而非不正当竞争行为。

（2）经营者实施了诋毁商誉行为。诋毁行为是构成侵权的最主要条件，若经营者发布的消息是真实的或者只是陈述客观事实，则不构成诋毁行为。常见的诋毁行为包括通过广告、新闻发布会等形式或者私下通过不正当途径捏造、散布虚假事实，使用户、消费者不明真相产生怀疑心理，不敢或不再与受诋毁的经营者进行交易活动。

（3）诋毁行为是针对一个或多个特定竞争对手的。诋毁应该针对特定的主体，使公众将虚假的事实与相关经营者相联系，如果捏造、散布的虚假事实不能与特定的经营者相联系，商誉主体的权利便不会受到侵害。应注意的是，对比性广告通常以同行业所有其他经营者为竞争对手而进行贬低宣传，此时应认定为商业诋毁行为。

（4）经营者对其他竞争者进行诋毁，其目的是败坏对方的商誉，其主观心态是出于故意。

四、违反反不正当竞争法应承担的法律责任

（一）混淆行为的法律责任

混淆行为既扰乱经济秩序，又损害其他经营者的合法权益，因此，违法者既要承担行政责任，又要承担赔偿受害人的民事责任，《反不正当竞争法》第十八条规定："经营者违反本法第六条规定实施混淆行为的，由监督检查部门责令停止违法行为，没收违法商品。违法经营额五万元以上的，可以并处违法经营额五倍以下的罚款；没有违法经营额或者违法经营额不足五万元的，可以并处二十五万元以下的罚款。情节严重的，吊销营业执照。"与此同时，第十七条规定："经营者违反本法规定，给他人造成损害的，应当依法承担民事责任。经营者的合法权益受到不正当竞争行为损害的，可以向人民法院提起诉讼。因不正当竞争行为受到损害的经营者的赔偿数额，按照其因被侵权所受到的实际损失确定；实际损失难以计算的，按照侵权人因侵权所获得的利益确定。赔偿数额还应当包括经营者为制止侵权行为所支付的合理开支。经营者违反本法第六条、第九条规定，权利人因被侵权所受到的实际损失、侵权人因侵权所获得的利益难以确定的，由人民法院根据侵权行为的情节判决给予权利人三百万元以下的赔偿。"如果给受害人造成损失的，应赔偿给受害人造成的损失，如果损失无法计算的，应按照违法者获得的利益承担责任，如果两者都无法确定，由人民法院在 300 万元以内酌情处理。

（二）侵犯商业秘密的法律责任

《反不正当竞争法》《中华人民共和国合同法》（以下简称《合同法》）和《刑法》均规定了对于商业秘密权的保护制度。从法律责任的角度看，侵犯商业秘密权的行为可能产生以下三种法律责任。

1. 民事责任

《反不正当竞争法》第十七条规定了侵害商业秘密者应该承担的法律责任，如果当事人违反《合同法》的规定，则需要承担违约责任，按照《合同法》的规定，在涉及商业秘密的合同关系中，如果合同约定，当事人对所接触的商业秘密承担保密、不使用、竞业禁止等义务时，当事人违反合同约定，擅自泄露、使用

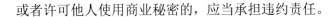

或者许可他人使用商业秘密的，应当承担违约责任。

2. 行政责任

侵犯他人商业秘密可以由行政机关追究行政责任，《反不正当竞争法》第二十一条规定："经营者违反本法第九条规定侵犯商业秘密的，由监督检查部门责令停止违法行为，处十万元以上五十万元以下的罚款；情节严重的，处五十万元以上三百万元以下的罚款。"

3. 刑事责任

《刑法》第二百一十九条规定了侵犯商业秘密罪，侵犯商业秘密罪是指以盗窃、利诱、胁迫或者其他不正当手段获取权利人的商业秘密，或者非法披露、使用或者允许他人使用其所掌握的或获取的商业秘密，给商业秘密的权利人造成重大损失的行为。 侵犯商业秘密罪侵犯的客体既包括国家对商业秘密的管理制度，又包括商业秘密的权利人享有的合法权利。犯罪主体是一般主体，既包括自然人，也包括单位。对于实施侵犯商业秘密的行为，给商业秘密的权利人造成重大损失的，处 3 年以下有期徒刑或者拘役，并处或者单处罚金；造成特别严重后果的，处 3 年以上 7 年以下有期徒刑，并处罚金。

（三）虚假宣传行为的法律责任

《反不正当竞争法》第二十条规定："经营者违反本法第八条规定对其商品作虚假或者引人误解的商业宣传，或者通过组织虚假交易等方式帮助其他经营者进行虚假或者引人误解的商业宣传的，由监督检查部门责令停止违法行为，处二十万元以上一百万元以下的罚款；情节严重的，处一百万元以上二百万元以下的罚款，可以吊销营业执照。经营者违反本法第八条规定，属于发布虚假广告的，依照《中华人民共和国广告法》的规定处罚。"《中华人民共和国广告法》（以下简称《广告法》）第五十五条规定："违反本法规定，发布虚假广告的，由工商行政管理部门责令停止发布广告，责令广告主在相应范围内消除影响，处广告费用三倍以上五倍以下的罚款，广告费用无法计算或者明显偏低的，处二十万元以上一百万元以下的罚款；两年内有三次以上违法行为或者有其他严重情节的，处广告费用五倍以上十倍以下的罚款，广告费用无法计算或者明显偏低的，处一百万元以上二百万元以下的罚款，可以吊销营业执照，并由广告审查机关撤销广告审查批准文件、一年内不受理其广告审查申请。医疗机构有前款规定违法行为，情节严重的，除由工商行政管理部门依照本法处罚外，卫生行政部门可以吊销诊疗科目或者吊销医疗机构执业许可证。广告经营者、广告发布者明知或者应知广告虚假仍设计、制作、代理、发布的，由工商行政管理部门没收广告费用，并处广告费用三倍以上五倍以下的罚款，广告费用无法计算或者明显偏低的，处二十万元以上一百万元以下的罚款；两年内有三次以上违法行为或者有其他严重情节的，处广告费用五倍以上十倍以下的罚款，广告费用无法计算或者明显偏低的，处一百万元以上二百万元以下的罚款，并可以由有关部门暂停广告发布业务、吊销营业执照、吊销广告发布登记证件。"

（四）诋毁商誉行为的法律责任

对商誉诋毁行为，我国《反不正当竞争法》第二十三条规定："经营者违反本法第十一条规定损害竞争对手商业信誉、商品声誉的，由监督检查部门责令停止违法行为、消除影响，处十万元以上五十万元以下的罚款；情节严重的，处五十万元以上三百万元以下的罚款。"如诋毁商誉行为给竞争对手造成损害的，被侵权人可直接向人民法院起诉，寻求法律救济，维护自己的商誉。

第二节 网络著作权法原理

一、网络著作权的产生与发展

20世纪90年代以来，随着科学技术的迅速发展，以网络信息科技为代表的科学技术应用不断改变着人们的生活节奏和生活方式。由于国际互联网技术的应用，信息的传播得到快速发展，由此带来的法律问题日益突出，著作权的保护范围和内容也不断扩大和深化，网络著作权保护问题被提上议事日程。随着互联网为代表的新经济成为一个利益巨大的经济部门，传统的著作权人希望将其对传统作品的权利自然延伸到网络上，网络上的既得利益者则希望网络上的权益能得到传统著作权的扩大保护。与此同时，网络著作权的纠纷也随之而起，一些从没有出现过的新问题大量出现，亟须法律做出明确的界定，维护网络市场秩序，维护权利人的合法权益。

二、网络著作权的概念

网络著作权是指著作权人对受著作权法保护的作品在网络环境下所享有的著作权权利。网络著作权包含了两层含义：一是相对于传统作品，指传统作品被上传至网络时著作权人所享有的权利，特指"信息网络传播权"。我国 2001 年修改的《著作权法》根据实践中产生的新问题，在第十条关于著作权的具体权利形式中增加了十多项规定，其中第 12 项是关于"信息网络传播权"的规定，明确"信息网络传播权，即以有线或者无线方式向公众提供作品，使公众可以在其个人选定的时间和地点获得作品的权利"，承认了传统著作权在网络等电子环境下所享有的受保护地位。二是指网上数字作品著作权人所享有的权利，如复制权、发表权、署名权、发行权等权利，这是由网络的特点所产生的新型权利。

三、网络著作权的特征

（一）权利定位不清晰

法律对于相关著作权的确定晚于相关的司法实践。网络出现以后，知识产权领域发生了一系列的重大变化，网络知识产权保护面临许多新问题，而法律往往落后于时代的变化，没有及时适应现实的需求，知识产权的法定性受到挑战。作品上网后，成为网络上的共有产品，任何人都可以在极其方便的情况下得到该作品，而关于网络上著作权利益调整的法律，却没有及时出现。在法律确认网络著作权的地位之前，司法实践不得不援引大量的以往的著作权理论。中华人民共和国最高人民法院的司法解释及时解决了一些迫切需要解决的问题，但还需要法律进一步完善。

（二）地域性模糊

著作权的地域性是指著作权在依某国法律获得保护的国家地域内有效。由于著作权不同于其他知识产权，一般是自动产生，并非根据国家的授权产生，所以，有人认为网络著作权由于超出了传统的时空界限而没有地域性。与传统的著作权不同，网络的出现，打破了需要由不同国家认可的规律。由于网络本身的全球性特点，可以跨越时空而存在，无法判断一件网络作品的著作权应当依据哪个国家的法律，应当在哪个领域内有效，因此网络著作权的地域性几乎不复存在。网络上作品的传播不受地域的限制，电子商务的拓展也使人们可以打破地域性进行图书订购，利用版权的地域性对抗"平行进口"等做法受到挑战，著作权的地域性受到动摇。网络作品著作权地域性的消失是"计算机网络的全球性与传统知识产权的地域性之间的总冲突。"①

（三）非专有性

著作权的专有性是指他人未经权利人同意或者法律许可，不得使用和享有该项著作权。由于著作权不排斥他人创作类似或者雷同的作品，所以相对于专利和商标而言，著作权的专有性相对弱，但是这不等于著作权没有专有性。作品上网即意味着可能被使用，其著作权的占有权能几乎为零。作品上网以后，作品在具有无形性、高效性、方便性和普及性的同时，也大大地削弱了著作权的专有性。在网络环境下，网络使用者关心的是如何获得物美价廉的作品，他们获取的版权信息并不充分，对谁是版权人、作品的使用条件并不是很清楚，他们并不关心。真正的版权人却难以了解自己作品的使用情况，更无法控制作品的不合理使用。另外数字化的复制不仅和原件一样完美，甚至经过特殊处理，比原件更好。这不仅为盗版产品提供了生存的空间，更使版权人的经济权利无法实现，使得网络著作权的专有性大大降低。

（四）表现形式的多样性

传统的作品都有自己的固有表现形式，如文字作品、美术作品、书、报纸等，但是随着"网络超文本结构"的出现，文字作品、科学作品、美术作品、影

---

① 阮开欣. 论知识产权的地域性和域外效力 [J]. 河北法学，2018（3）.

视作品像集成电路一样被集中到一起，难分彼此，最终作品可能涵盖若干的作品类型，拿传统作品的分类来套用已经力不从心，如 MTV 、FLASH 作品等，网络著作权的表现形式颠覆了传统的区分著作权类型的意义，其表现性被大大淡化。

四、网络著作权的取得

（一）自动取得

按照我国《著作权法》规定，作品完成就自动享有版权。所谓完成，是相对而言的，只要创作的对象已经满足法定的作品构成条件，即可作为作品受到著作权法保护，网络作品的作者只要将相应的作品完成，无须履行特定的手续，不管是否公开发表，也不管是否登记，都自动取得著作权，受法律保护。

（二）网络著作权自愿登记制度

网络著作权实行自愿登记，作品不论是否登记，作者或其他著作权人依法取得的著作权不受影响。我国实行作品自愿登记制度的目的在于维护作者或其他著作权人和作品使用者的合法权益，有助于解决因著作权归属造成的著作权纠纷，并为解决著作权纠纷提供初步证据。

（三）登记机关

（1）版权主管部门。目前可以通过中国版权保护中心和各省、直辖市、自治区主管部门备案部门申请登记，数字作品形式的著作权归属也可以通过各种协会自办的第三方登记中心或有第三方信用支撑的能够证明作品备案存证时间的机构进行登记，一旦出现权属纠纷，可以登记备案的内容作为权属确立的主要证据。著作权登记证书是登记事项属实的初步证明，在没有相反证据的情况下，可以直接认定登记事项属实。

（2）公证部门。公证是公证机构依照法定程序对民事法律行为、有法律意义的事实和文书的真实性、合法性予以证明的活动。公证部门作为国家法定证明机构，在一定的条件下，对作品进行公证取得的公证书也可以证明作品著作权的权属，公证书可以代替著作权登记证书。

五、网络著作权的保护

最高人民法院《关于审理涉及计算机网络著作权纠纷案件适用法律若干问题的解释》（法释〔2004〕1号）第二条规定："受著作权法保护的作品，包括著作权法第三条规定的各类作品的数字化形式。在网络环境下无法归于著作权法第三条列举的作品范围，但在文学、艺术和科学领域内具有独创性并能以某种有形形式复制的其他智力创作成果，人民法院应当予以保护。"根据这一司法解释，作品的数字化形式和新的数字化作品均受著作权法保护，任何媒体，不论是传统媒体还是网络媒体，未经著作权人许可，也不符合法定许可的条件，擅自复制、转载、传播他人作品的，均构成侵犯著作权，应依法承担法律责任。

第三节 集成电路布图设计保护原理

一、集成电路布图设计的概念

我国《集成电路布图设计保护条例》第二条第二项规定："集成电路布图设计（以下简称布图设计），是指集成电路中至少有一个是有源元件的两个以上元件和部分或者全部互联线路的三维配置，或者为制造集成电路而准备的上述三维配置。"

二、集成电路布图设计的特征

（一）客观表现性

集成电路布图设计是集成电路中所有元器件之间的一种配置方式，是没有具体形状的、抽象的并以一种信息状态存在，不占据任何空间的组合。但是布图设计可以固定在一定的载体上，集成电路布图设计虽然是无形的，但它同其他无形财产一样，具有客观的表现形式。

（二）创造性和实用性

集成电路布图设计只有具有创造性才受法律保护。按照知识产权法律原理，一般都在其法律中要求布图设计必须具有创造性和实用性。布图设计的创造性要求设计人必须对其布图设计有独特的创造之处，有不同于以往设计的特点，才能受到法律的保护。此外，布图设计与以往的设计相比除了具有一定的进步性和新颖性之外，还必须具有实用性，必须能够应用于工业实践，并且对社会生活具有积极的作用，才能被广泛地采纳并获取利益。

（三）布图设计是独立的知识产权客体

布图设计是独立的知识产权客体，但与专利、商标不同。因此，从世界范围看，绝大多数国家都不是通过专利法或著作权法来保护的，而是依据其特点，制定单行法规，将其作为独立的客体予以保护。我国于 2001 年 10 月 1 日起施行的《集成电路布图设计保护条例》，也是采用了专门立法的形式来保护集成电路布图设计。

三、集成电路布图设计权的取得与保护

（一）集成电路布图设计权的取得方式

我国对集成电路布图设计权利的取得采取登记制，即布图设计创作完成后，创作人或其他欲获取专有权的人必须向国家知识产权局办理登记手续后，才能取得专有权。因此，为尽快争取时间，创作人应先申请集成电路布图设计登记，再申请相关专利权，这样既可以帮助企业更好地保护自己的技术，减少时间成本，又可为企业申请"双软"等名号提供更多材料，进一步获得税收减免和资金支持。

（二）集成电路布图设计权的保护期限

布图设计专有权的保护期为 10 年，自布图设计登记申请之日或在世界任何地方首次投入商业利用之日起计算，以较前日期为准。但是，无论是否登记或者投入商业利用，布图设计自创作完成之日起 15 年后，不再受保护。

（三）集成电路布图设计权的限制

（1）运用反向工程对布图设计进行复制，不构成侵权。所谓反向工程，是指对他人的布图设计进行分析、评价，然后根据这些分析评价的结果创作出新的布图设计。

（2）合理使用，即为个人目的或者单纯为评价、分析、研究、教学等目的而复制受保护的布图设计的，可以不经布图设计权利人的许可，不向其支付报酬。

（3）权利穷竭，也称首次销售、权利用尽制度，其含义是指布图设计权利人将布图设计或含有布图设计的元件产品投入市场后，对与该布图设计有关的商业利用行为，不再享有禁止权。

第四节　植物新品种保护原理

一、植物新品种的概念

植物新品种是指经过人工培育或者对发现的野生植物加以开发，具备新颖性、特异性、一致性和稳定性并有适当命名的植物品种。我国于 1997 年制定了《中华人民共和国植物新品种保护条例》，规定由农业部、林业部共同负责植物新品种权申请的受理、审查与授权工作。《中华人民共和国植物新品种保护条例》中规定的植物新品种权是指完成育种的单位或个人对其被授权的植物品种，享有排他性的独占权，任何单位或个人未经品种权人许可，不得为商业目的生产或销售该授权品种的繁殖材料，不得为商业目的将该授权品种的繁殖材料重复使用于生产另一品种的繁殖材料。但法律、行政法规另有规定的除外。另外，一旦某植物品种被授予新品种权，不论授权品种的保护期是否届满，销售该授权品种都应当使用其注册登记的名称。

二、植物新品种权的授予条件

根据法律规定，获得新品种权利需具备以下条件：

（一）可以获得新品种权利的范围

申请新品种权的植物新品种应当属于国家植物品种保护名录中列举的植物的属或种（植物品种保护名录由农业部、林业部确定和公布）。

（二）获得新品种权利的实质条件

1. 新颖性

授予新品种权的植物新品种应当具备新颖性。所谓新颖性，是指申请新品种权的植物新品种在申请日前该品种繁殖材料未被销售，或经育种者许可，在中国境内销售该品种繁殖材料未超过 1 年；在中国境外销售藤本植物、林木、果树和观赏树木品种繁殖材料未超过 6 年，销售其他植物品种繁殖材料未超过 4 年。

2. 特异性

授予新品种权的植物新品种应当具备特异性。所谓特异性，是指申请新品种权的植物新品种应当明显区别于在递交申请以前已知的植物品种。各国都可以规定特异性审查方法，按照《国际植物新品种保护公约》第七条规定，已经在政府的植物新品种权登记机构登记的植物是已知的品种，不具有特异性，除了申请该登记的人以外，他人不得就该植物再申请新品种权。

3. 一致性

授予新品种权的植物新品种应当具备一致性。所谓一致性，是指申请新品种权的植物新品种经过繁殖，除可以预见的变异外，其相关的特征或特性基本保持一致。

4. 稳定性

授予新品种权的植物新品种应当具备稳定性。所谓稳定性，是指申请新品种权的植物新品种经过反复繁殖后或在特定繁殖周期结束时，其相关的特征或特性基本保持不变。

5. 名称区别性

授予品种权的植物新品种应当具备适当的名称，并与相同或相近的植物已知品种的名称相区别。该名称经注册登记后即为该植物新品种的通用名称。培育或发现植物新品种的人可以对该植物品种命名，但不能仅以数字组成名称，不得用违反社会公德的词汇命名，不得使用容易对植物新品种的特征、特性或者育种者的身份等引起误解的词命名。

三、植物新品种的归属

植物新品种权的授予需要经过审查批准，申请权和批准后授予的植物新品种权属于完成育种的个人，但是，执行本单位的任务或主要利用本单位的物质条件所完成的职务育种，植物新品种的申请权属于该单位。委托育种或合作育种，品种权的归属由当事人在合同中约定；没有合同约定的，品种权归属于受委托完成或共同完成育种的单位或个人。一个植物新品种只能授予一项品种权。两个以上的申请人分别就同一个植物新品种申请品种权的，品种权授予最先申请的人。两个以上的申请人同时申请的，品种权授予最先完成该植物新品种育种的人。植物新品种的申请权和品种权可以依法转让。转让申请权或品种权的，当事人应当订立书面合同，并向审批机关登记，由审批机关予以公告。国有单位在国内转让申请权或品种权的，应当按照国家有关规定报经有关行政主管部门批准。中国的单位或个人就其在国内培育的植物新品种向外国人转让申请权或者品种权的，应当经审批机关批准。

四、植物新品种的合理使用

植物新品种的权利使用受到法律的限制。《中华人民共和国植物新品种保护条例》（以下简称《植物新品种保护条例》）规定，在下列情况下，使用人可以不经权利人许可，自行决定使用新品种而不需要承担法律责任：

（1）利用授权品种进行育种及其他科研活动的，可以不经品种权人许可，不向其支付使用费。

（2）农民自繁自用授权品种的繁殖材料的，可以不经品种权人许可，不向其支付使用费。

（3）为了国家利益或公共利益，审批机关可以做出实施植物新品种强制许可的决定，并予以登记和公告。取得实施强制许可的单位或个人应当付给品种权人合理的使用费，其数额由双方商定；双方不能达成协议的，由审批机关裁决。品种权人对强制许可决定或强制许可使用费的裁决不服的，可以自收到通知之日起 3 个月内向人民法院提起诉讼。

五、植物新品种权的保护期限

一般植物新品种权的保护期限为 15 年，藤本植物、林木、果树和观赏树木新品种权保护期限为 20 年，均从授权之日起算。不过，该权利可以溯及至因申请被初步审查合格的公告之日，品种权被授予后，在自初步审查合格公告之日起至被授予品种权之日止的期间，对未经申请人许可，为商业目的生产或销售该授权品种的繁殖材料的单位和个人，品种权人享有追偿的权利。申请人获得新品种权后，出现以下法定情形的，将导致新品种权于期限届满前终止：

（1）品种权人应当自被授予品种权的当年开始缴纳年费，品种权人未按照规定缴纳年费的，新品种权终止。

（2）品种权人应当自被授予品种权的当年开始按照审批机关的要求提供用于检测的该授权品种的繁殖材料。品种权人未按要求提供检测所需的该授权品种的繁殖材料的，新品种权终止。

（3）品种权人以书面声明方式放弃品种权的，该品种权终止。

（4）经检测该授权品种不再符合被授予品种权时的特征和特性的，品种权终止，审批机关应当登记并公告。

（5）植物为生物体，不同于机械设备，其授权的实质条件有可能在短时间内无法查明，随着时间的推移也有可能发生变化，故自审批机关公告授予品种权之日起，任何单位或者个人有异议的，都可以向植物新品种复审委员会书面请求宣告品种权无效，植物新品种复审委员会也可以依据职权对不符合授予新品种权实质性条件的新品种权宣告无效。被宣告无效的品种权视为自始不存在。

（6）植物新品种的命名是否会对植物新品种的特征、特性或者育种者的身份等引起误解，这会随着人们对该植物认识的增加而逐步明朗，授予新品种权后，发现品种名称不符合规定的，植物新品种复审委员会也可以予以更名。由审批机关登记和公告，并通知权利人。

实务篇

第六章

专利法律实务

第一节　专利申请实务

一、专利申请文件的准备

专利申请文件是指申请人为获得专利权而向审查机关提交的书面申请文件资料，专利申请文件是专利申请的必备要件，也是专利申请的首要条件。专利申请必须以书面形式提出，专利申请文件有特定的要求，具有法定性，因此，专利申请文件在专利申请中具有重要的作用。专利申请文件因为申请专利的种类不同而不同。申请发明专利和实用新型专利需要提交请求书、权利要求书和说明书及其摘要。申请外观设计专利只需要提交请求书和照片、图片就可以了。

（一）申请发明专利和实用新型专利需要提交的文件

1. 请求书

请求书是指专利申请人向专利行政部门提交的请求授予其发明或者实用新型以专利权的一种书面文件。专利申请人向专利行政部门提交的请求书应当使用中国专利行政部门规定的表格，并且只能用中文填写。根据规定请求书应当写明：①发明或者实用新型的名称；②发明人或者设计人的姓名；③申请人姓名或者名称；④申请人的地址；⑤其他应当写明的事项。根据《中华人民共和国专利法实施细则》（以下简称《专利法实施细则》）第十七条的规定，其他事项包括：①申请人的国籍；②申请人是企业或者其他组织的，其总部所在地的国家；③申请人委托专利代理机构的，应当注明的有关事项；申请人未委托专利代理机构的，其联系人的姓名、地址、邮政编码及联系电话；④要求优先权的，应当注明的有关事项；⑤申请人或者专利代理机构的签字或者盖章；⑥申请文件清单；⑦附加文件清单；⑧其他需要注明的有关事项。

2．说明书

说明书是指说明发明和实用新型专利申请的具体技术内容的书面文件。说明书是申请文件中最长的文件，也是申请的核心内容，是权利要求书的基础。说明书应当对发明或者实用新型做出清楚、完整的说明，以所属技术领域的技术人员能够实现为准。

说明书的写作是否构成清楚完整的技术方案关系到该专利申请能否被授予专利权。依据《专利法实施细则》第十八条的规定，发明或者实用新型专利申请的说明书应当写明发明或者实用新型的名称，该名称应当与请求书中的名称一致。说明书应当包括下列内容。

（1）技术领域。写明要求保护的技术方案所属的技术领域；

（2）背景技术。写明对发明或者实用新型的理解、检索、审查有用的背景技术；有可能的，并引证反映这些背景技术的文件；

（3）发明内容。写明发明或者实用新型所要解决的技术问题以及解决其技术问题采用的技术方案，并对照现有技术写明发明或者实用新型的有益效果；

（4）附图说明。说明书有附图的，对各幅附图作简略说明；

（5）具体实施方式。详细写明申请人认为实现发明或者实用新型的优选方式；必要时，举例说明；有附图的，对照附图。

发明或者实用新型专利申请人应当按照前款规定的方式和顺序撰写说明书，并在说明书每一部分前面写明标题，除非其发明或者实用新型的性质用其他方式或者顺序撰写能节约说明书的篇幅，并使他人能够准确理解其发明或者实用新型。

3．说明书摘要

摘要是发明和实用新型内容的简要概括，本身并不具有法律效力，其作用是为了有关人员能迅速获得有关发明和实用新型的主要内容。其内容包括：

（1）说明书摘要应当写明发明或者实用新型专利申请所公开内容的概要，

即写明发明或者实用新型的名称和所属技术领域，并清楚地反映所要解决的技术问题、解决该问题的技术方案的要点以及主要用途。

（2）说明书摘要可以包含最能说明发明的化学式；有附图的专利申请，还应当提供一幅最能说明该发明或者实用新型技术特征的附图。附图的大小及清晰度应当保证在该图缩小到4厘米×6厘米时，仍能清晰地分辨出图中的各个细节。

（3）摘要文字部分不得超过300个字。摘要中不得使用商业性宣传用语。

4．权利要求书

权利要求书是专利申请的重要文件，是专利申请人请求专利行政部门对其发明或者实用新型给予法律保护的范围，即他请求保护其发明或者实用新型技术特征的范围。在被授予专利后，权利要求书是确定发明或者实用新型专利权范围的依据，也是判定他人是否侵权的依据。权利要求书必须以说明书所说明的技术特征为基础，其要求的权利范围不得超过说明书所表述的特征范畴。权利要求书应当有独立权利要求，也可以有从属权利要求。独立权利要求应当从整体上反映发明或者实用新型的技术方案，记载解决技术问题的必要技术特征。从属权利要求应当用附加的技术特征，对引用的权利要求作进一步限定。一项发明或者实用新型应当只有一个独立的权利要求，并写在同一发明或者实用新型的从属权利要求之前。

发明或者实用新型的独立权利要求应当包括前序部分和特征部分，按照下列规定撰写：

（1）前序部分：写明要求保护的发明或者实用新型技术方案的主题名称和发明或者实用新型主题与最接近的现有技术共有的必要技术特征；

（2）特征部分：使用"其特征是……"或者类似的用语，写明发明或者实用新型区别于最接近的现有技术的技术特征。这些特征和前序部分写明的特征合在一起，限定发明或者实用新型要求保护的范围。发明或者实用新型的性质不适于用前款方式表达的，独立权利要求可以用其他方式撰写。

发明或者实用新型的从属权利要求应当包括《知识产权法》规定的引用部分和限定部分，按照下列规定撰写：

（1）引用部分写明引用的权利要求的编号及其主题名称；

（2）限定部分写明发明或者实用新型附加的技术特征。除了以上所述的必要申请文件外，在专利申请时还可以根据申请人的具体要求另外递交各种附加申请文件。比如，优先权声明、优先权证明、发明提前公开申明、代理人委托书、费用缓交请求书等。这些文件是否递交要视申请人需要而定，并非每件申请所必需。

（二）外观设计专利申请文件

外观设计与发明专利和实用新型专利不同，它不是技术性方案，因此不宜采用上面所述的申请文件。外观设计专利的必要申请文件主要有以下两种：

（1）外观设计专利请求书。请求书的内容大体上与发明专利和实用新型专利请求书相同，只是应专门注明外观设计所使用的产品和所属类别。

（2）图片或者照片。由于外观设计专利不是技术方案，而是一种造型，因此难以像描述技术特征那样用文字表达。图片或者照片是表述外观设计的最佳方式，它可以清晰地将外观设计的特点表露无遗。在外观设计专利的申请中，图片或照片起着与发明专利或实用新型专利申请中权利要求书相同的作用。因此作为申请文件的照片或图片一定要充分清楚地展示外观设计的特点，如果图片或照片中没有能够反映出来，则专利法将不予保护。

二、专利申请的提出、修改和撤回

（一）专利申请的提出

专利申请人在制作了专利申请文件之后，应该尽早向专利行政部门提交专利申请文件，以便尽快确定专利申请日。专利申请日对专利申请人具有重要意义，因为在先申请原则之下申请日先后的确定直接关系到申请专利的发明创造能否获得专利权。申请日也称关键日，是国务院专利行政部门或国务院专利行政部门在各地的专利代办处收到完整的专利申请文件的日期。确定专利申请日时，应当注意以下问题：

（1）如果专利申请文件是通过邮局邮寄的，就以寄出的邮戳日为申请日。如邮件上寄出的邮戳日不清晰，除当事人能够提供证明的以外（如挂号回执单上的日期等），以国务院专利行政部门收到专利文件的日期为专利申请日。

（2）申请人享有优先权的，以优先权日确定为申请日。提出专利申请时，除了确定申请日以外，要求优先权的可以在申请时或申请之后的一定期限申请外国或本国优先权。

（二）专利申请的修改

我国《专利法》第三十三条规定，申请人可以对其专利申请文件进行修改。修改可以是申请人主动修改，也可以是应专利行政部门的要求所做的修改。关于专利权的修改应该遵照以下规定：

第一，修改的时间。对于发明专利，主动修改的时间在提出专利实质审查之前进行，专利行政部门进行实质审查之后，可以给予申请人一定的修改期限。由于实用新型和外观设计不进行实质审查，自申请日起三个月内都可以提出修改或应要求修改。

第二，修改的范围。专利申请文件的修改是有一定限度的，专利法规定对发明和实用新型专利申请文件的修改不得超出原说明书和权利要求书记载的范围，对外观设计专利申请文件的修改不得超出原图片或者照片表示的范围。如果申请人超出此范围，等于又提出了一个新的申请，应该另行申请。

（三）关于分案申请

专利修改一个重要的范畴是分案申请，由于专利法规定了单一性原则，对于不符合该原则的专利申请，申请人应当对该申请进行修改，将原申请中删除的内容再提出一件或若干件分案申请。分案申请只能在国务院专利行政部门授予专利权之前提出，而且不改变原申请的类别。申请人提出分案申请的，应当在申请书中注明原申请的申请号和申请日，并提交全部申请文件。分案申请的各种法定期限如提出优先权要求的期限、提出实质审查的期限等，都以原申请日来确定。

（四）专利申请的撤回

专利申请分为主动撤回和被动撤回。因为专利申请权是一项民事权利，是可以放弃的，所以，专利申请人可以在专利授权之前随时主动撤回专利申请。申请人主动撤回申请的，应当向专利行政部门提出声明并不得附有任何条件，当申请人为两个或者两个以上的，要求撤回时，还要提交共同申请人签名或盖章的同意撤回专利申请的证明材料。另外对于发明专利而言，申请自申请日起 3 年内，申请人无正当理由不请求实质审查的，该申请被视为撤回。

三、专利申请流程

（一）发明专利申请流程

（1）申请文件准备。根据《专利法》规定，申请发明专利应当提交专利请求书、说明书、说明书摘要、权利要求书等书面文件，时间一般需要 10～30 天。

（2）提交申请。申请人应当将申请文件提交给国家知识产权局专利局受理处或专利局下辖的各地方代办处，时间一般需要 3 天。

（3）发明专利初步审查。专利申请的各项文件符合格式要求且按照规定缴纳了申请费，则自动进入初审阶段。初审程序主要对申请是否存在明显实质性缺陷进行审查。

（4）公布。发明专利申请从发出"初审合格通知书"起就进入等待公布阶段。申请人请求提前公布的，则申请立即进入公布准备程序。大约 3 个月后，在《发明专利公报》上公布。

（5）发明专利实质审查。发明专利申请公布以后，如果申请人提出实质审查请求并已缴纳了实质审查费，国家知识产权局专利局将发出进入实审程序通知书，申请同时进入实审程序。

（6）驳回或授权。发明专利申请经实质审查发现不符合《专利法》规定的，驳回申请，未发现驳回理由的，国家知识产权局专利局发出"授权通知书"和"办理登记手续通知书"。用于新产品、新工艺、新技术的发明，审查较严格，需要 2～3 年才能授权。

（7）缴纳费用。国家知识产权局收取的专利收费标准（国内部分）按《专利收费标准国内部分》规定执行。对经济困难的专利申请人或专利权人的专利收费减缴按照《专利收费减缴办法》有关规定执行。国家知识产权局收取的 PCT 专利申请收费标准按《PCT 专利申请收费标准》有关规定执行。

（8）颁发专利证书。

（二）实用新型专利申请程序

（1）申请文件准备。申请实用新型专利需要准备实用新型专利请求书、说明书、说明书附图、权利要求书、摘要及其附图，各一式一份，一般需要 10 ～ 30 天。

（2）提交申请。

（3）实用新型专利初步审查。实用新型专利不需要进行实质审查。

（4）驳回或授权。实用新型和外观设计专利申请经初步审查，未发现驳回理由的，国家知识产权局专利局发出"授权通知书"和"办理登记手续通知书"。

（5）缴权缴纳费用。

（6）颁发专利证书。

（三）外观设计专利申请程序

（1）申请文件准备。申请外观设计专利所需文件包括：外观设计专利请求书、图片或者照片，各一式一份。要求保护色彩的，还应当提交彩色图片或者照片一份。如对图片或照片需要说明的，应当提交外观设计简要说明，一式一份，时间一般需要 3 ～ 10 天。

（2）提交申请。

（3）外观设计专利初步审查。

（4）驳回或授权。

（5）缴权缴纳费用。

（6）颁发专利证书。

四、专利的审查

我国《专利法》针对不同的专利类型分别采用了不同的审查制度。对于发明专利采用了"早期公开、迟延审查制"，而实用新型和外观设计专利则基本上采用了"不审查制"。

（一）发明专利的审查程序

发明专利的审查程序一般须经过初步审查、早期公布申请、实质审查、授权等程序。

1.初步审查

初步审查又称"形式审查"，是指国务院专利行政部门在受理专利申请后对其所做的形式审查，其目的在于查明该申请是否符合专利法关于形式要求的规定。我国《专利法》第三十四条规定国务院专利行政部门收到发明专利申请后，经初步审查认为符合本法要求的，自申请日起满18个月，即行公布。国务院专利行政部门可以根据申请人的请求早日公布其申请。我国专利法要求的初步审查主要审查以下内容：

（1）专利申请文件是否齐备，提交了请求书、说明书及其摘要和权利要求书等文件；

（2）文件的格式是否正确，是否按照我国《专利法》及《专利法实施细则》的要求书写；

（3）专利申请是否违反了国家法律、社会公德或者妨害公共利益；

（4）申请专利的发明创造是否属于不授予专利权的范围；

（5）申请人是外国人时，该外国人是否有资格提出专利申请，是否按规定委托了国务院专利行政部门指定的专利代理机构办理；

（6）申请人的申请是否明显不符合单一性原则；

（7）专利申请文件的修改是否超出了原说明书和权利要求书记载的范围。对存在缺陷或明显不符合专利法及实施细则有关规定的申请文件或申请手续，国务院专利行政部门应当将审查意见通知申请人，要求其在指定期限内陈述意见或者补正；申请人期满未答复的，其申请视为撤回。申请人陈述意见或者补正后，国务院专利行政部门仍然认为不符合前款所列各项规定的，应当予以驳回。发明专利申请符合初审要求的，初步审查阶段结束，进入下一个阶段——公布专利申请。

2.申请的公布

对于符合初审要求的发明专利申请，专利行政部门自申请日起满18个月，即行公布。所谓公布，即将发明专利申请的请求书、说明书、权利要求书等文件全文在《发明专利公报》上登载。根据专利法的规定，国务院专利行政部门可以根据申请人的请求早日公布其申请。早日公布申请，可以加快最新科技信息的交流传播，也有利于专利申请人尽快进入实质审查程序，从而尽快获得专利权。申请人请求早日公布其发明专利申请的，应当向国务院专利行政部门声明。国务院专利行政部门对该申请进行初步审查后，除予以驳回的外，应当立即将申请予以公布。

发明专利申请自公布后，就受到法律的临时保护。《专利法》第十三条规定，"发明专利申请公布后，申请人可以要求实施其发明的单位或者个人支付适当的费用。"对于发明专利申请公布后、授予专利权之前，如有人实施其发明创造，申请人无权要求实施人支付专利许可使用费，只能要求其支付适当的费用。因为申请人此时未获得专利权，获得的保护只是临时保护，当专利权申请被专利行政部门驳回时，即使实施人未支付适当的费用，申请人也不能向法院起诉；当申请人的发明被授予专利权后，申请人就可以以专利权人的身份，对专利申请公布以后、授权以前实施人的行为享有诉权，要求实施人支付费用。专利申请被早期公布，该发明就成为公有技术，意味着他人就同样的发明创造不能再申请专利了，专利申请人也不能将其发明作为技术秘密加以保护。

3. 实质审查

实质审查是专利行政部门对申请发明专利的发明创造的新颖性、创造性、实用性等依法进行审查的法定程序。《专利法》第三十五条规定，"发明专利申请自申请日起3年内，国务院专利行政部门可以根据申请人随时提出的请求，对其申请进行实质审查；申请人无正当理由逾期不请求实质审查的，该申请即被视为撤回。国务院专利行政部门认为必要的时候，可以自行对发明专利申请进行实质审查。"也就是说，发明专利的实质审查在一般情况下，是申请人主动提出实质审查，申请的时间是自申请之日起3年内，当然在申请公布之后提出。实质审查一般不能自动进入，因为申请人如果在自申请日起3年内不提出实质审查，3年期满该申请就不能得到实质审查，产生原申请被视为撤回的法律后果。只有在特殊情况下，即国务院专利行政部门认为必要的时候，可以自行对发明专利申请进行实质审查。并且要通知申请人。发明专利的申请人请求实质审查的时候，应当提交在申请日前与其发明有关的参考资料。发明专利已经在外国提出过申请的，国务院专利行政部门可以要求申请人在指定期限内提交该国为审查其申请进行检索的资料或者审查结果的资料；无正当理由逾期不提交的，该申请即被视为撤回。无论是主动进行的实质审查还是专利行政部门依职权进行的实质审查，都应按发明内容的类别，分别送给有关的审查员办理，知识产权法律审查员是通过较全面的世界性文献检索，判断申请专利的发明是否具有新颖性，然后鉴定发明的创造性和实用性。审查时主要包括以下内容：

（1）申请专利的发明是否符合《专利法实施细则》第二条第一款关于发明定义的规定。

（2）申请专利是否具备新颖性、创造性和实用性的条件。

（3）申请专利的发明是否违反国家法律、社会公德或者妨害公共利益，是否不属于取得专利的发明。

（4）说明书是否对发明做出清楚、完整的说明。说明书和权利要求书的撰写是否符合要求，是否提供了发明所需要的附图。

（5）发明专利申请是否违反了单一性原则。

（6）如果申请人对申请已经提出了修改或者分案申请，修改和分案申请的内容是否超出了原说明书和权利要求书记载的范围。

国务院专利行政部门对发明专利申请进行实质审查后，认为不符合本法规定的，应当通知申请人，要求其在指定的期限内陈述意见，或者对其申请进行修改；无正当理由逾期不答复的，该申请即被视为撤回。发明专利申请经申请人陈述意见或者进行修改后，国务院专利行政部门仍然认为不符合专利法规定的，应当予以驳回。

4．批准专利、登记发证和公告

专利在经过实质审查后，符合专利法的要求的，进入专利授权程序。我国《专利法》第三十九条规定："发明专利申请经实质审查没有发现驳回理由的，由国务院专利行政部门做出授予发明专利权的决定，发给发明专利证书，同时予以登记和公告。发明专利权自公告之日起生效。"国务院专利行政部门将在《发明专利公报》上刊登授予的专利权，以示公告。专利被授权以后，专利申请人就成为专利权人，取得相应的法律权利，有权自己实施和许可他人实施专利权，并有权禁止他人未经许可实施其专利的行为。

（二）实用新型和外观设计专利申请的审批程序

实用新型专利和外观设计专利的审查程序相对简单。专利行政部门在受理申请案后便进行初步审查。审查内容与发明专利的初步审查基本相同。对于符合要求的申请案授予专利权并予以公告。由于实用新型和外观设计专利申请的审查程序采用不审查制，专利的质量水平不高，在授权后，更容易被申请宣告无效，因此实用新型和外观设计专利的纠纷比发明专利要多。

（三）专利申请的复审

复审是指专利申请人对国务院专利行政部门的有关处理决定不服，向专利复审委员会提出重新审查的请求，专利复审委员会进行的重新审查。《专利法》第四十一条规定："国务院专利行政部门设立专利复审委员会。专利申请人对国务院专利行政部门驳回申请的决定不服的，可以自收到通知之日起 3 个月内，向专利复审委员会请求复审。"由此可见，修改后的《专利法》针对的是专利申请人对驳回申请的决定不服而做出复审决定。期限是申请人自收到通知之日起 3 个月内。设立专利复审的目的是给申请人一个申诉的机会，可以纠正国务院专利行政部门在审查过程中的工作失误。专利的复审会产生两种法律后果：一种是复审委员会认为申请人提出的复审理由成立，批准复审请求，撤销原决定。另一种是复审委员会认为复审理由不成立，因而维持原决定，驳回复审请求。无论是哪一种复审决定，专利复审委员会复审后，做出决定，都要书面通知专利申请人。

专利申请人对专利复审委员会的复审决定不服的，可以自收到通知之日起 3 个月内向人民法院起诉。在原《专利法》中，只规定了对有关发明专利的复审决定不服的，可以向人民法院起诉，而对实用新型和外观设计的复审决定是终局决定，不能向法院起诉。新《专利法》规定申请人无论对哪一种专利权的复审决定不服，都可以向法院起诉，从而赋予每一种专利申请人司法的最终救济权，与《TRIPS 协定》的规定相一致。

五、专利的国际申请

我国的单位或者个人对于自己的发明创造不仅可以申请获得本国专利法的保护，还可以通过一定的程序获得外国专利法的保护，也就是提出专利的国际申请，在外国获得专利权。我国政府于 1985 年 3 月 15 日正式加入了《巴黎公约》，又于 1994 年 1 月 1 日成为《专利合作条约》（PCT）的成员国，参与到世界专利保护的大家庭中，为我国的单位或者个人在外国申请专利创造了有利的条件。

（一）专利国际申请的依据

国际申请是依据《专利合作条约》（Patent Cooperation Treaty，PCT），是专利领域进行合作的一个国际性条约。其产生是为了解决就同一发明向多个国家申请专利时，如何减少申请人和各个专利局的重复劳动，在此背景下，于 1970 年 6 月在华盛顿签订，1978 年 1 月生效，同年 6 月实施。我国于 1994 年 1 月 1 日加入 PCT，同时中国国家知识产权局作为受理局、国际检索单位、国际初步审查单位，接受中国国民、居民提出的国际申请。截至 2007 年 3 月 1 日，已有 137 个国家加入了该条约。

（二）专利国际申请的方式

我国的单位或者个人向外国申请专利通常可以采用以下两种方式。

1. 直接向外国申请专利

首先，我国单位或者个人可以向《巴黎公约》的成员国提出专利申请，因为我国是《巴黎公约》的成员国，可以根据《巴黎公约》的规定向其他成员国申请专利，被申请的国家收到我国单位或者个人的专利申请后，将依照本国的专利法受理专利申请，决定是否授予专利权。其次，如果我国单位或者个人向非《巴黎公约》的成员国申请专利，可以根据我国同该国缔结的双边协定办理相应的手续；如果我国与被申请的国家没有双边协定，就只能看该国的专利法是否允许我国的单位或者个人申请专利了。

2. 向《专利合作协定》国际局提交国际申请

PCT 是由世界产权组织管理的一个专门性的国际条约，该条约对国际申请的受理和审查做出了统一的规定。在缔约国的范围内，申请人只要在一个国家提交一件国际申请，其效力相当于向申请中指定的其他国家同时提交了专利申请。国际申请程序分为"国际阶段"和"国内阶段"。因为我国专利行政部门既是 PCT 指定的国际申请受理单位，又是国际检索和国际初步审查单位，所以我国单位或者个人向他国申请专利十分方便。申请时，既可以使用中文，也可以使用英文。通过 PCT 提起的国际专利申请分为国际阶段与国家阶段。国际申请阶段，我国申请人可以以中文提交申请，在提出申请时必须指定此申请有效的国家（指定国）。国家阶段即为在国际申请日（或优先权日）起 20 个月内或 30 个月内，办理进入国家阶段的手续，与通过《巴黎公约》途径相比，PCT 申请可以将进入外国的时间推迟 8 个月或 18 个月，缴纳外国阶段的费用也相应推迟。很显然，其被审批的时间也会相应推迟。

需要注意的是，中国单位或者个人无论是直接向某国提出专利申请，还是通过 PCT 国际申请指定专利保护国，都必须履行一定的手续。我国《专利法》第二十条规定："中国单位或者个人将其在国内完成的发明创造向外国申请专利的，应当先向国务院专利行政部门申请专利，委托其指定的专利代理机构办理，并遵守本法第四条的规定。中国单位或者个人可以根据中华人民共和国参加的有关国际条约提出专利国际申请。申请人提出专利国际申请的，应当遵守前款规定。"

根据《专利法》的规定，首先，中国单位或者个人向外国提出专利申请的，无论是直接向某国提出专利申请，还是通过 PCT 国际申请指定专利保护国，都要先向国务院专利行政部门申请专利。这样可以先由国务院专利行政部门审查该申请是否符合国家对国家安全和国家重大利益保密的规定，以免给国家带来损失。然后，还必须委托国务院指定的专利代理机构代理，不得擅自委托专利代理机构。到目前为止，经国务院指定的涉外专利代理机构有：中国国际贸易促进委员会专利代理部、中国专利代理（香港）有限公司、上海专利事务所、永新专利商标代理有限公司、北京柳沈知识产权事务所、北京中信知识产权代理有限公司和中科知识产权代理有限公司等。这些机构彼此独立，申请人可以按照自己的意愿自由选择其中的一个办理涉外专利申请事务。最后，申请人应准备好相应的申请文件，这些申请文件包括：申请信息明细表（由代理机构提供样本，写明申请的项目、申请人信息、欲申请的国家及递交的期限等）；在先申请的相关材料（如果有）；与专利申请有关的现有技术资料（如果有）；由申请人签署的委托书或小企业声明等。在费用方面，通过《巴黎公约》途径直接申请国外专利，须在短时期准备充足的资金，一般为 5 万～ 6 万元人民币 / 国，用以支付国外官费、律师费和国内代理费、翻译费；通过 PCT 途径，须在申请时准备约 1.1 万元（申请人为个人）或 2.1 万元（申请人为法人）人民币，用以支付国际阶段的官费和代理费，在准备进入外国国家阶段时，再准备 5 万～ 6 万元人民币 / 国（一般为提交国际申请后 8 个月或 18 个月）。申请外国专利，最好于优先权期限到期前或指示递交前至少 1 个月提供指示函及原申请文件，以方便办理各种手续。

（三）专利国际申请文件的提交

申请文件应提交到中国国家知识产权局专利局 PCT 处，中国根据知识产权局作为受理局、国际检索单位、国际初步审查单位，接受中国国民提出的国际申请，各代办处不接收 PCT 申请。申请人可以通过邮寄、面交、传真等方式提出申请，2007 年 5 月 1 日起开始接收 PCT-SAFE 电子申请，国际申请日的确定以收到日为准。以传真方式提交时，应在传真之日起 14 天内将传真原件传送到中国国家知识产权局专利局 PCT 处。

（四）国际检索

每件国际申请都应经过国际检索。只要申请人按时缴纳了检索费，就会启动检索。只要是中国国家知识产权局受理的国际申请，国际检索就由中国国家知识产权局承担。国际检索的目标是努力发现相关的现有技术。经检索后，申请人将得到一份国际检索报告和一份书面意见。检索报告将列出相关的对比文献，书面意见则对请求保护的发明是否具有新颖性、创造性、工业实用性提出初步的、无约束力的意见。但是当发生以下情形之一时，中国国家知识产权局将宣布不制定国际检索报告：

（1）国际申请涉及规定不要求进行检索的主题。

（2）说明书、权利要求书或附图不符合要求，以至于无法进行有意义的检索。

（3）未在规定的期限内提交计算机可读性形式的序列表。

（五）国际公布

自优先权日起 18 个月，由世界知识产权组织负责完成国际公布。申请人也可以要求提前公布，如果要求提前公布，申请人可能需要向国际局缴纳特别的费用。

（六）启动国际初步审查

在期限内提交国际初步审查要求书。期限是自国际检索报告或宣布不制定国际检索报告的发文日起 3 个月，或自优先权日起 22 个月，以后到期为准。

（七）进入指定国并授权

申请人必须在自优先权日 30 个月（在某些国家可能是 20 个月）内办理进入指定国（或选定国）国家阶段的手续，进入国家阶段后，需要根据各国规定递交国际申请文件的译本（该国的官方语言）和缴纳规定的国家费用。然后由各国专利局按其专利法规规定对其进行审查，并决定是否授予专利权。

第二节　专利的保护与运用

一、专利运用的认识

专利运用是将专利技术转化为生产力并为企业产生经济效益的经营运作行为。对于企业来说，研发技术并取得专利权的目的是运用技术获得相应的经济利益，否则，即失去其应有的价值，也与《专利法》制定的初衷相违背。经过多年的努力，我国专利申请量呈爆发式增长趋势，在数量上已经成为世界专利大国，但转化能力差和实用性不足的弱点同样突出。虽然我们有大量的科研成果，但将科研成果转化为生产力的能力远远不能满足经济发展的需要。如何提高专利的运用能力是我国企业急需解决的重要课题，也是国家和全体专利相关从业者必须认真对待的课题。当下，越来越多的企业已经认识到，专利是企业竞争的"重武器"，欲抢占竞争的制高点，专利往往起着决定性作用，在一定意义上，是决定企业成败的关键。

二、专利运用的基本方法

（一）制定专利运用方案

根据企业的定位与目标，制定符合实际的专利运用方案，为企业发展的最终目标服务。现代企业竞争激烈，技术发展日新月异，高科技企业代表着未来的发展方向，任何企业都无法回避科技给企业带来的影响。为此，企业应围绕技术革新、产品升级换代、市场竞争优势、竞争策略以及经济效益等方面制定明确、清晰的专利运用方案，提升企业的市场核心竞争力，促进企业的生存与发展。

1. 规划专利体系布局

专利技术的保护范围有明确的界定，但任何技术都不是孤立存在的，同一领域的技术边界模糊，一项新技术的产生，除新技术本身被侵权模仿外，往往带来多项类似技术的开发，如果不做好防范性预案，就会将自己陷入被动的境地，甚至自己的核心技术被他人的边缘技术围剿、吞噬。所以，企业必须进行前瞻性布局，统筹规划，将多项核心技术申请基本专利，同时围绕基本专利再申请多项外围专利，建立本技术领域的专利网和核心技术的防护体系，使竞争对手无机可乘。

2. 结合商标保护

商标与专利是知识产权的两大重要组成部分，两者相互关联，密不可分，如果专利技术属于内在保护，商标则属于外在保护，商标具有显著的识别功能，更易为一般市场主体和社会公众所认可。将独具特色的专利注册为商标，必要时可注册为系列商标，不仅可以扩大专利的影响力，还会起到外在的保护作用。

3. 将专利与标准相结合

一项引领前沿的专利技术，可以为一个领域树立一项标准，如果能够以自己的专利技术为基础制定出行业标准，将巩固自己的领先地位，甚至还可以形成垄断，为本企业带来的利益将无法估量，将专利与标准相结合应成为企业追求的目标。

（二）做好专利运用基础性工作

基础性工作是专利运用的依据。没有基础性工作，就谈不到专利的运用，也无法取得好的效果。企业自身首先需要在法律的层面做好权利的认定，做好确权归属，确定自己是专利合法的主体，明确自己的专利权利，与他人权利无任何争议与纠纷。其次，需要对专利价值进行评估，测算专利的经济价值与实用价值，对专利的评估应从企业专利的目的出发，也就是专利对于提升企业的竞争力、对于市场竞争的优势确立、可能产生的经济效益等方面进行自我评价，决定对专利保护投入的精力与成本。同时，要对自己的专利进行适当的宣传，扩大其影响力，让公众知晓专利的价值，为后续的投资和交易打下良好的基础。

（三）与现代企业管理制度相结合

现代企业管理制度是企业运行的基础，是企业执行力的保障，也是专利运用实施的保障。好的现代企业管理制度可以明确企业各部门的职责分工，促进各部门在专利运营中实现密切配合，有机协作，保证专利运用在制度的约束下得到严格的贯彻实施，形成专利运用的合力，发挥专利的制度保障作用。

三、专利运用技巧

作为法律赋予的竞争武器，专利运用需要娴熟的技能，把握良好的时机，专利运用得好，可以获得巨额利润，在市场竞争中取得优势地位，取得良好的效果。相反，如果运用不好，不仅不能发挥专利的作用，还会陷入与他人无休止纠纷的境地。

（一）超前培育，抢占先机

由于专利的独占性特征，决定专利机关只能将一项专利技术授予一个专利权人，一个人就一项技术获得专利权后就排除了其他人获得的可能。要获得专利权必须抢占先机，企业在获得一项技术，决定生产产品前，必须先把有关产品的专利向专利局提出申请，以确保生产的产品获得知识产权保护，同时阻止他人仿制其产品，因此，专利运用必须培养超前的知识产权意识。

（二）掌握时机，广泛布局

专利权的获得是以发明创造的内容向全社会公开为前提的，并通过专利说明书与权利要求书所限定的技术特征或外观设计专利图片、照片作为其要求保护的范围，申请专利意味着获得国家法律保护的同时，也要将自己的技术公开。从专利信息中，完全可以窥知一个企业的技术信息。企业申请了专利，固然可以保护本企业的技术，占领技术市场，但同时也将企业的技术信息公之于众。因此，公开信息的时机非常重要，切不可把自己企业研究的核心技术信息过早暴露，要把握申请专利的最佳时机。另外，由于专利具有地域性，专利权是由各国授予的，因此除了对怎样提出适合的申请，要求专利保护哪些内容，如何确保申请成功等加以研究外，还要考虑在哪里提出专利申请。在需要的区域内通过专利获得市场份额或对竞争者产生阻碍作用来保持竞争优势。

（三）学法懂法，注意保密

我国专利权授予采用世界新颖性原则，一旦公开即因失去新颖性而无法获得专利权。在实际经营活动中，有的科研人员由于不懂法律规定，为追求时效性，往往自己在研究出成果后首先在出版物发表，然后单位才去申请专利，实际上是无偿地将一项很有价值的技术公开了，从而失去了专利申请的条件。在市场竞争中，企业的竞争对手会对相应技术领域的专利活动进行严密的监控，一旦有新技术研制出来，很快会获得信息。因此，为了维护自己的合法权益，在开发过程中必须建立适当的保密制度，以防自己辛苦研究的成果成为他人的技术。

第三节　专利成果的转化

一、出资

专利出资是指以专利技术成果作为资本进行投资与其他形式的财产相结合，按照法定程序组建企业的一种经营行为。专利是无形财产，而且属于高附加值的无形资产，为了鼓励科技创新，促进科技发展，以知识产权进行投资已得到《中华人民共和国公司法》（以下简称《公司法》）、《中华人民共和国合伙企业法》（以下简称《合伙企业法》）等法律法规明确肯定，为专利出资提供了法律依据。

（一）专利出资的条件

作为出资的专利，必须符合法律规定的条件。

1. 技术确定性

用于出资的专利必须是特定的现实技术，能够用于生产并在工业上制造出新产品。技术标的应当明确、具体，是成熟的、稳定的技术，能够为企业所掌握，不能仅仅是一种抽象的概念或者是一种无法应用的技术。

2. 权利合法性

出资人应是专利权人，用于出资的专利必须是事实上已经依法获得的专利权，没有权利瑕疵与争议，而且出资者对该专利依法享有完整的处分权。

3. 价值可评估性

专利的价值应是可以衡量的，用于出资的专利必须具有能够通过客观评价予以确认的具体价值，即可以用货币进行具体估价。如果无法通过客观评价确认具体价值，无法用货币进行具体估价，则该知识产权不能用于出资。

4. 权利可转让性

专利权可以转让，为了使公司股东能够履行出资义务，用于出资的知识产权应适合独立转让，即权利可以发生独立、完整的转移。

（二）专利出资的方式

1. 以转让所有权方式出资

将专利的所有权转让给公司所有，我国《商标法》和《专利法》都规定用商标或专利技术转让方式出资，应将特定商标或专利权整体完全转让。知识产权出资人如果以转让方式出资，必须承诺其作为出资的知识产权权利不足以产生误认、混淆或者其他不良影响，专利权人如果已将该知识产权许可他人使用，办理投资转让以前，须征得被许可人的同意，按照使用许可合同的规定，处理好善后事宜，不得因用知识产权投资而损害被许可人的利益。选择知识产权转让方式向公司出资，无论从理论上还是实际情况出发，都符合公司股东投资的规定，专利一旦"转让"就意味着永久性转移，归公司所有，公司对该知识产权便享有最终所有权，成为公司的资产，公司拥有最终处分权。

2. 以使用许可方式出资

专利权人采用使用许可的方式向其他企业出资，不转让专利的所有权，用作出资的专利权不发生全部权利的转移，受让人对该知识产权仅享有一定期限和一定范围的使用权。专利使用权作为专利权的一部分，可以用货币估价并转让，可以作为出资的方式。

（三）专利出资应注意的问题

1. 专利权利瑕疵的规避

知识产权的权利问题远比有形物权更为复杂，当事人必须谨慎应对，用专利技术出资应避免可能存在的合法性、完整性的法律风险。在确定权利的过程中，共同发明创造、职务技术成果、软件职务作品等极易产生权属争议，在没有明确界定的情况下会从根本上影响出资的成立，造成不必要的麻烦。为避免此类风险，除律师应进行尽职调查外，可以在投资协议或合同中写明："投资方保证，所投入的高新技术投资前是其独家拥有的技术成果，与之相关的各项财产权利是完全的、充分的并且没有任何瑕疵"，并约定相应的缔约过失责任。

2. 专利价值的正确评估

知识产权的评估价值关系到其市场应用及盈利价值，同时也关系到股权比例或控制权强度，所以依据客观、真实、全面的评估资料，选择科学合理的评估方法和专业评估机构是用专利出资不可忽略的问题。专利评估过程复杂，也没有一套完整的评估体系，不同的专利有不同的要求，需要根据特定目的，遵循公允、法定标准和规程，运用适当方法，对专利权进行确认、计价和报告，为专利投资提供应有的准确评价。在评估过程中，一般应注重以下因素：

（1）专利技术前期开发费用；

（2）与同类产品或技术相比的优势与不足；

（3）可能出现的市场风险；

（4）专利技术具有的市场潜力；

（5）后续开发费用的投入。

如果不能科学、客观和合理的评估，一旦评估失实或不当，技术出资方或接受出资方将承受不应有的损失。

3. 出资后专利的保护

由于专利的无形性，可以为多人所掌握，权利人用专利出资后，使用人合法地获得了所有权或使用权，必然产生专利技术受到损害的风险，受让关系人应承担保护专利的义务，不当的流转或者交易，将损害专利权人的利益，不利于专利权价值的维护和利用。在合作协议中，当事人如忽略或轻视技术成果的权属问题，或者约定含混、不明，容易导致争议发生，尤其是对技术开发方而言，造成知识产权保护的重大障碍。这种隐患将可能导致技术成果的组成部分被不正当的利用、泄露，或完整性缺失。为防止专利技术被擅自转让或许可，在投资合作协议或公司章程中应约定各方具有知识产权保密义务，以法律来约束转让方与受让方的行为。

二、专利融资

专利融资即专利资金的融通，是以专利为标的进行质押贷款、专利引资、技术入股、融资租赁等行为的总称。质押贷款是指企业或个人以合法拥有的专利权中的财产权经评估后作为质押物，向商业银行申请贷款融资的行为。专利引资指企业通过专利权吸引合作第三方投资，企业通过出让股权换取第三方资金，共同获利。技术入股是指拥有专利技术、专有技术的企业或者个人，通过知识产权的价值评估后，与拥有资金的第三方机构合作成立新公司的一种方式，使得拥有专利技术的企业或者个人获得企业股权，也指企业股东或者法人将自主拥有的专利，通过知识产权的价值评估后，转让到企业，从而增加其持有的股权。专利权融资租赁是承租方获得专利权的除所有权外的全部权利，包括各类使用权和排他的诉讼权。租赁期满，若专利权尚未超出其有效期，根据承租方与出租方的合同约定，确定专利权所有权的归属。知识产权的融资租赁在我国属于尚未开拓的全新融资方式。

为促进专利权融资，国家知识产权局于 2010 年 8 月颁布了《专利权质押登记办法》。山东省知识产权局联合省科技厅、省财政厅出台了《山东省小微企业知识产权质押融资项目管理办法》，对小微企业知识产权质押贷款项目，按照人民银行同期贷款基准利率的 60% 给予贴息，对企业因贷款产生的专利评估费用按 50% 的比例给予补助。这样，不仅规范了融资行为，而且有力地推动了融资活动的发展。国务院印发的《"十三五"国家知识产权保护和运用规划》提出"到 2020 年，年度知识产权质押融资金额达到 1800 亿元"。根据国家知识产权局的一组统计数据显示，2015 年山东省办理专利权质押融资 205 项，金额 80.26 亿元，继续保持快速发展的势头，连续两年居全国首位。知识产权金融服务使企业通过无形资产获得了资金来源，促进了企业创新活动的开展，对于中小企业的发展具有重要意义。

三、专利实施许可

专利实施许可是指专利技术所有人或其授权人许可他人在一定期限、一定地区、以一定方式实施其所拥有的专利，并向他人收取使用费用。专利实施许可仅转让专利技术的使用权利，并不转让专利的所有权，实施许可后转让方仍拥有专利的所有权，受让方只获得了专利技术实施的权利，并没有得到专利所有权。专利实施许可是以订立专利实施许可合同的方式许可被许可方在一定范围内使用其专利，并支付使用费的一种许可贸易。专利实施许可的作用是实现专利技术成果的转化、应用和推广，有利于科学技术进步和发展生产，从而促进社会经济的发展和进步。

（一）专利实施许可的种类

专利实施许可从不同的角度可以划分为不同的类型：

（1）按照实施期限可以分为短期实施许可和长期实施许可。短期实施许可为一年以内的实施许可，长期实施许可为许可期限一年以上的实施许可。

（2）按照实施地区分为全国范围内实施许可和在特定地区实施许可。允许被许可人在全国范围内实施的为全国实施许可，只允许被许可人在特定地域内实施的许可为特定地区实施许可。

（3）按照实施内容分为制造许可、使用许可、销售许可及制造、使用、销售全部许可。

（4）按照实施条件分为普通实施许可、排他实施许可、独占实施许可、分售实施许可和交叉实施许可。普通实施许可是指许可方许可被许可方在规定范围内使用专利，同时保留自己在该范围内使用该专利以及许可被许可方以外的他人实施该专利的许可方式。排他实施许可是指权利人与被允许使用人在合同中约定的时间和地域内，只有专利权人和被允许使用人有权使用该专利，其他任何人无权使用该专利。独占实施许可是指权利人与被允许使用人在合同中约定的时间和地域内，只允许被许可方实施该专利技术，其他任何人不得行使其专利技术。在这种情形下，专利权人在规定的时间和地域内亦丧失自己专利技术的使用权。分售实施许可是指专利权人和被允许使用人可以使用其专利，同时专利权人和被允许使用人都有权允许其他人使用其专利。交叉实施许可是指两个专利权人互相允许对方在约定的时间和地域、范围内实施自己的专利，换句话说，就是甲允许乙实施甲的专利，乙允许甲实施乙的专利。

（二）专利实施许可备案

根据国家知识产权局 2011 年 8 月 1 日生效的《专利实施许可合同备案办法》的规定，订立专利实施许可合同应向国家知识产权局备案，当事人应当自专利实施许可合同生效之日起 3 个月内办理备案手续。申请专利实施许可合同备案的，应当提交下列文件：

（1）许可人或者其委托的专利代理机构签字或者盖章的专利实施许可合同备案申请表；

（2）专利实施许可合同；

（3）双方当事人的身份证明；

（4）委托专利代理机构的，注明委托权限的委托书；

（5）其他需要提供的材料。

（三）专利实施许可合同的订立

专利实施许可合同是指专利权人、专利申请人或者其他权利人作为让与人，许可受让人在约定的范围内实施专利，受让人支付约定使用费所订立的合同。专利实施许可合同应当以书面形式订立。订立专利实施许可合同可以使用国家知识产权局统一制订的合同范本；采用其他合同文本的，应当符合《合同法》的规定。为保证当事人的合法权益，当事人订立的专利实施许可合同应当包括以下内容：

（1）当事人的姓名或者名称、地址；

（2）专利权项数以及每项专利权的名称、专利号、申请日、授权公告日；

（3）实施许可的种类和期限。

四、专利权转让

专利权转让是指专利权人作为转让方，将其发明创造专利的所有权或使用权转移受让方，受让方支付约定价款的行为。专利转让权一经生效，受让人取得专利权人地位，转让人丧失专利权人地位，专利权转让合同不影响转让方在合同成立前与他人订立专利实施许可合同的效力。除合同另有约定的以外，原专利实施许可合同所约定的权利义务由专利权受让方承担。另外，订立专利权转让合同前，转让方已实施专利的，除合同另有约定以外，合同成立后，转让方应当停止实施。根据专利法的规定，专利在申请过程中或取得专利权后都可以转让，专利权转让包括专利权转让和专利申请权转让。

（一）专利权转让需要办理的手续

专利法规定，转让专利申请权的，当事人必须订立书面合同，经专利局登记和公告后生效。书面形式和登记及公告是专利申请权转让合同生效的法定条件，未签订书面形式或未经专利局登记和公告的专利权转让合同不受法律保护。

1.需准备的材料

填写《专利权转让合同》和《著录项目变更申报书》。

2. 履行手续

（1）我国个人或单位（包括全民所有制和集体所有制单位）向外国转让专利申请权或专利权的，必须经国家专利管理机关批准；

（2）专利申请权或者专利权的转让人要与受让人共同签署一份书面的、符合专利法及有关法律的"转让合同"；

（3）必须到专利管理部门申请办理认定、登记手续；

（4）应向国家专利管理机关提交"转让合同"和"著录项目变更申报书"，同时缴纳费用。国家专利管理机关在《发明专利公报》上予以公告后，此项专利申请权或专利权的转让才正式生效。

3. 缴纳费用

交纳著录项目变更费（200元），应当自提出请求之日起一个月内缴纳。

（二）专利权转让的注意事项

当专利局审查后，会对审查结果做出通知。如果审核通过的话，专利局一般会在 2～6 个月内发专利转让合格通知书。并且可以在国家知识产权局专利库中查询到相关的变更结果。专利权转让需注意以下事项：

1. 合理确定专利价值

专利权的转让以专利的价值为基础，专利权人应避免盲目夸大专利价值，漫天要价。对于专利权的转让标底，应以能够成交为原则，否则很可能导致受让方无法接受而合作失败。

2. 慎重选择转让人，慎重签订合同

专利转让是一个法律过程，需履行特定的法律程序，权利人转让其专利权应委托相关专业人员（例如律师），进行相关操作，合同签订后即具有法律效力，权利人切勿自行随便签订合同，以免造成不必要的损失。

3. 注重专利的产业化实施

专利开发的目的，除了专利权人实现自己的价值，得到相应的利益外，更重要的是对社会、对生活有益处和贡献，一项具有一定技术含量和市场容量的专

利技术，在没有转化为社会生产力之前，只能是技术，因此实现产业化才是造福于社会和人类的最高标准。在某种程度上适当退让和调低一些标底，同样是很必要的，只有双方都有足够的诚意才能实现双赢，获得成功。

4.应采用书面形式

书面材料是处理纠纷的证据，尽可能做好转让过程中的记录，这对于后续问题以及收益分配都是很重要的，可以避免不必要的麻烦，在转让之前，不要轻易进行价值评估等操作，尤其是不要轻易根据对方要求进行此类操作，如果确实需要进行评估，尽量明确评估费用担负原则和担负比例、以免上当受骗，在没有完全完成转让手续前，不要轻易交付技术资料和相关图纸等具体信息。

第四节　专利法律保护案件处理实务操作

一、专利案件的处理途径

（一）协商解决

协商解决是指发生专利侵权案件以后，双方当事人直接进行磋商，以达成解决争议办法的处理方式。协商解决的好处是可以及时解决纠纷，不履行烦琐的法律程序即可尽快达成赔偿协议，同时当事人又不致因为纠纷伤了和气，是一种双赢的处理方式，如果能够通过协商解决的，当事人尽量通过协商解决。

（二）行政处理

当事人协商不成，可以向行政部门申请处理。管理专利工作的部门处理时，可以根据法律法规对侵权行为进行认定，侵权行为成立的，可以责令侵权人立即停止侵权行为，当事人不服的，可以自收到处理通知之日起15日内依照《中华人民共和国行政诉讼法》（以下简称《行政诉讼法》）向人民法院起诉；侵权人期满不起诉又不停止侵权行为的，管理专利工作的部门可以申请人民法院强制执行。进行处理的专利部门应当事人的请求，可以就侵犯专利权的赔偿数额进行调解；调解不成的，当事人可以依照《中华人民共和国民事诉讼法》（以下简称《民事诉讼法》）向人民法院起诉。

（三）诉讼

被侵权人认为他人侵犯其专利权，不愿协商解决或者协商解决不成的，可以侵权人为被告，依照《民事诉讼法》的规定，向法院提起民事诉讼。关于专利侵权纠纷民事案件的地域管辖，依照民事诉讼法的规定，应由侵权行为地或者被告所在地的人民法院管辖；关于专利侵权纠纷民事案件的级别管理，按照最高人民法院《关于适用〈中华人民共和国民事诉讼法〉若干问题的意见》及最高人民法院《关于审理专利纠纷案件适用法律问题的若干规定》的规定，专利权属纠纷案件，一般由省、自治区、直辖市人民政府所在地的中级人民法院、经济特区的中级人民法院和经最高人民法院同意的指定城市的中级人民法院作为第一审法院，最高人民法院各省、自治区、直辖市高级人民法院作为第二审法院。被侵权人可以依照法律及最高人民法院的有关司法解释向有管辖权的人民法院提起诉讼。

二、专利纠纷案件的行政处理

（一）申请处理的条件

向专利行政管理机构申请处理必须符合一定的条件：

（1）请求人是专利权人或者利害关系人；

（2）有明确的被请求人；

（3）有明确的请求事项和具体事实、理由；

（4）当事人之间无仲裁约定且未向人民法院起诉；

（5）属于知识产权局的受案范围和管辖。

（二）申请处理的程序

1. 提交请求书

（1）专利权人或者利害关系人（请求人）提出行政处理请求，应提交请求书正本 1 份，并按被请求人人数提交相应份数的副本；

（2）当事人（包括请求人和被请求人）是自然人的，应写明当事人的姓名、性别、年龄、籍贯、住址、邮政编码、联系电话及其他事项；是单位的，应写明单位名称、地址、邮政编码、联系电话、法定代表人或负责人的职务和姓名及其他事项；

（3）正文应写明请求事项，具体指明被控侵权行为的类型或被控侵权产品的名称、型号；

（4）应写明请求事实与理由，并附证据材料清单；

（5）正文部分应写明构成侵权的分析对比，也可以将"侵权分析对比"单独附页（查看分析对比示例）；

（6）请求书须由专利权人或者利害关系人署名或盖公章。

2. 提交证明当事人主体资格的证据材料

（1）请求人应提交证明其主体资格的材料。其中请求人是自然人的，应提交如居民身份证、户口本、护照、港澳同胞回乡证等证据的复印件；企业法人、个体工商户作为请求人的应提交营业执照、商业登记证等材料的复印件；事业单位应提交事业法人代码证；银行、非银行金融机构作为请求人的，还须提供其金融许可证；其他组织作为请求人的，还应当提供其依法设立的批准文书；请求人是外国人的，应当经所在国公证机关予以证明，并经中华人民共和国驻该国使领馆予以认证，或者履行中华人民共和国与该所在国订立的有关条约中规定的证明手续；

（2）具有请求权的利害关系人包括专利实施许可合同的被许可人、专利权的合法继承人；其中，独占实施许可合同的被许可人可以单独提出请求；排他实施许可合同的被许可人在专利权人不请求的情况下，可以单独提出请求；除许可合同另有约定外，普通实施许可合同的被许可人不能单独提出请求，上述利害关系人提出请求，亦应提交证明其主体资格的材料；

（3）转让专利申请权或专利权的，提供专利权登记和公告文件复印件；

（4）证明被请求人主体资格的材料如工商登记材料、营业执照、身份证、护照等证据的复印件；

（5）其他必需的证据材料。

3. 提交权利凭证

（1）专利证书复印件，近期《专利登记簿副本》复印件，专利年费交纳凭证复印件，并提供原件核对；

（2）由国务院专利行政部门做出的专利公告复印件（提供经专利机构检索的权利要求、说明书、附图及图片）；涉及实用新型专利或者外观设计专利的，专利权人或者利害关系人应当出具由国务院专利行政部门对相关实用新型或者外观设计进行检索、分析和评价后做出的专利权评价报告；

（3）利害关系人提出请求，应提交专利实施许可合同或其他证明其权利人身份的材料；

（4）其他必需的证据材料。

4. 提交侵权证据

（1）请求人应提交证明被请求人实施被控侵权行为的有关证明材料；

（2）涉及实用新型和外观设计的，最好提供被控侵权的产品实物，如果提供实物确有困难的，应当说明理由，并提供详细线索供行政机关取证；

（3）发明或者实用新型专利权的保护范围以其权利要求的内容为准。具体是指专利权的保护范围应当以其权利要求记载的技术特征所确定的范围为准，也包括与记载的技术特征相等同的特征所确定的范围；等同特征是指与记载的技术特征以基本相同的手段，实现基本相同的功能，达到基本相同的效果，并且所属领域的普通技术人员无须经过创造性劳动就能够联想到的特征；外观设计专利权的保护范围以表示在图片或者照片中的该产品的外观设计为准，简要说明可以用于解释图片或者照片所表示的该产品的外观设计；

（4）请求人提出他人侵犯其方法发明专利权的主张的，也要首先举证证明其享有专利权和被控侵权产品与使用其专利方法生产的产品相同，然后才能将举证责任倒置于被请求人，由被请求人证明其生产的产品使用的是什么方法；

（5）其他必需的证据材料。

5. 提交授权委托书

请求人可以委托 1 ～ 2 人作为代理人。委托他人作为代理人时，必须提交由委托人签名或者盖章的授权委托书，授权委托书必须记载委托事项和权限。代理人代为递交、接受法律文书；代为答辩、意见陈述；参加口头审理；参加调解；代为提出、变更、放弃处理请求等，必须有委托人的特别授权。受委托人为律师的，应提供律师执业证复印件及律师事务所致专利行政执法机关函。请求人是外国人的，授权委托书应按照我国法律的规定办理公证、认证或其他证明手续。

6. 对证据材料的基本要求

（1）当事人应客观、全面地提供证据，不得伪造、毁灭证据；证据材料分为书证、物证、证人证言、视听资料、当事人陈述、鉴定结论、勘验笔录；

（2）书证与物证均应提交原件、原物，提交原件、原物确有困难的，可以提交复印（制）件、照片、副本、节录本，但应与原件、原物核对无异。证人证言须附证人身份证明材料；

（3）提交外文书证必须附公证机关或其他有关部门翻译的中文译本；

（4）提交录音证据的同时，应提交相应的文字记录稿；

（5）提交物证的同时，应提交能充分反映该物证证明内容的照片；

（6）请求人提出请求时除提供原件外，还应按被请求人人数提供相应套数的证据复印件，每套附证据材料清单。

7. 外国请求人提交的证明材料需按规定办理公证、认证手续

依法需要办理公证、认证等证明手续的材料种类主要是：

（1）请求人提交用于认定其主体资格的国籍身份、资格证件，包括护照、居民身份证、法人资格证明、法定代表人（代表人）身份证明书等复印件；

（2）授权委托书；

（3）合议组认为需要办理证明手续作为认定案件事实的主要证据材料，一般包括境外的证人证言、当事人的案情陈述、书证（如合同书等）、国外有关政府机关登记的文件；

（4）其他在境外产生的证据材料；

（5）上述材料需验原件，所交材料不齐者不予立案。

（三）行政处罚

根据《专利法》第六十三条规定："假冒专利的，除依法承担民事责任外，

由管理专利工作的部门责令改正并予公告，没收违法所得，可以并处违法所得四倍以下的罚款；没有违法所得的，可以处二十万元以下的罚款；构成犯罪的，依法追究刑事责任。"

三、专利案件诉讼程序

（一）可以向人民法院起诉的专利案件

（1）专利申请权纠纷案件；

（2）专利权权属纠纷案件；

（3）专利权、专利申请权转让合同纠纷案件；

（4）侵犯专利权纠纷案件；

（5）假冒他人专利纠纷案件；

（6）发明专利申请公布后、专利权授予前使用费纠纷案件；

（7）职务发明创造发明人、设计人奖励、报酬纠纷案件；

（8）诉前申请停止侵权、财产保全案件；

（9）发明人、设计人资格纠纷案件；

（10）不服专利复审委员会维持驳回申请复审决定案件；

（11）不服专利复审委员会专利权无效宣告请求决定案件；

（12）不服国务院专利行政部门实施强制许可决定案件；

（13）不服国务院专利行政部门实施强制许可使用费裁决案件；

（14）不服国务院专利行政部门行政复议决定案件；

（15）不服管理专利工作的部门行政决定案件；

（16）其他专利纠纷案件。

当事人对专利复审委员会于 2001 年 7 月 1 日以前做出关于实用新型、外观设计专利权撤销请求复审决定不服向人民法院起诉的，人民法院不予受理。 当事人对专利复审委员会于 2001 年 7 月 1 日以后作出关于维持驳回实用新型、外观设计专利申请的复审决定，或者关于实用新型、外观设计专利权无效宣告请求的决定不服向人民法院起诉的，人民法院应当受理。

（二）专利案件的管辖

1. 级别管辖

专利纠纷第一审案件，由各省、自治区、直辖市人民政府所在地的中级人民法院和最高人民法院指定的中级人民法院管辖。 最高人民法院根据实际情况，可以指定基层人民法院管辖第一审专利纠纷案件。 根据最高人民法院《关于印发基层人民法院管辖第一审知识产权民事案件标准的通知》的规定，基层人民法院审理的知识产权案件不同于一般民事案件，只在全国范围内选择了几家基层人民法院有权处理，做了特殊的规定（见表6-1）。

表 6-1　基层人民法院管辖第一审知识产权民事案件标准

地区	基层人民法院		管辖第一审知识产权民事案件的标准
北京市	东城区人民法院		诉讼标的额在500万元以下的第一审一般知识产权民事案件以及诉讼标的额在500万元以上1000万元以下且当事人住所地在北京市高级人民法院辖区的第一审一般知识产权民事案件
	西城区人民法院		
	朝阳区人民法院		
	海淀区人民法院		
	丰台区人民法院		
	石景山区人民法院		
	昌平区人民法院		
天津市	和平区人民法院		诉讼标的额在100万元以下的第一审一般知识产权民事案件
	经济技术开发区人民法院		诉讼标的额在50万元以下的第一审一般知识产权民事案件
辽宁省	大连市	西岗区人民法院	诉讼标的额在500万元以下的第一审一般知识产权民事案件
上海市	浦东新区人民法院		诉讼标的额在200万元以下的第一审一般知识产权民事案件
	卢湾区人民法院		
	杨浦区人民法院		
	黄浦区人民法院		

续表

地区	基层人民法院		管辖第一审知识产权民事案件的标准
江苏省	南京市	玄武区人民法院	诉讼标的额在200万元以下的第一审一般知识产权民事案件
		鼓楼区人民法院	
		江宁区人民法院	
	苏州市	虎丘区人民法院	
		昆山市人民法院	
		太仓市人民法院	
		常熟市人民法院	
		工业园区人民法院	
	无锡市	滨湖区人民法院	
		江阴市人民法院	
		宜兴市人民法院	
	常州市	武进区人民法院	诉讼标的额在100万元以下的第一审一般知识产权民事案件
		天宁区人民法院	
		常州高新技术产业开发区人民法院	
	镇江市	镇江经济开发区人民法院	
	南通市	通州区人民法院	
浙江省	杭州市	西湖区人民法院	诉讼标的额在500万元以下的第一审一般知识产权民事案件（义乌市人民法院同时管辖诉讼标的额在500万元以下的第一审实用新型和外观设计专利纠纷案件）
		滨江区人民法院	
		余杭区人民法院	
		萧山区人民法院	
	宁波市	北仑区人民法院	
		鄞州区人民法院	
		余姚市人民法院	
		慈溪市人民法院	
	温州市	鹿城区人民法院	
		瓯海区人民法院	
		乐清市人民法院	
		瑞安市人民法院	
	嘉兴市	南湖区人民法院	
		海宁市人民法院	
	绍兴市	绍兴县人民法院	
	金华市	婺城区人民法院	
		义乌市人民法院	
	台州市	玉环县人民法院	

续表

地区	基层人民法院		管辖第一审知识产权民事案件的标准
安徽省	合肥市	高新技术产业开发区人民法院	诉讼标的额在 5 万元以下的第一审一般知识产权民事案件
福建省	福州市	鼓楼区人民法院	诉讼标的额在 50 万元以下的第一审一般知识产权民事案件
	厦门市	思明区人民法院	
	泉州市	晋江市人民法院	
江西省	南昌市	南昌高新技术产业开发区人民法院	诉讼标的额在 100 万元以下的第一审一般知识产权民事案件
		南昌经济技术开发区人民法院	
山东省	济南市	历下区人民法院	诉讼标的额在 50 万元以下的第一审一般知识产权民事案件以及诉讼标的额在 50 万元以上 100 万元以下且当事人住所地均在其所属中级人民法院辖区的第一审一般知识产权民事案件
	青岛市	市南区人民法院	
湖北省	武汉市	江岸区人民法院	诉讼标的额在 300 万元以下的第一审一般知识产权民事案件以及诉讼标的额在 300 万元以上 800 万元以下且当事人住所地均在武汉市中级人民法院辖区的第一审一般知识产权民事案件
湖南省	长沙市	天心区人民法院	诉讼标的额在 300 万元以下的第一审一般知识产权民事案件
		岳麓区人民法院	
	株洲市	天元区人民法院	
广东省	广州市	越秀区人民法院	诉讼标的额在 200 万元以下的第一审一般知识产权民事案件
		海珠区人民法院	
		天河区人民法院	
		白云区人民法院	
		黄埔区人民法院	
		南沙区人民法院	
	深圳市	罗湖区人民法院	
		福田区人民法院	
		南山区人民法院	
		盐田区人民法院	
		龙岗区人民法院	
		宝安区人民法院	
	佛山市	南海区人民法院	
		禅城区人民法院	
		顺德区人民法院	
	汕头市	龙湖区人民法院	

续表

地区	基层人民法院		管辖第一审知识产权民事案件的标准
广东省	江门市	蓬江区人民法院	诉讼标的额在200万元以下的第一审一般知识产权民事案件
		新会区人民法院	
	东莞市	东莞市第一人民法院	
	中山市	中山市人民法院	
广西壮族自治区	南宁市	青秀区人民法院	诉讼标的额在80万元以下的第一审一般知识产权民事案件以及诉讼标的额在80万元以上150万元以下且当事人住所地均在南宁市中级人民法院辖区的第一审一般知识产权民事案件
四川省	成都市	高新区人民法院	诉讼标的额在50万元以下的第一审一般知识产权民事案件
		武侯区人民法院	
		锦江区人民法院	
重庆市	渝中区人民法院		诉讼标的额在300万元以下的第一审一般知识产权民事案件
	沙坪坝区人民法院		
甘肃省	兰州市	城关区人民法院	诉讼标的额在30万元以下的第一审一般知识产权民事案件
	天水市	秦州区人民法院	
新疆生产建设兵团	农十二师	乌鲁木齐垦区人民法院	诉讼标的额在100万元以下的第一审一般知识产权民事案件以及诉讼标的额在100万元以上300万元以下且当事人住所地均在农十二师中级人民法院辖区的第一审一般知识产权民事案件
	农六师	五家渠市人民法院	诉讼标的额在100万元以下的第一审一般知识产权民事案件以及诉讼标的额在100万元以上200万元以下且当事人住所地均在农六师中级人民法院辖区的第一审一般知识产权民事案件

2. 地域管辖

因侵犯专利权行为提起的诉讼，由侵权行为地或者被告住所地人民法院管辖。原告仅对侵权产品制造者提起诉讼，未起诉销售者，侵权产品制造地与销售地不一致的，制造地人民法院有管辖权；以制造者与销售者为共同被告起诉的，销售地人民法院有管辖权。销售者是制造者分支机构，原告在销售地起诉侵权产品制造者制造、销售行为的，销售地人民法院有管辖权。侵权行为地包括：被诉侵犯发明、实用新型专利权的产品的制造、使用、许诺销售、销售、进口等行为的实施地；专利方法使用行为的实施地，依照该专利方法直接获得的产品的使用、许诺销售、销售、进口等行为的实施地；外观设计专利产品的制造、许诺销售、销售、进口等行为的实施地；假冒他人专利的行为实施地。上述侵权行为的侵权结果发生地。

3. 二审管辖的特别规定

不同于一般民事纠纷案件，针对专利案件的特殊性，为激励和保护科技创新，统一和规范裁判尺度，促进有关知识产权案件审理专门化、管辖集中化、程序集约化和人员专业化，2018 年 10 月 26 日召开的第十三届全国人大常委会第六次会议表决通过了最高人民法院提请审议的《关于专利等案件诉讼程序若干问题的决定》（以下简称《决定》），统一审理全国范围内专业技术性较强的专利等上诉案件，当事人对发明专利、实用新型专利、植物新品种、集成电路布图设计、技术秘密、计算机软件、垄断等专业技术性较强的知识产权民事案件第一审判决、裁定不服，提起上诉的，由最高人民法院审理。当事人对专利、植物新品种、集成电路布图设计、技术秘密、计算机软件、垄断等专业技术性较强的知识产权行政案件第一审判决、裁定不服，提起上诉的，由最高人民法院审理。

（三）专利案件的财产保全

人民法院对专利权进行财产保全，应当向国务院专利行政部门发出协助执行通知书，载明要求协助执行的事项，以及对专利权保全的期限，并附人民法院裁定书。对专利权保全的期限一次不得超过六个月，自国务院专利行政部门收到协助执行通知书之日起计算。如果仍然需要对该专利权继续采取保全措施的，人民法院应当在保全期限届满前向国务院专利行政部门另行送达继续保全的协助执行通知书。保全期限届满前未送达的，视为自动解除对该专利权的财产保全。人民法院对出质的专利权可以采取财产保全措施，质权人的优先受偿权不受保全措施的影响；专利权人与被许可人已经签订的独占实施许可合同，不影响人民法院对该专利权进行财产保全。人民法院对已经进行保全的专利权，不得重复进行保全。

（四）专利赔偿数额的确定

1. 按照被侵权受到的实际损失计算

侵犯专利权的赔偿数额按照权利人因被侵权所受到的实际损失确定，权利人因被侵权所受到的实际损失可以根据专利权人的专利产品因侵权所造成销售量减少的总数乘以每件专利产品的合理利润所得之积计算。权利人销售量减少的总数难以确定的，侵权产品在市场上销售的总数乘以每件专利产品的合理利润所得之积可以视为权利人因被侵权所受到的实际损失。

2. 按照侵权人侵权所获得的利润计算

根据专利法规定，实际损失难以确定的，可以按照侵权人因侵权所获得的利益确定。侵权人因侵权所获得的利益可以根据该侵权产品在市场上销售的总数乘以每件侵权产品的合理利润所得之积计算。侵权人因侵权所获得的利益一般按照侵权人的营业利润计算，对于完全以侵权为业的侵权人，可以按照销售利润计算。

3. 人民法院根据具体情况确定

权利人的损失或者侵权人获得的利益难以确定，有专利许可使用费可以参照的，人民法院可以根据专利权的类型、侵权行为的性质和情节、专利许可的性质、范围、时间等因素，参照该专利许可使用费的倍数合理确定赔偿数额；没有专利许可使用费可以参照或者专利许可使用费明显不合理的，人民法院可以根据专利权的类型、侵权行为的性质和情节等因素，确定给予一万元以上一百万元以下的赔偿。权利人主张其为制止侵权行为所支付合理开支的，人民法院可以在《专利法》第六十五条确定的赔偿数额之外另行计算。

（五）专利案件的诉讼时效

侵犯专利权的诉讼时效为二年，自专利权人或者利害关系人知道或者应当知道侵权行为之日起计算。权利人超过二年起诉的，如果侵权行为在起诉时仍在继续，在该项专利权有效期内，人民法院应当判决被告停止侵权行为，侵权损害赔偿数额应当自权利人向人民法院起诉之日起向前推算二年计算。需要说明的是，2017 年 3 月 15 日第十二届全国人民代表大会第五次会议通过的《民法总则》第一百八十八条规定："向人民法院请求保护民事权利的诉讼时效期间为三年。法律另有规定的，依照其规定。诉讼时效期间自权利人知道或者应当知道权利受到损害以及义务人之日起计算。法律另有规定的，依照其规定。但是自权利受到损害之日起超过二十年的，人民法院不予保护；有特殊情况的，人民法院可以根据权利人的申请决定延长。"民法总则作为基本法，专利法属于特别法，为保持法律的一致性，也为维护专利权人的权利，专利法应尽快修改。

第五节 专利典型案件应用示例

示例一 华为公司专利战略应用范例

一、华为公司专利实施概况

2016 年 3 月 17 日世界知识产权组织发布公报，在企业专利排名方面，华为公司以 3898 件连续第二年位居榜首。从华为公司官方公布数据来看，华为公司专利研发投入累积超过 380 亿美元，华为公司在中国、德国、瑞典、俄罗斯及印度等多地设立了 16 个研发中心，36 个联合创新中心，员工总数超过 17 万人。华为公司全球累计专利授权 50377 件。通过坚持不懈的研发投入和强大的专利布局，华为公司与业界主要厂商和专利权人签署了数十份知识产权交叉许可协议。[①]

二、华为公司专利实施成效

（一）统筹规划 强大自身

华为公司一直高度重视知识产权的保护，堪称知识产权保护的典范。在我国提出建设创新型国家的目标和国家知识产权战略时，华为公司就顺势在自主研发的基础上不断形成"发展拥有自主知识产权的世界领先的电子和信息技术支撑体系"的企业基本目标。 不仅专门设立知识产权保护部门，组织知识产权保护队伍（1995 年，当我国的知识产权战略处于萌芽阶段时，华为公司已经成立了企业专门的知识产权部门），而且制定统一的规划与制度，采取正确的方法，将

---

① 国家专利局网站，2017 年 1 月 22 日登录。

知识产权保护作为企业经营的重要组成部分。一是在核心领域不断积累自身知识产权，并进行全球专利布局，以保持参与市场竞争所必需的知识产权能力；二是积极参与国际标准的制定，推动自有技术方案纳入标准，积累基本专利；三是始终以开放的态度学习、遵守和运用国际知识产权规则，按照国际通行的规则来处理知识产权事务。同时，以积极友好的态度，通过协商谈判、产品合作、合资合作等多种途径解决知识产权问题，使自己在学习运用知识产权的过程中变得强大。

（二）积极应战　勇于维权

通信领域的知识产权竞争几乎是短兵相接，刺刀见红。以苹果公司、三星电子等为代表的国际巨头利用自己领先的技术和建立起来的专利体系，高筑起专利城墙保护自身利益，经常利用专利侵权诉讼阻碍中国 IT 企业的国际化发展，动辄对中国的企业提起侵权诉讼，面对外国企业的诉讼，中国的相关企业大多选择了回避的方式，任由其为所欲为，不得不按照对方的要求，或承担赔偿责任或退出已有的市场。而华为选择了不同的处理方式，在和国际巨头的知识产权纠纷中，并不是自甘示弱，而是据理力争，展现出了一家企业应有的维权勇气和坚定立场。在 2010 年与摩托罗拉公司的纠纷中，面对摩托罗拉公司的起诉，华为公司坚决应诉，并选择向美国法院提起诉讼来维权，最后以华为公司的获胜而告终。不仅维护了自己的利益，也给我国 IT 企业应对国际侵权纠纷树立了榜样。

（三）科学管理　终获成功

经过多年的积淀和努力，华为公司已经成为世界上最具竞争力的企业之一，并获得无数荣誉和同行的认可。2010 年，华为公司超越了诺基亚公司、西门子公司和阿尔卡特朗讯公司，成为全球仅次于爱立信公司的第二大通信设备制造商。2011 年 6 月，华为公司获国际标准组织 IEEE 2009 年度杰出公司贡献奖。2012 年 2 月 26 日，在巴塞罗那 2012 年 WMC2012 展会上，华为公司发布了第一款搭载自研的四核心移动中央处理器 K3V2 的手机"Ascend D quad"，该处理器由华为公司旗下子公司海思研发，打破了高通公司、德州仪器 TI 公司以及 nvidia 对手机 CPU 的垄断。2013 年，消费电子业务发展迅速，华为公司手机销量已跃升至全球第三位，仅次于苹果公司和三星电子。2016 年企业专利申请排名方面，华为公司以 3898 件连续第二年位居榜首。2015 年，华为公司向苹果公司许可专利 769 件，苹果公司向华为公司支付专利费约一亿元。2016 年 6 月 8 日，《2016 年 BrandZ 全球最具价值品牌百强榜》公布，华为公司排名上升 20 个位次，至第 50 位。2016 年 8 月，全国工商联发布"2016 中国民营企业 500 强"榜单，华为公司以 3950.09 亿元的年营业收入成为 500 强榜首。华为公司靠有组织有规划的专利战略，正确的专利处理方法，恰当的应对措施，在防范竞争对手侵犯的同时，维护了自己的权益，保障了企业的快速发展。

三、经典战例——华为公司诉三星电子案

（一）华为公司系列专利诉讼案概况

2016 年 5 月，华为公司在美国加州北区法院和深圳中级人民法院提起对三星电子的知识产权诉讼。7 月初又在福建泉州中级人民法院起诉三星电子，同样也索赔 8050 万元。同时，华为公司又向广州知识产权法院起诉，广州知识产权法院受理此案后，惠州电子三星公司、三星电子中国公司在提交答辩状期间均对该案管辖权提出异议，认为案件应移送至北京知识产权法院审理。案件最终经广东省高级人民法院裁定由广州知识产权法院审理。华为公司向广州知识产权法院起诉称，华为公司是 ZL201010166490.4 号发明专利的专利权人。华为公司在广东省广州市越秀区从广东龙粤通信设备集团有限公司购买了惠州三星电子公司生产的型号为 SM-G9200（GalaxyS6）和 SM-A8000（GalaxyA8）的三星手机，发现三星电子中国公司在中国三星电子官网展示了包括 SM-G9200（GalaxyS6）、SM-A8000（GalaxyA8）在内的一系列手机并提供了相关的购买链接和渠道。华为公司称：经过分析，华为公司认为前述手机属于 ZL201010166490.4 号发明专利权的保护范围，惠州三星电子公司未经许可，以生产经营为目的大量制造、使用、销售被诉侵权产品，而另一被告三星电子中国公司以生产经营为目的许诺销售、销售被诉侵权产品，侵犯了原告华为公司的专利权，应当承担相应的法律责任。请求法院判令惠州三星电子公司立即停止制造、使用、销售侵犯原告 ZL201010166490.4 号发明专利权的产品的行为；三星电子中国公司立即停止许诺销售、销售侵犯原告 ZL201010166490.4 号发明专利权的产品的行为。

（二）华为公司专利诉讼经验总结与借鉴

华为公司与三星电子的专利之争终究是案件事实与法律适用的权衡。华为公司在中国指控三星电子未经授权在手机中使用其 4G 蜂窝通信技术、操作系统以及用户界面软件等专利；在美国，华为公司在诉讼请求中提出，三星电子公司未经其授权，在其 Galaxy S、Note 系列以及 Tab 系列等数十种产品中大量使用华为公司 UMTS 和 LTE 专利标准技术，涉嫌侵犯华为公司包括专利号 US8369278 在内的 11 项专利。这一系列的做法为其他企业利用专利维权树立了榜样。

1. 缜密筹划明确目标

在正确的思想指导下，华为公司利用知识产权诉讼的目的非常明确。为了争夺市场的领先地位和新兴市场的市场份额，专利之争不可避免，专利大战是必须使用的手段。通过专利诉讼的方式成为华为公司挑战三星电子、苹果公司和楔入美国市场的"一石二鸟"战略选择，堪称运用专利权抢占先机，取得国际市场认可，进军国际市场的经典战例。

2. 转变观念主动出击

与传统思维模式不同，华为公司改变了我国绝大多数企业在面对国外同行业攻击时被动防御的消极做法，从在海外市场被动应对知识产权诉讼成长为能在国内外熟练运用自身的知识产权战略的历程，值得我国其他已经进军和准备进军以知识产权为核心竞争力的海外市场的企业学习和借鉴。知识产权战略的构建离不开企业版权、专利、商标等策略的谋划与实施，同样更离不开各项知识产权的综合运用以及知识产权战略的灵活运营，在必要的时候选择主动出击，不仅可以给对手一定的打击，还可以树立自己良好的形象，使自己立于不败之地。

3. 运用法律规则营造发展环境

专利之战在一定程度上是法律之战，在与同行的国际巨头诉讼的过程中，华为公司积累了丰富的经验，不仅熟练掌握了运用国内外的知识产权法律法规和国际规则，对自己的原始创新成果进行知识产权保护，而且对他人的知识产权成果采用许可使用、支付使用费的方式来获得使用权，严格按照法律规则办事，保证了企业有一个和平发展的外在环境，以实现企业的市场计划和更高目标。这已经成了华为公司独特的立足国际竞争市场、进军海外市场的知识产权商业模式。

示例二 搜狗公司与百度公司的输入法专利战

一、案件概况

2015 年 10 月，搜狗公司曾以 17 件输入法专利的专利权被侵犯为由，将百度公司诉至法院。总计 2.6 亿元的索赔额刷新了当年我国专利诉讼索赔额的纪录。2016 年，两家公司在输入法产品上再次短兵相接。2016 年下半年，百度公司向北京知识产权法院提起诉讼，称搜狗公司旗下搜狗拼音输入法、搜狗手机输入法软件侵犯了百度公司的 10 件专利权，要求搜狗公司赔偿经济损失共计 1 亿元。据了解，百度公司此次提起侵权诉讼的 10 件专利均是输入法领域的发明专利，技术内容涉及表情输入、词库联想、个性化设置同步、输入修改等。其中一件名为"一种用于供用户进行中英文混合输入的方法与设备"（专利号：ZL201010187267.8）的专利，应用范围较广。

对于此次诉讼，搜狗公司相关负责人出示了国家知识产权局专利复审委员会（下称专利复审委员会）不久前做出的一份审查决定，在 17 件涉案专利中，专利复审委员会已针对 12 件专利做出审查决定，其中，5 件专利的专利权被维持全部有效、3 件专利的专利权被维持部分有效。据悉，搜狗公司于 2015 年提起专利诉讼后，百度公司随后就涉及的 17 件专利向专利复审委员会提起无效宣告请求。专利复审委员会经公开审理，于 2016 年做出上述审查决定。其中，第 4W104265 号无效宣告请求案受到广泛关注。该案涉及的是"一种向应用程序输入艺术字 / 图形的方法及系统"（专利号：ZL200610127154.2）发明专利权，是百度公司与搜狗公司之间的系列专利无效案之一，搜狗公司曾向百度公司就该专利索赔 1 亿元。随后，专利复审委员会做出涉案专利的专利权部分无效的决定。

二、启示

（一）专利是竞争的利器

搜狗公司和百度公司的输入法之争只是表面现象，其实是为了抢占互联网入口，获得更多的利益。互联网企业不同于一般的其他企业，其可以通过分析用户输入的字符，收集用户信息和个性化需求，为企业向用户定向推送产品和服务提供准确依据，谁占领了输入法的核心领域，谁就抢占了市场竞争的制高点。但输入法企业如何将技术优势尽快转化为市场竞争力，专利布局将起到至关重要的作用。换句话说，谁在专利布局方面占得先机，谁就有可能在今后的市场竞争中掌握主动权。

（二）专利质量是获胜的决定因素

专利质量的重要性在百度公司与搜狗公司的专利博弈中得到了集中体现。在国家知识产权局专利复审委员会就搜狗公司、百度公司专利诉讼中涉及的 17 件专利做出的审查决定中，5 件专利维持全部有效，3 件专利维持部分有效。可以看出，企业提出专利申请固然要迅速及时，但同时也要保证专利质量，否则急于求成而不注重质量，难免埋下隐患；同时，企业面对专利侵权指控时要冷静分析，积极应对，特别是在面对旗鼓相当的竞争对手时尤其要注重利用法律规则，不可意气用事。在针锋相对的同时，转变思路，采取专利交叉许可等合作思路，同样可以维护企业利益，还可能获得共赢。

（三）创新是企业立足的根本

搜狗公司与百度公司的专利之争，反映出在互联网行业中专利竞争观念已经深入人心。围绕输入法，搜狗公司和百度公司已经数次在法庭上交锋，互为原告和被告，各自陈述自己的主张和理由，从双方围绕输入法提交的专利申请来看，都属于输入法方案中的关键环节或者核心技术，反映出双方研发部门对技术方案的深刻思考和法务部门对专利布局的精准观察。搜狗诉百度所涉及的 17 件输入法专利，涉及互联网词库、智能组词等技术以及文字 / 图形输入、图片 / 表情输入等深受用户喜爱的实用功能。百度公司起诉搜狗公司所涉及的 10 件专利，涉及用户输入时常用的表情输入、词库联想、个性化设置同步、输入修改等方面，不管最终的结果如何，都促进了互联网行业的创新，决定胜负的关键还是企业的创新能力。

示例三 北京握奇数据系统有限公司诉恒宝股份有限公司侵犯 U 盾专利权纠纷案

一、案情简介

原告北京握奇数据系统有限公司（以下简称握奇公司）成立于 1994 年 11 月 18 日，经营范围包括开发、生产计算机软件、硬件；开发智能仪器、仪表、网络安全设备、应用系统，计算机系统集成等。应用于金融领域的智能密码钥匙产品，即 USBKey，是该公司的主要产品之一。被告恒宝股份有限公司（以下简称恒宝公司）成立于 1996 年 9 月 24 日，经营范围包括制图纸、IC 卡读写机具、电子信息设备及产品、办公自动化设备及产品的开发、制造，承接各类信息系统集成工程及技术服务等。USBKey 产品是该公司的主要产品之一。

2015 年 2 月原告握奇公司诉称，该公司系从事计算机软、硬件和智能仪器开发、生产的企业，应用于金融领域的智能密码钥匙产品（即 USBKey）是该公司的主要产品之一。原告握奇公司对 ZL200510105502.1 "一种物理认证方法及一种电子装置"发明专利享有专利权，它也是本案诉讼的权利依据。被告恒宝公司主要从事 IC 卡读写机具、电子信息设备的开发、制造，智能密码钥匙产品也是该公司的主要产品之一。原告握奇公司发现，被告恒宝公司制造、销售的多款 USBKey 产品落入了原告专利权利要求的保护范围，构成侵权产品，同时，被告恒宝公司使用该被诉侵权产品进行网上银行转账交易涉及的物理认证方法还落入了专利权利要求的保护范围，又构成方法侵权。被告恒宝公司的上述行为已构成对原告握奇公司专利权的侵犯，且给原告握奇公司造成了巨大经济损失，故提起诉讼，请求：①判令被告恒宝公司停止制造、销售、许诺销售上述被控侵权产品，并停止使用被控侵权方法；②判令被告恒宝公司赔偿原告握奇公司经济损失 4900 万元，以及因诉讼支出的合理费用 100 万元。

被告恒宝公司辩称，原告握奇公司未能证明涉案专利权的保护范围。被控侵权产品与涉案专利产品技术方案既不相同也不等同；被告使用被诉侵权产品在网上银行转账交易过程中使用的物理认证方法也与涉案专利方法不同；现有证据不能证明被控侵权产品及方法落入了涉案专利权的保护范围。被告恒宝公司不构成侵权，原告握奇公司提出的赔偿请求没有依据。请求驳回原告握奇公司的诉讼请求。

二、裁判结果

北京知识产权法院依照《中华人民共和国侵权责任法》（以下简称《侵权责任法》）第二条、第十五条第（一）、（六）项，《专利法》第十一条第一款、第五十九条第一款、第六十五条第一款之规定，判决如下：

（1）被告恒宝股份有限公司于本判决生效之日起，立即停止实施侵犯原告北京握奇数据系统有限公司第 ZL200510105502.1 号"一种物理认证方法及一种电子装置"发明专利权的涉案行为；

（2）被告恒宝股份有限公司于本判决生效之日起三十日内，就其涉案侵权行为赔偿原告北京握奇数据系统有限公司经济损失四千九百万元；

（3）被告恒宝股份有限公司于本判决生效之日起三十日内，赔偿原告北京握奇数据系统有限公司诉讼合理支出一百万元。

如果未按本判决指定的期间履行给付金钱义务，应当依照《民事诉讼法》第二百五十三条之规定，加倍支付迟延履行期间的债务利息。

案件财产保全费五千元，由被告恒宝股份有限公司负担（于本判决生效之日起七日内交纳）。案件受理费二十九万一千八百元，由被告恒宝股份有限公司负担（于本判决生效之日起七日内交纳）。

三、案件焦点

（一）如何认定专利侵权

被告使用的被诉侵权方法是否落入了原告涉案专利权利要求的保护范围；被告制造、销售的被诉侵权产品是否落入了涉案专利权利要求的保护范围；经过法院查明，被告的产品落入了原告的权利范围，所以，被告的行为构成对原告专利权的侵犯。

（二）如何计算原告受到的实际损失

在法院已查清被告向相关银行销售侵权产品的实际数量，并对原告提出的每件专利产品合理利润予以认定的前提下，可以根据该侵权产品的实际销售总数乘以每件专利产品的合理利润所得之积的方法计算原告因被侵权所受到的实际损失。

（三）被告拒不提供侵权证据如何认定获利数额

在法院已确认被告向其他银行销售侵权产品但无法查清实际数量，且被告持有能证明该数量的相关证据的情况下，法院裁定被告提交相关证据，被告无正当理由拒不提供。原告主张被告持有相关证据但拒绝提供，其内容不利于被告，法院应该据此推定原告有关该部分侵权行为获利数额的主张成立。

（四）原告的律师费及维权费用能否由被告承担

原告提供的律师事务所计时收费方式能否作为诉讼合理开支中律师费的计算依据。对于原告主张的律师费数额是否合理，应根据哪些因素进行认定。

四、法理解析

（一）认定被告恒宝公司是否侵权的法律依据

我国《专利法》第十一条第一款规定，发明专利权被授予后，除本法另有规定的以外，任何单位或者个人未经专利权人许可，都不得实施其专利，即不得为生产经营目的制造、使用、许诺销售、销售、进口其专利产品，或者使用其专利方法以及使用、许诺销售、销售、进口依照该专利方法直接获得的产品。

最高人民法院颁布的《关于审理侵犯专利权纠纷案件应用法律若干问题的解释》第七条规定，人民法院判定被诉侵权技术方案是否落入专利权的保护范围，应当审查权利人主张的权利要求所记载的全部技术特征。被诉侵权技术方案包含与权利要求记载的全部技术特征相同或者等同的技术特征的，人民法院应当认定其落入专利权的保护范围；被诉侵权技术方案的技术特征与权利要求记载的全部技术特征相比，缺少权利要求记载的一个以上的技术特征，或者有一个以上技术特征不相同也不等同的，人民法院应当认定其没有落入专利权的保护范围。

（二）涉案专利权保护范围的确定

我国《专利法》第五十九条第一款规定，发明专利权的保护范围以其权利要求的内容为准，说明书及附图可以用于解释权利要求的内容。专利权的保护范围应当以权利要求记载的全部技术特征所确定的范围为准，也包括与该技术特征相等同的特征所确定的范围。

本案中，原告握奇公司指控被告恒宝公司使用被诉侵权产品进行网上银行转账交易涉及的物理认证方法落入了权利要求的保护范围，故应以权利要求记载的全部技术特征确定专利权的保护范围。被诉侵权方法使用的技术方案包含与权利要求记载的全部技术特征相同的技术特征，落入了权利要求的保护范围。

（三）侵权法律责任的承担

鉴于被告恒宝公司未经许可，使用被诉侵权产品进行网上银行转账交易的物理认证方法的技术方案落入了涉案专利权利要求的保护范围，以及其制造、销售的被诉侵权产品使用的技术方案落入了涉案专利权利要求的保护范围，故被告恒宝公司使用涉案专利方法的行为、制造和销售涉案专利产品的行为违反了我国《专利法》第十一条第一款的规定，构成对原告握奇公司专利权的侵犯。根据我国侵权责任法第二条、第十五条的规定，侵害包括专利权在内的民事权益，应当依法承担侵权责任。承担侵权责任的方式包括停止侵权、赔偿损失等。

（四）侵权损害赔偿数额的确定

根据我国《专利法》第六十五条第一款的规定，侵犯专利权的赔偿数额可以适用权利人实际损失、侵权人获利、专利许可使用费的倍数以及法定赔偿等计算方法予以确定。根据最高人民法院颁布的《关于审理专利纠纷案件适用法律问题的若干规定》第二十条第一款的规定，专利法中所述权利人因被侵权所受到的实际损失可以根据专利权人的专利产品因侵权所造成销售量减少的总数乘以每件专利产品的合理利润所得之积计算。权利人销售量减少的总数难以确定的，侵权产品在市场上销售的总数乘以每件专利产品的合理利润所得之积可以视为权利人因被侵权所受到的实际损失。根据上述规定，对侵犯专利权的赔偿数额，当事人可选择具体计算方法。本案中，原告握奇公司主张采用以被诉侵权产品的实际销售数量乘以每件专利产品合理利润的方法计算侵权赔偿数额符合法律规定，可以以此确定其因侵权行为受到的实际损失。我国《民事诉讼法》第六十四条第一款规定，当事人对自己提出的主张，有责任提供证据。最高人民法院颁布的《关于民事诉讼证据的若干规定》第二条规定，当事人对自己提出的诉讼请求所依据的事实或者反驳对方诉讼请求所依据的事实有责任提供证据加以证明。第七十五条规定，有证据证明一方当事人持有证据无正当理由拒不提供，如果对方当事人主张该证据的内容不利于证据持有人，可以推定该主张成立。由于被控侵权产品的销售数量及盈利情况掌握在被告手中，法院以证据保全裁定的方式责令被告恒宝公司提交相关财务账册、财务凭证、涉案交易合同，其中应包括被告向渤海银行、浙江农村信用社（合作银行）和湖北银行三家银行销售被诉侵权产品的相关证据，并在开庭审理过程中再次要求被告恒宝公司提供上述证据，且明确告知如其持有相关证据，无正当理由拒不提供，法院应按照最高人民法院颁布的《关于民事诉讼证据的若干规定》第七十五条的规定进行处理。现被告恒宝公司无正当理由拒绝提供，法院应当依照上述司法解释的规定，在原告主张被告持有相关证据但拒绝提供，其内容不利于被告时，推定原告的主张成立。

（五）为制止侵权费用的承担

根据我国《专利法》第六十五条第一款的规定，侵犯专利权的赔偿数额还应当包括权利人为制止侵权行为所支付的合理开支，其中包括律师费。本案中，原告主张的律师费是以计时的方式收取，计时收费标准是目前律师行业普遍采取的收费方式之一，该方式可以作为律师费的计算标准，但应当根据案件代理的必要性、案件难易程度、律师的实际付出等因素确定原告律师费支出是否合理。最高人民法院颁布的《关于审理专利纠纷案件适用法律问题的若干规定》（2014 年修正）第二十二条规定，权利人主张其为制止侵权行为所支付合理开支的，人民法院可以在《专利法》第六十五条确定的赔偿数额之外另行计算。原告握奇公司提出的律师费和公证费赔偿属于合理支出的范畴，原告握奇公司已向其委托的律师事务所实际支付了部分律师费，实际损失已经发生，其余部分未支付系因为本案尚未审结，但应属客观的、必然要发生的费用，对于原告握奇公司而言，应归于实际损失之列。

第七章

商标法律实务

第一节 商标的设计实务

一、商标设计的基本要求

商标是商品或服务的标志，一个好的商标对于一个企业至关重要，不仅可以起到良好的宣传效果，迅速为市场所接受，赢得社会公众的喜爱，而且还可以提升企业的形象，增加商品或服务的附加值，为企业带来不可估量的利益。如何制作出一个在品牌上能够传播企业文化，与企业产品有机结合，体现企业追求，易于为大众接受以及能够准确诠释企业的内在精神的商标是企业必须认真对待的课题。现实的问题是，在商标注册数量越来越多的情况下，大多数企业往往存在"短平快"的思想，一方面在竭力寻找与他人不同，还没有被他人注册过的商标，另一方面将自己的商标简单化，无法使自己的商标具有丰富的内涵。实际上，企业在设计自己的商标时，应注意以下问题。

（一）商标应体现企业产品或服务的寓意与内涵

商标的寓意是运用图形或事物的象征性含义间接地表现标志的内在含义以及特点。商标设计元素应符合商标法规定，既可以运用相应的文字、图形等要素直白地表达其内涵，也可以利用不同的事物来象征不同的行业领域的设计，将商标与企业自身或者企业产品有机地结合在一起，充分发挥商标的宣传标示作用。

（二）突出独创，避免与已有商标类似

商标的本质在于便于识别，商标法规定相同或类似商标涉嫌侵犯他人商标权，在申请的过程中也会因与他人商标重复而失败，模仿或部分模仿他人商标，将会使自身的商标独创性淡化。任何企图"搭便车"的行为都会将企业自身置于不利的地位，甚至会招致无法估量的风险，应尽量避免。

（三）繁简适中便于识别

我国《商标法》第九条第一款明确规定："申请注册的商标，应当有显著特征，便于识别，并不得与他人在先取得的合法权利相冲突。"商标设计既要充分考虑易于识别和记忆，又要注意文字或图形过于简单，而失去显著特征。要与商标指定商品或服务项目相联系，使人联想到商品或服务特点，把商标构思的立意充分体现出来。

（四）综合权衡要具有整体性

商标作为一个整体标志要有最基本的整体性和统一性，在视觉上不能太过分散，元素相互之间要有联系和协调感，要给人以整体、统一的感觉，各个元素之间不能单独分开，更不能轻易被其他元素干扰。

二、商标设计的法定元素

《商标法》第八条规定："任何能够将自然人、法人或者其他组织的商品与他人的商品区别开的标志，包括文字、图形、字母、数字、三维标志、颜色组合和声音等，以及上述要素的组合，均可以作为商标申请注册。"根据商标法的规定，商标设计包括以下几项法定元素。

（一）文字

我国的汉语言文字有很多象形文字，文字可以直接表达丰富含义，使用文字做商标既可以利用文字的含义表达其蕴涵的意思，也可以使用文字的变化组成的图形，获得良好的视觉感。

（二）图形

图形具有良好的直观形象，可以丰富人们的想象空间，给人以美好的享受，但使用图形做商标的不利因素在于不能直接表达真实的含义，因此，很少有企业单独使用图形作商标。同时，使用图形作商标还须注意不同国家的禁忌，如日本人把菊花视为皇家的象征，不接受以菊花的文字和图形作为注册商标；而拉丁美洲国家则将菊花视为妖花，也不允许采用菊花图形的商标注册；澳大利亚禁忌用兔的图形作商标；西方国家禁用黑猫的图形作商标；印度以及阿拉伯国家禁用猪的图形作商标；伊斯兰教国家对违反伊斯兰教传统和教义的标志都不准用于商标，使用英语和英属国家禁用大象的图形作商标等，都需要特别注意，尤其对于有出口业务的企业，必须避免使用禁忌的图形做商标。

（三）字母

字母商标是指用拼音文字或注音符号的最小书写单位，包括拼音文字、外文字母如英文字母、拉丁字母等所构成的商标。字母商标可以由缩写、字头或者无含义的字母组合乃至单个字母组成，但要具有商标的特性，就必须结合特殊的字体或颜色，或者提供具备获得显著性的证据，否则不能得到商标保护。

（四）数字

数字作为商标的构成要素也是2001年《商标法》的新规定。构成商标的数字，既可以是阿拉伯数字也可以是中文大写数字。一般来说，单个数字由于缺乏显著性，所以在世界上大多数采取审查制度的国家都是不能注册的。因此，必须有两个以上的数字进行一定的组合构成特定的标志才可以用做数字商标。

（五）三维标志

三维标志是利用人们视觉差别和光学折射原理在一个平面内使人们可直接看到的一幅三维立体画面构成的商标。随着高科技的迅速发展，三维标志在实际生活中被广泛使用，在互联网等特定领域，运用光影、虚实、明暗对比来体现特定的标志，已经成为众多商家愿意使用的商标。

（六）颜色

商标的颜色对于商标来说具有不可忽视的意义。颜色一般不能独立作为商标构成的要素。但是颜色是商标整体的一部分，是一种商标区别于他种商标的重要标志之一。商标在注册后如需变更颜色，则视为变更商标图形，必须重新申请注册。由于商标色彩对提高广告宣传效率有重要意义，许多驰名商标在注册时对颜色都做了指定。

（七）声音

声音具有较强的识别性，优美的声音可以产生愉悦的效果，为公众所接受，但其载体往往有特殊的要求，我国《商标法》虽然规定了声音可以作为商标的要素，但在实践中使用不多。

三、禁止使用的商标

我国《商标法》第十条规定，下列标志不得作为商标使用：

（1）同中华人民共和国的国家名称、国旗、国徽、国歌、军旗、军徽、军歌、勋章等相同或者近似的，以及同中央国家机关的名称、标志、所在地特定地点的名称或者标志性建筑物的名称、图形相同的；

（2）同外国的国家名称、国旗、国徽、军旗等相同或者近似的，但经该国政府同意的除外；

（3）同政府间国际组织的名称、旗帜、徽记等相同或者近似的，但经该组织同意或者不易误导公众的除外；

（4）与表明实施控制、予以保证的官方标志、检验印记相同或者近似的，但经授权的除外；

（5）同"红十字""红新月"的名称、标志相同或者近似的；

（6）带有民族歧视性的；

（7）带有欺骗性，容易使公众对商品的质量等特点或者产地产生误认的；

（8）有害于社会主义道德风尚或者有其他不良影响的。

县级以上行政区划的地名或者公众知晓的外国地名，不得作为商标。但是，地名具有其他含义或者作为集体商标、证明商标组成部分的除外；已经注册的使用地名的商标继续有效。

第二节　商标注册实务

一、商标代理

商标代理是代理人在代理权限内以被代理人的名义从事商标事务的法律行为，其代理后果由被代理人承受的法律制度。商标权的取得需要经过特定的法律程序，而商标体系庞杂，内容琐细，且在不断更新变化，商标注册具有极强的专业性，需要专门知识和长期实践经验才能准确地把握和判别。企业由于缺少对于商标知识全面了解的人才，很难靠自身力量完成此项任务，因此，企业申请注册商标通常委托代理机构进行。国家工商行政管理局于 1999 年 12 月制定并颁布了新的《商标代理管理办法》。该办法于 2000 年 1 月 1 日起实施后，中国商标代理行业已向社会全面开放，只要符合相应条件，都可以设立商标代理机构。商标代理组织可以接受委托人委托，办理下列代理业务：

（1）代理商标注册申请、变更、续展、转让、异议、撤销、评审、侵权投诉等有关事项；

（2）提供商标法律咨询，担任商标法律顾问；

（3）代理其他有关商标事务。

二、商标注册流程

（一）申请材料的准备

办理提供商标注册证明申请的，应提交以下书件：

（1）提供 1 件注册商标的注册证明，提交提供商标注册证明申请书 1 份；

（2）直接到商标注册大厅办理的，提交申请人营业执照复印件并加盖单位公章，《商标注册证》复印件、经办人的身份证复印件；委托商标代理机构办理的，提交商标代理委托书。

（二）商标查询

商标查询是指商标注册申请人或其代理人在提出注册申请前，对其申请的商标是否与在先权利商标有无相同或近似的查询工作。

（三）商标审查

商标审查分为形式审查和实质审查两种。

1. 商标形式审查

形式审查是指商标局根据《商标法》《商标法实施条例》及其他有关的规章，对商标注册申请的形式要件合法性进行审核的行为。商标申请人提出申请以后，商标行政部门要对以下内容进行审查：

（1）审查商标申请人的申请主体资格和商标申请的程序；

（2）审查商标申请所申报的商标数量，根据一件商标一类商品 / 服务一份申请的原则，审查该申请是否符合一份申请书只在一类商品 / 服务项目上申报了一件商标。凡在一份申请书上申报了两件以上的商标名称或图形，均不予以受理；

（3）审查有关商标申请书的填写是否正确和符合规定，应提交的书件、商标图样是否齐备并符合要求，代理手续是否完备，申请注册费用是否交纳等；

（4）申请注册集体商标或者证明商标的，未附送主体资格证明文件或者商标使用管理规则等文件的，则由商标局予以退回，申请日期不保留；

（5）申请地理标志的如果没有指定商标种类为集体商标或者证明商标的，即使附送了资格证明和商标使用管理规则等文件，商标局将按照普通商标来对待。

凡申请手续符合规定，提交的书件资料齐备并按照规定填写商标注册申请书的，商标局发给商标注册申请《注册申请受理通知书》，并进入下一阶段的审查过程——实质性审查。申请手续不齐备、未按照规定填写申请文件或者未缴纳费用的，商标局不予受理，书面通知申请人并说明理由。申请手续基本齐备或者申请文件基本符合规定，但是需要补正的，商标局通知申请人予以补正，其自收到通知之日起 30 日内，按照指定内容补正并交回商标局。在规定期限内补正并交回商标局的，保留申请日期；期满未补正的或者不按照要求进行补正的，商标局不予受理并书面通知申请人。

2. 商标实质审查

商标实质审查是商标注册主管机关对商标注册申请是否合乎商标法的规定所进行的检查，包括资料检索、分析对比、调查研究并决定给予初步审定或驳回申请等一系列活动。商标注册中的实质审查是决定申请人的商标能否授予专用权的关键。对商标注册申请的实质审查从五个方面进行：

（1）商标是否具备法定构成要素；

（2）商标是否违反了禁用条款，即审查申请注册的商标是否违反我国《商标法》第十条、第十一条、第十二条、第十三条和第十六条规定的商标禁用条款和其他法律法规规定的不能作为商标注册或者使用的情况；

（3）审查商标是否符合我国《商标法》第九条中规定的：申请注册的商标应当具有显著特征；

（4）审查商标是否与他人注册在先或者初步审定在先并公告过的商标相同或者近似；是否侵犯他人合法的在先权利；

（5）审查商标是否与他人已经失效但没有超过一年期限的商标相同或者近似。

（四）初审公告

商标的审定是指商标注册申请经审查后，对符合《商标法》有关规定的，做出允许其注册的决定，并在《商标公告》中予以公告。三个月内没有人提出异议或提出异议经裁定不成立的，该商标即注册生效，发放注册证。

（五）商标注册证的领取

1. 领取途径

直接办理的，当事人须到商标注册大厅领取商标注册证。

委托代理机构的，商标局将商标注册证发给代理机构，当事人到代理机构领取。

2. 直接到商标注册大厅领取所需材料

申请人为法人或者其他组织的，须提交以下材料：

（1）《领取商标注册证通知书》；未收到的，须提交申请人盖章或签字确认的主体资格证明文件（营业执照副本、身份证等）复印件，并提供商标注册号及公告期；

（2）申请人单位出具的介绍信；

（3）领取人的身份证及其复印件（原件经比对后退还）；

（4）申请人名称已变更的，须提交登记机关出具的名称变更证明原件；

（5）商标已办理转让的，应提交商标局核准转让商标证明。

申请人为自然人的，须提交以下材料：

（1）《领取商标注册证通知书》；未收到《领取商标注册证通知书》的，应提供商标注册号及公告期；

（2）申请人身份证及其复印件（原件经比对后退还）；

（3）委托他人领取的，须提交申请人身份证及其复印件、委托书以及领取人的身份证及其复印件（原件经比对后退还）；

（4）商标已办理转让的，应提交商标局核准转让商标证明。

第三节　商标的合理使用

一、商标使用的含义

商标的使用是指以经营为目的，将商标用于商品、商品包装或者容器上；用于服务或者与服务有关的标准上；用于商品或者服务交易文书上；或者将商标用于商品或者服务的广告宣传、展览以及其他商业活动中，足以使相关公众认为区别该商品或者服务来源的标志的实际使用。

（1）商标的使用方式多样，既可以直接附于商品之上，也可以用于广告宣传、展览及其他商业活动；

（2）商标的使用可以分为商标的实际使用和商标的法律使用。商标的实际使用，是指在经营活动中将商标用于商品、商品包装或商品交易文书上的行为，它是通常意义上的商标使用行为；商标的法律使用，是指注册商标的权利人使其已经注册的商标达到法定"使用"标准的行为。

（3）完全以出口为目的，在本国内将商标附着于商品或者其包装物、包裹物上，也视为该商标在本国内的使用。

二、注册商标使用的法律规定

注册商标是指经国家知识产权商标局依法定程序核准享有商标专用权的商标。注册商标的使用是商标注册人按照法律规定使用自己注册商标的行为。商标使用既是商标权人的权利，也是商标权人的义务，为防止商标权人不正当地使用注册商标，滥用商标权，对国家及公众利益造成损害，《商标法》对注册商标的使用作了明确规定。

（一）使用注册商标应当标明注册标记

《商标法》第九条规定：商标注册人有权标明注册商标或者注册标记，既可以在商品上标明，也可以在商品的包装上及说明书上以及其他附着物上标明。标明注册标记对商标权人有巨大的经济利益，可利用商标宣传自己的企业，树立品牌信誉，使消费者熟悉自己的商标和商品，占领较大的市场份额，提高竞争力。同时，告知公众该标记已注册，受法律保护，警示他人不要误用，以免造成侵权。商标与企业信誉密切相连，标明注册标记能够促使企业保证商品质量。商标主管机关应当检查经营者是否正确使用注册标记，对使用不当的予以纠正和处理。

（二）注册商标的使用应当符合核定的使用范围

依照《商标法》规定，注册商标只能在一类商品上使用，需要在不同种类的其他商品上使用的，应当另行提出申请，否则将会导致注册商标被撤销。因此注册人不能擅自扩大注册商标的使用范围。

（三）注册人不得擅自改变注册商标图样

注册商标所使用的文字、图形、字母等都是经国家知识产权局商标局核准的，不能擅自改动、增减。若要改变应重新提出申请，否则将导致被撤销。

（四）不得连续 3 年停止使用注册商标

商标注册后长期闲置不使用，不仅是对有限商标资源的浪费，也影响他人正常使用。若出现这种情况，任何人都可以向商标局提出申请，商标局根据申请可以撤销长期闲置不用的商标。

（五）监督、检查注册商标所使用商品的质量

若使用注册商标的商品质量粗制滥造，以次充好，欺骗消费者，应由市场监督管理部门责令限期改正，并可予以通报或处以罚款，或由商标局撤销其注册商标。

（六）不得自行转让注册商标

商标权虽是民事权利，但是经由法定程序注册取得，因此，如果权利人转让注册商标必须按照法定程序办理，未按法定程序办理的，转让行为不发生法律效力。我国《商标法》规定，转让注册商标必须经国家商标局核准公告，才发生转让的效力，受让人自公告日起享有商标权。因此，擅自转让商标的行为无效，并且可能导致注册商标被撤销。另外，不生效的转让行为，在受让人遭遇侵权后，无法以自己的名义主张权利，得不到应得的赔偿。转让人还可能因为未使用注册商标承担被撤销的法律后果。

（七）加强对已注销或被撤销的注册商标的管理

注销和撤销都是商标管理的重要内容，注销和撤销都产生商标权终止的法律后果，原商标所有人丧失商标权，不能再使用注册商标，也不能再使用注册标记。否则，将构成冒充注册商标罪。此外，为了不产生消费者误认的后果，对于注销或撤销后 1 年内申请与原商标相同或相近似商标，不予核准。

三、未注册商标使用的法律规定

未注册商标不产生商标专用权，不受商标法保护，与注册商标具有不同的

法律地位。在我国，未注册商标允许使用是出于有利于发展经济的角度来考虑。对于一些生产不稳定、产品尚未定型、处于试用期的商品，允许其商标不注册可以投放市场。由于我国原则上实行自愿注册制度，所以，商标是否注册由生产经营者自愿选择（除必须注册的个别商品外），因此，一般而言对于未注册商标法律是不予干涉的，但在特殊情形下也会发生法律责任承担的问题。允许未注册商标使用，并不意味着未注册商标不受法律的约束和行政机关的管理，实际上商标法对未注册商标作严格管理的规定，其目的是保护注册商标专用权、维护消费者利益，规范商标秩序。

（一）不得冒充注册商标

冒充注册商标是指在未注册商标的商品上作注册标记或在超出注册商标核准范围的商品上使用注册商标或在商标权终止后使用注册商标。商标未经注册，使用人却向公众标示该商标已经注册，在未注册商标的标识上加注"注册商标"字样或加注 ® 注册标记，或者在商品、商品包装、说明书或者其他附着物上标明"注册商标"或者注册标记，都是违法行为，应承担相应的法律责任。

（二）不得违反《商标法》禁止性规定

《商标法》第十条规定了不得作为商标使用的标记，也包括未注册商标不得使用的禁用标志。未注册商标应遵守法律的规定，未注册商标同中华人民共和国的国家名称、国旗、国徽、国歌、军旗、军徽、军歌、勋章等相同或者近似的，以及同中央国家机关的名称、标志、所在地特定地点的名称或者标志性建筑物的名称、图形相同的法律禁止的文字、图形等，不得随意使用。

（三）商品不得粗制滥造，以次充好，欺骗消费者

使用未注册商标，有违法行为的，由地方市场监督管理部门予以制止，限期改正，并可以予以通报或者处以罚款。若当事人对罚款决定不服的，可自收到通知之日起 15 日内向人民法院起诉，期满不起诉又不履行的，由有关市场监督管理机关申请人民法院强制执行。需要明确的是，《商标法》对未注册商标进行管理的同时，还应对未注册商标进行法律保护。若他人对未注册商标造成损害的，并且该商标所使用的商品或服务为知名商品或服务，商标所有人可依《反不

正当竞争法》获得保护，而不能以《商标法》获得保护，因此商标所有人如果要获得《商标法》的充分保护，就应积极向商标局申请商标注册，取得注册商标专有权。

第四节　商标侵权案件的处理实务

一、商标侵权行为

（一）商标侵权行为的概念

商标侵权行为，是指未经商标权人许可，在同一种商品、服务或类似商品、服务上使用与其注册商标相同或近似的商标，有可能引起消费者混淆商品及服务来源的行为以及法律认定的与之相关的其他行为。由商标权的内容可知，商标权的"专用权"范围小于"禁止权"范围，也就是说，商标权人有权"禁止"的他人行为的范围大于商标权人本人"专有性使用"的范围。具体来说，商标权人的权利范围仅限于"核准注册的商标和核定使用的商品"，但是商标权人有权禁止他人混淆行为的范围还包括"类似商品"和"近似商标"。这是考虑到在类似商品上使用与他人近似的商标同样有可能引起消费者的混淆而做的法律规定。

（二）商标侵权行为的种类

我国《商标法》第五十七条对商标侵权行为作了明确界定。具体说来，商标侵权行为可分为以下几类：

1. 使用侵权行为

使用侵权行为，是指未经商标注册人的许可，在同一种商品或者类似商品上使用与其注册商标相同或者近似的商标的行为。它是商标使用过程中发生的侵权行为，也是司法实践中最普遍的一种侵权行为。具体说来，这种侵权行为又可细分为以下四种：

（1）在同一种商品或服务上直接使用与他人注册商标相同的商标；

（2）在同一种商品或服务上使用与他人注册商标相近似的商标；

（3）在类似商品或服务上使用与他人注册商标相同的商标；

（4）在类似商品或服务上使用与他人注册商标相近似的商标。

第（1）种行为被称为假冒行为，其余三种行为被称为仿冒行为。关于商标的相同和近似问题，最高人民法院《关于审理商标民事纠纷案件适用法律若干问题的解释》第九条明确规定："商标法第五十二条第一项规定的商标相同，是指被控侵权的商标与原告的注册商标相比较，二者在视觉上基本无差别。商标法第五十二条第一项规定的商标近似，是指被控侵权的商标与原告的注册商标相比较，其文字的字形、读音、含义或者图形的构图及颜色，或者其各要素组合后的整体结构相似，或者其立体形状、颜色组合近似，易使相关公众对商品的来源产生误认或者认为其来源与原告注册商标的商品有特定的联系。"

2. 销售侵权行为

销售侵权行为，是指销售侵犯注册商标专用权的商品的行为。需要注意的是，只要行为人客观上销售了侵犯注册商标专用权的商品，不管主观上有无过错都应该"停止销售"，但是是否需要"赔偿损失"则必须进一步考虑行为人的主观因素。对此问题《商标法》第六十条明确规定："销售不知道是侵犯注册商标专用权的商品，能证明该商品是自己合法取得的并说明提供者的，不承担赔偿责任。"可见对于销售侵权行为，根据行为人的主观状态不同可能分别承担不同的责任形式。

3. 标识侵权行为

标识侵权行为，是指伪造、擅自制造他人注册商标标识或销售伪造、擅自制造的注册商标标识的行为。这里的"伪造"，是指不经他人许可而仿照他人注册商标的图样及物质实体制造出与该注册商标标识相同商标标识。所谓"擅自制造"，是指未经他人许可在商标印制合同规定的印数之外，又私自加印商标标识的行为。

4. 反向假冒侵权行为

反向假冒侵权行为又称为产品替代行为，是指未经商标注册人同意，更换其注册商标并将该更换商标的商品投入市场的行为。我国《商标法》第五十六条也将此行为定性为商标侵权行为。

5. 故意为侵犯他人商标专用权行为提供便利条件，帮助他人实施侵犯商标专用权的行为

这种行为是指故意为侵犯他人注册商标专用权的行为提供诸如仓储、运输、邮寄、隐匿等方面的条件，从而帮助他人完成实施侵犯商标专用权的行为。

6. 其他侵权行为

这是一项兜底性条款，是指上述 5 类行为以外的其他侵犯注册商标专用权的行为。

最高人民法院《关于审理商标民事纠纷案件适用法律若干问题的解释》进一步对该项做了扩大解释：属于商标法规定的给他人注册商标专用权造成其他损害的行为包括 ①将与他人注册商标相同或者相近似的文字作为企业的字号在相同或类似商品上突出使用，容易使相关公众产生误认的；②复制、模仿、翻译他人注册的驰名商标或其主要部分在不相同或者不相类似商品上作为商标使用，误导公众致使该驰名商标注册人的利益可能受到损害的；③将与他人注册商标相同或者相近似的文字注册为域名，并且通过该域名进行相关商品交易的电子商务，容易使相关公众产生误认的。

二、商标侵权行为的法律责任

（一）商标侵权行为的处理途径

对侵犯商标专用权的赔偿数额的争议，当事人可以请求负责处理的市场监督管理部门进行调解，也可以依照《民事诉讼法》向人民法院起诉。经工商行政管理部门调解，当事人未达成协议或者调解书生效后不履行的，当事人可以依照《民事诉讼法》向人民法院起诉。我国《商标法》对于商标侵权行为的处理规定了多种途径，当事人既可以自行协商解决，也可以通过行政途径解决，还可以向人民法院起诉，通过诉讼途径解决，权利人可以根据具体情况，确定对自己最有利的方式解决。

（二）商标侵权行为的法律责任

法律责任是行为人对违法侵权行为应承担的法律后果。我国对商标权的保护实行行政保护和司法保护的双轨体制。根据侵权行为的性质和危害大小，商标侵权行为的法律责任可分为民事责任、行政责任与刑事责任三大类。

1. 民事责任

民事责任，是指行为人因实施侵犯注册商标行为而应承担的民法法律的后果。依照《民法总则》的规定，商标侵权行为的民事责任应当包括：停止侵害、消除影响、赔偿损失。《商标法》第六十三规定："侵犯商标专用权的赔偿数额，按照权利人因被侵权所受到的实际损失确定；实际损失难以确定的，可以按照侵权人因侵权所获得的利益确定；权利人的损失或者侵权人获得的利益难以确定的，参照该商标许可使用费的倍数合理确定。对恶意侵犯商标专用权，情节严重的，可以在按照上述方法确定数额的一倍以上三倍以下确定赔偿数额。赔偿数额应当包括权利人为制止侵权行为所支付的合理开支。人民法院为确定赔偿数额，在权利人已经尽力举证，而与侵权行为相关的账簿、资料主要由侵权人掌握的情况下，可以责令侵权人提供与侵权行为相关的账簿、资料；侵权人不提供或者提供虚假的账簿、资料的，人民法院可以参考权利人的主张和提供的证据判定赔偿数额。权利人因被侵权所受到的实际损失、侵权人因侵权所获得的利益、注册商标许可使用费难以确定的，由人民法院根据侵权行为的情节判决给予三百万元以下的赔偿。"

2. 商标侵权行为的行政责任

行政责任是指市场监督管理机关对商标侵权行为依法所采取的制裁措施。当市场监督管理部门认定侵权行为成立时，可对侵权行为人采取以下行政处罚措施：

（1）责令立即停止侵权行为。即由市场监督管理部门以行政命令的方式要求侵权人停止侵权行为。无论商标侵权人是在制造、销售侵权产品，还是在伪造、销售假冒商标标识，责令停止侵权行为都是制止侵权、防止商标权人损失扩大的一种有效的手段。

（2）没收、销毁侵权商品和主要用于制造侵商品、伪造注册商标标识的工具。该项处罚措施，可以从根本上消除再发生侵权的可能，从而比较彻底地制止侵权行为。市场监督管理部门在进行这项处罚时，无须任何补偿，直接将侵权商品和有关的侵权工具予以没收，将侵权商品排除出商业领域，将侵权商品和有关的侵权工具销毁，使侵权人不能再进行类似的侵权行为。

（3）罚款。违法经营额 5 万元以上的，可以处违法经营额 5 倍以下的罚款，没有违法经营额或者违法经营额不足 5 万元的，可以处 25 万元以下的罚款。对五年内实施两次以上商标侵权行为或者有其他严重情节的，应当从重处罚。

销售不知道是侵犯注册商标专用权的商品，能证明该商品是自己合法取得并说明提供者的，由市场监督管理部门责令停止销售。对侵犯商标专用权的赔偿数额的争议，当事人可以请求进行处理的市场监督管理部门调解，也可以依照《民事诉讼法》向人民法院起诉。经市场监督管理部门调解，当事人未达成协议或者调解书生效后不履行的，当事人可以依照《民事诉讼法》向人民法院起诉。

3. 刑事责任

刑事责任，指我国刑事法律规定对侵犯商标专用权，情节严重的行为所应当承担的法律后果。为制止严重的商标侵权行为，我国《刑法》规定了刑事处罚措施，通过这种最严厉的手段来震慑和打击侵犯注册商标专用权的犯罪，以减少类似行为的发生。根据《刑法》与《商标法》的规定，涉及商标犯罪的刑事责任有以下几种：

（1）假冒他人注册商标罪。未经商标注册人许可，在同一种商品上使用与其注册商标相同的商标，情节严重的，除了赔偿被侵权人的损失外，依法追究刑事责任，处 3 年以下有期徒刑或者拘役，并处或者单处罚金；情节特别严重的，处 3 年以上 7 年以下有期徒刑，并处罚金。

（2）非法制造、销售非法制造的注册商标标识罪。对于伪造、擅自制造他人注册商标标识或者销售伪造、擅自制造的注册商标标识，情节严重的，处 3 年以下有期徒刑、拘役或者管制，并处或者单处罚金；情节特别严重的，处 3 年以上 7 年以下有期徒刑，并处罚金。

（3）销售假冒注册商标的商品、销售明知是假冒注册商标的商品，销售金额数额较大的，处 3 年以下有期徒刑或者拘役，并处或者单处罚金；销售金额数额巨大的，处 3 年以上 7 年以下有期徒刑，并处罚金。

第五节 商标典型案件应用示例

示例一 "王老吉"商标侵权案

1. 案情简介

1997 年，广州医药集团有限公司（以下简称广药集团）与广东加多宝食品饮料有限公司（以下简称加多宝）的母公司香港鸿道集团签订商标许可使用合同，合同规定，香港鸿道自当年取得独家使用"王老吉"商标生产销售红色纸包装及红色铁罐装凉茶饮料的使用权。后香港鸿道成立加多宝公司负责王老吉在内地的生产和经营。2000 年，广药集团与加多宝母公司鸿道集团签署合同，约定其对"王老吉"商标的租赁期限至 2010 年 5 月。该商标租赁合同显示，广药集团向香港鸿道收取的商标使用费 10 年间仅从 450 万元 / 年增加到 506 万元 / 年。2002 年 11 月，双方签署了第一份补充协议，将租赁时限延长至商标续展期限 2013 年。加多宝从 2002 年开始大笔投入品牌推广。2003 年 6 月，双方签署了第二份补充协议，约定将王老吉商标租期延长至 2020 年。2005 年 7 月广药集团原总经理李某某因受贿被判处无期徒刑（二审改判为 15 年），此案曝出鸿道集团董事长在续签"王老吉"合同中，曾向李某某贿赂 300 万港币。这起商业贿赂也成为日后王老吉商标争夺的焦点所在。广药方面认为，李某某是在收取鸿道集团贿赂后才签署补充协议，其签订的补充协议无效，商标租赁期限应于 2010 年 5 月到期。2010 年 5 月 1 日，鸿道集团租用王老吉商标到期，广药集团曾数十次与鸿道集团联系，对方均未给予回应。2010 年 8 月 30 日，广药集团向鸿道集团发出第一封律师函，但是对方一直未给予回应。2010 年 11 月，广药集团在人民大会堂召开新闻发布会宣布，经第三方评估，广州药业旗下的"王老吉"商标评估品牌价值为 1080.15 亿元，成为中国目前第一品牌。会上以"广药王老吉，中国第一品牌"为主题，展示了红罐王老吉产品及销售数据。在新闻发布会上广药集团多次提及"汶川大地震王老吉捐款 1 亿元"等善举。红罐王老吉所属的加多宝集团发布声明称，拥有绿装王老吉的广药集团借用红罐王老吉的销售数据，其实两家企业毫无关系；而广药集团在发布会上宣传红罐王老吉捐款等善举，则是对慈善行为的亵渎和歪曲。由此，王老吉"红绿之争"被踢爆。2011年3月，广州医药集团召开了"2010年集团上市公司业绩新闻发布会"，广药集团证实将延续王老吉商标许可的模式，目前已经与广东广粮实业有限公司达成实质合作。据了解，广药集团已推出健康养生类食品——王老吉固元粥与王老吉莲子绿豆爽。这是广药集团在1997年将红罐王老吉商标授权给加多宝集团后的又一次授权。2011年4月，针对广药集团又宣布授权广粮实业生产"王老吉"固元粥和"王老吉"莲子绿豆爽，加多宝召开媒体见面会回应称，广药集团此举是借王老吉商标进行盲目多元化。加多宝拿出侧面证据强调，广药集团实际上是无法授权给广粮集团生产王老吉品牌粥类产品的，原因是该品类的商标已于2009年由名为"王付生"的自然人申请注册。由于鸿道集团一直对广药集团认为租约到期要求重新协商的诉求不予回应，根据当时双方在签订合同时所约定的解决纠纷方式，2011年4月26日广药集团向中国国际经济贸易仲裁委员会提出仲裁申请。2011年5月王老吉商标案立案，确定当年9月底开庭。后因鸿道集团一直未应诉，广药集团与鸿道集团关于"王老吉"的商标使用权在中国国际经济贸易仲裁委员会开庭时间一直推迟至2011年12月29日。双方争论的焦点是，时任广药集团领导的李某某受贿后续签的王老吉商标租约十年合同是否有效。当日经过5个小时的讨论，没有任何结果公布。2012年5月9日，中国国际经济贸易仲裁委员会做出裁决，广药集团与加多宝母公司鸿道集团签订的《"王老吉"商标许可补充协议》和《关于"王老吉"商标使用许可合同的补充协议》无效，鸿道集团停止使用"王老吉"商标。2012年5月27日，加多宝在其官网发出声明：鸿道（集团）有限公司不服此前商标案裁决，并以该裁决违反了《中华人民共和国仲裁法》第五十八条的规定为由，于2012年5月17日向北京市第一中级人民法院提起了撤销该裁决的申请。北京市第一中级人民法院依法立案。6月3日，一直运营绿色利乐包装王老吉的广药集团正式推出红色罐装王老吉凉茶。两版红罐王老吉外包装相似度非常高。罐身尺寸基本一致，都采用深红色，印刷图文相似，最大的不同便是"广药集团专业出品"的字样，与"加多宝出品"形成有意地差别。加多宝称广药推出红罐王老吉为侵权，决定起诉。6月21日，北京市第一中级人民法院开庭审理加多宝撤销仲裁裁决的申请，法院对双方进行了询问。加多宝相关负责人表示，王老吉商标案的审理程序及证据使用均存在重大问题，"法院应依法撤销此裁决"。7月4日，广药集团两家代理律师事务所召开媒体沟通会正式宣布，针对市面上存在的大量有"王老吉"字样的非广药集团授权生产的凉茶，广药集团全面启动法律诉讼程序进行维权，加多宝公司和侵权王老吉凉茶的销售商已经被广药集团告上法庭，并获得立案受理。7月9日，广药集团两家代理律师事务所再度召开媒体沟通会，宣布广药集团已经向法院起诉加多宝凉茶侵犯王老吉知名商品装潢权，并获立案。广药集团代理律师、广州明镜律师事务所刘洪波在会上强调，"王老吉"知名商品和特有装潢是合为一体而不能人为剥离，都归"王老吉"品牌所有人广药集团持有，无须对商标和外观专利进行登记和专项申请。7月13日，加多宝在北京举行见面会，向媒体出具一份未公布过的《商标许可协议》。加多宝强调"独家"生产和销售红罐、瓶装王老吉的权利，期限是从2003年1月20日到2013年1月19日，目前加多宝使用王老吉商标尚在有效期。7月16日，北京市第一中级人民法院就鸿道（集团）有限公司提出的撤销中国国际经济贸易仲裁委员会于2012年5月9日做出的仲裁裁决的申请作出裁定，驳回鸿道集团提出的撤销中国贸仲京裁字第0240号仲裁裁决的申请。2017年8月16日，最高人民法院在第一法庭对上诉人广东加多宝饮料食品有限公司（以下简称加多宝公司）与被上诉人广州王老吉大健康产业有限公司（以下简称大健康公司）、广州医药集团有限公司（以下简称广药集团）擅自使用知名商品特有包装装潢纠纷上诉两案进行了公开宣判。最高人民法院终审判决认为，广药集团与加多宝公司对涉案"红罐王老吉凉茶"包装装潢权益的形成均做出重要贡献，双方可在不损害他人合法利益的前提下，共同享有"红罐王老吉凉茶"包装装潢的权益。

二、法理分析

（一）王老吉商标权的归属

王老吉商标权的权属是明确的，王老吉商标最早由广药集团注册并持有，1997年通过签订商标使用许可合同的形式授权香港鸿道集团使用，授权的范围是在内地生产红色罐装和红色瓶装王老吉凉茶。虽然后来两家企业又签署过两次补充协议，但补充协议已经被司法机关认定为以贿赂手段确定，签订人也已被司法机关处理。因此，两份补充协议无效，商标租赁已于2010年5月1日到期。

中国国际经济贸易仲裁委员会的裁决，判定《"王老吉"商标许可补充协议》和《关于"王老吉"商标使用许可合同的补充协议》两份协议无效，商标所有权应归广药集团所有是正确的。

（二）商标所有人与使用人利益关系的平衡

虽然"王老吉"商标归广药集团所有，但应该看到，加多宝集团经营"王老吉"商标多年，投入了大量资金与广告宣传，才在中国乃至国际市场上形成了一定规模的影响力和号召力。加多宝公司创造的商誉属于无形资产，理应受到法律的保护。在"王老吉"商标被许可给鸿道集团使用的时候，"王老吉"这一商标只是地区性的品牌。然而鸿道集团与加多宝集团斥重资将"王老吉"这一品牌包装、定位、营销，从而使"王老吉"这一商标在短短十几年之间成为中国饮料的第一品牌，在这个过程中鸿道集团和加多宝集团对于"王老吉"商标的商誉积累和品牌发展可谓贡献巨大。我国现行商标法并没有对商标专用权持有者是否有权追索被许可商标的品牌价值增值部分做出相关规定，而且也没有对商誉权进行立法保护。但是，民事主体所进行的各项民事活动，不仅要遵守具体的民法规范，还要遵循民法的基本原则。[①] 当商标注册人和商标使用人在利益出现冲突时，适当参考《物权法》添附制度中的加工规则，并结合商标无形资产的特性做出处理。当商标注册所有人和商标使用人双方就商标返还时附属物如何处理有约定时，按约定办理；没有约定又协商不成，商标所有人如果受领商标的增值利益，则在所得利益范围内有对商标使用人进行合理的偿还费用责任。

三、裁判启示

（一）完善商标使用许可制度

自商标许可制度诞生，许可他人使用商标已成为注册商标的重要利用方式。一般而言，商标许可合同终止以后，被许可人停止使用商标，商标商誉归许可人所有。但许可过程中，被许可人有可能为维系商标价值与商誉，投入人力、物力，造成商标价值与商誉的增减。我国现行商标法只是对商标专用权进行直接保

---

① 张玉敏.民法[M].2 版.北京：高等教育出版社，2011：22.

护，而对于特殊情况中受到损害的商标使用者而言，商标法却没有提供直接的法律救济依据。

（二）当事人双方签订商标许可合同应对可能出现的后果做出明确的约定

在"王老吉"商标之争中，既然我国现行商标法没有对是否有权追索被许可商标的品牌价值增值部分作出规定和解释，鸿道集团与加多宝集团关于追索增值部分的请求应当根据民法中的公平原则给予支持，保护商标使用者的合法权益具有合理性。在法律实务中，不管是对于一个品牌增值部分的计算方法，还是对于贡献程度的界定等问题都是非常复杂的，法律一时难以做出完备的规定，这就需要当事人或律师对于可能出现的问题进行预测与评估，在合同中做出约定。

示例二　乔丹商标纠纷案

一、案情简介

2012 年 2 月 23 日，迈克尔·乔丹现身视频称向中国一家法院提起诉讼，指控乔丹体育股份有限公司（以下简称乔丹体育）侵犯其姓名权。

2015 年 7 月 27 日，北京市高级人民法院公布了二审判决书对于迈克尔·乔丹与中国乔丹体育商标争议案，迈克尔·乔丹要求撤销乔丹体育的争议商标的上诉理由依据不足，法院不予支持，乔丹体育的注册商标不会被撤销，驳回上诉，维持原判。并宣布本判决为终审判决。2016 年 4 月 26 日上午，最高人民法院公开开庭审理再审申请人迈克尔·乔丹与被申请人国家工商行政管理总局商标评审委员会、一审第三人乔丹体育股份有限公司 10 件商标争议行政纠纷系列案件，庭上各方就"乔丹"商标是否侵权问题辩论了 4 小时之久，但最终结果并未当庭宣判。

2016 年 12 月 8 日上午 9 时 30 分，最高人民法院对美国篮球明星迈克尔·乔丹与中国乔丹体育股份有限公司之间的商标权纠纷案公开宣判：

（1）关于涉及"乔丹"商标三件案件，因争议商标的注册损害了迈克尔·杰弗里·乔丹对"乔丹"享有的在先姓名权，违反商标法规定，应予撤销，故判决撤销商标评审委员会做出的被诉裁定及一、二审判决，判令商标评审委员会针对争议商标重新做出裁定（乔丹二字构成侵权，将被撤销）。

（2）关于涉及拼音"QIAODAN"的四件案件，以及涉及拼音"qiaodan"与相关图形组合商标的三件案件，因迈克尔·杰弗里·乔丹对拼音"QIAODAN""qiaodan"不享有姓名权，争议商标的注册未损害再审申请人的在先姓名权，争议商标也不属于商标法规定的"有害于社会主义道德风尚或者有其他不良影响""以欺骗手段或者其他不正当手段取得注册"的情形，故判决维持二审判决，驳回迈克尔·杰弗里·乔丹的再审申请（拼音"QIAODAN"、"qiaodan"以及下面 Logo 不侵权）。

二、法理分析

（一）姓名权的保护问题

《民法总则》第一百一十条第一款规定"自然人享有生命权、身体权、健康权、姓名权、肖像权、名誉权、荣誉权、隐私权、婚姻自主权等权利。"[①] 由此可知，我国法律保护的姓名权是自然人决定、使用和依照规定改变自己姓名的权利。姓名是自然人用以确定和代表自然人并与其他自然人相区别的文字符号和标记，是姓名权的客体。姓名包括"姓"和"名"两部分。姓是一定血缘关系的记号，标志着个体自然人从属的家族血缘系统；名则是家族内某一特定成员的符号，是特定自然人区别于其他自然人的称谓。姓和名的组合，才构成自然人的完整的文字符号和标记，成为自然人姓名权的客体，单纯的姓或单纯的名都不能独立成为姓名权的客体。

对于外国人的姓名保护问题应结合外国人姓名的特点和翻译到我国的译名进行确认。现有证据足以证明"乔丹"在我国具有较高的知名度、为相关公众所知悉，我国相关公众通常以"乔丹"指代再审申请人，并且"乔丹"已经与再审申请人之间形成了稳定的对应关系，故再审申请人就"乔丹"享有姓名权，最高院的判决非常清楚地回答了外国人的姓名权（特别是外国知名人物姓氏的中文翻

---

① 2017 年 3 月 15 日第十二届全国人民代表大会第五次会议通过了《中华人民共和国民法总则》。

译）如何在中国得到保护的问题，并准确地提出了"稳定对应关系"的标准。对于乔丹体育使用的"乔丹"商标是否侵犯了迈克尔·杰弗里·乔丹的姓名权，国家商标局和标评审委员会在有关裁定书中强调的是"唯一对应关系"的标准，他们认为"'乔丹'为英美普通姓氏，在除篮球运动之外的其他领域里，'乔丹'并不与运动员迈克尔·乔丹具有唯一对应关系"。但是，人的姓名重复的现象中外都很常见，虽然不能否认在篮球运动领域之外还有叫"乔丹"，甚至也叫"迈克尔·乔丹"的人存在，也不能认为在任何领域使用"乔丹"字样就必然会与飞人"乔丹"产生联系，但是，客观地讲，只要任何人在运动产品上打上"乔丹"字样，人们自然会联想到篮球运动员飞人"乔丹"。因此，判定侵犯姓名权，并不要求该姓名是唯一存在的姓名或者法定的姓名，而只需要对该名字（包括姓氏、名字、笔名、艺名、戏称、简称等）的使用会使公众当然地联想到某个特定的人，即最高人民法院所称的"稳定的对应关系"。

（二）在先权利的使用问题

《商标法》第三十二条规定："申请商标注册不得损害他人现有的在先权利，也不得以不正当手段抢先注册他人已经使用并有一定影响的商标。"根据该条释义，"他人现有的在先权利"是指在商标注册申请人提出商标注册申请之前，他人已经取得的权利，比如外观设计专利权、著作权、企业名称权等。最高人民法院《关于审理商标授权确权行政案件若干问题的意见》（法发〔2010〕12号）第十七条规定："要正确理解和适用商标法第三十一条关于'申请商标注册不得损害他人现有的在先权利'的概括性规定。人民法院审查判断诉争商标是否损害他人现有的在先权利时，对于商标法已有特别规定的在先权利，按照商标法的特别规定予以保护；商标法虽无特别规定，但根据民法通则和其他法律的规定属于应予保护的合法权益的，应当根据该概括性规定给予保护。"国家工商总局商标评审委员会公布的《商标审理标准》（发布日期2009年6月18日）规定："申请注册的商标……不得与他人在先取得的其他合法权利相冲突……本条规定的在先权利是指在诉争商标申请注册日之前已经取得的，除商标权以外的其他权利，包括商号权、著作权、外观设计专利权、姓名权、肖像权等。"

（三）使用外国名人作商标是否损害社会公共利益

争议商标的注册是否属于《商标法》第十条第一款第八项规定的情形，该条款规定有害于社会主义道德风尚或者有其他不良影响的标志不得作为商标使用。人民法院在审查判断有关标志是否构成具有其他不良影响的情形时，应该考虑该标志或者构成要素是否可能对我国政治、经济、文化、宗教、民族等社会公共利益和公共秩序产生消极、负面的影响。如果有关标志的注册仅损害特定民事权益，由于《商标法》已经另行规定了救济方式和相应程序，不宜认定其属于具有其他不良影响的情形。

根据原审法院查明的事实，案件争议的"乔丹""QIAODAN"等关联商标构成要素不存在可能对我国政治、经济、文化、宗教、民族等社会公共利益和公共秩序产生消极、负面影响的情形。迈克尔·乔丹再审主张"乔丹""QIAODAN"等标识是否与迈克尔·乔丹建立了更强的对应关系，是否会容易导致相关公众的混淆，与本案争议商标的注册是否符合《商标法》第十条第一款第八项的规定不具有直接关系。迈克尔·乔丹关于与争议商标既损害其作为特定民事主体的权益，又导致了公众混淆，从而损害了公共利益和公共秩序的主张没有事实和法律依据，最高人民法院不予支持。

三、裁判启示

（一）品牌"搭便车"的风险启示

品牌创新无捷径可走，只能踏踏实实地走自己的创新之路，任何企图"搭便车"或走捷径的行为只能为日后埋下无法预知的风险。本案正是验证了这样一条规律。乔丹体育创立之初，虽无法断定其存在"搭便车"的故意，但起码应知对美国篮球明星乔丹的姓名存在侵权可能。此案从法律程序上，历经 4 年，经过法院一审、二审、再审，花费了大量的人力、物力、财力，最后由最高人民法院再审判决，司法救济途径已经走到了尽头，结果不可能再更改。乔丹体育虽然保住了汉语拼音"QIAODAN"及"qiaodan"的权利，但是，乔丹体育的商标从"乔丹"变为"QIAODAN"，普通消费者对乔丹体育品牌的认同度与忠诚度必将大大降低。品牌持有人辛苦培植了一二十年的品牌价值可能会随之缩水。从一定意义上说，乔丹体育这些年培植的品牌价值，也在"无意间"为他人做了嫁衣，这一点值得我们思考。

（二）我国对于外国姓名、名称与品牌给予同等保护

"乔丹"商标争议案一直以来都是一起标志性案件，备受社会各界关注，这决定了"乔丹"商标争议案的终审判决也将成为一起典型的司法参考案例。"乔丹"商标争议案终审出现逆转，虽然 NBA 著名球星乔丹的诉求没有全部得到最高人民法院的支持，在关于涉及拼音"QIAODAN"的 4 件案件，以及涉及拼音"qiaodan"与相关图形组合商标的 3 件案件部分，最高人民法院的终审维持二审判决，驳回乔丹的再审申请。但从最高人民法院的整个终审判决情况来看，应当说"乔丹"商标争议案实现大逆转，球星乔丹的主要诉求得到了最高人民法院的支持——因为最关键的是终审认定乔丹体育侵犯了篮球明星乔丹本人的合法权益，乔丹体育这个经营 20 多年的商标被撤销，要重新注册和打造商标品牌，这对乔丹体育的直接、间接经济损失难以估量。这样的结果，毫无疑问将会对我国今后的商标注册以及商标争议案件产生重要意义和深远影响。尤其是对很多中国企业来说，将具有极强的警示意义。在成长后期如何摆脱"山寨"烙印，是转型期中国在发展实体经济上所面临的一大挑战。本次终审判决结果，足以证明我国对知识产权保护的重视程度和力度正在不断增强，表现出我国同等尊重我国公民权利以及外国人在华合法权利。

（三）简单的模仿终将付出惨重的代价

我国有的企业存在一种认识误区，即在发展的起步阶段，在缺乏技术和专利等资源的情况下，认为简单的模仿是成功的"捷径"。一些企业在初创时使用与自己毫无关系的名人姓名申请注册商标，直接目的就是要误导消费者，借用名人姓名以及背后的影响力吸引大众眼球，打开市场，扩张市场占有度。这些手法虽然有助于企业初创时期积累原始财富，但这样的行为，为以后企业的发展埋下了隐患。诸多案例已经证明，在初创期可以迅速获得收益的某些模仿行为，很难引领企业走向辉煌的未来。模仿的便捷与低成本极易消磨创造的激情。对正规品牌企业造成巨大的生存压力。当企业发展到一定阶段，相关问题就会爆发，甚至对企业造成毁灭性的打击，必须引起创业者足够的重视。

示例三 《非诚勿扰》商标侵权案

一、案情简介

温州人金某某于 2009 年 2 月 16 日，向国家商标局申请"非诚勿扰"商标，并于 2010 年 9 月 7 日，获得了商标注册证，核定服务范围为第 45 类，包括"交友服务、婚姻介绍所"。2013 年 2 月，金某某以江苏卫视的《非诚勿扰》节目是婚恋交友节目，与自己获得注册商标专用权的第 45 类的"交友服务、婚姻介绍所"服务类别相同，江苏卫视节目名称《非诚勿扰》也与自己商标的名称相同，侵害了自己的商标专用权为由，向广东省深圳市南山区人民法院起诉江苏省广播电视总台及合作伙伴深圳市珍爱网信息技术有限公司，要求停止侵权。一审法院深圳市南山区人民法院认为，江苏电视台的《非诚勿扰》电视节目虽然与婚恋交友有关，但终究是电视节目，相关公众一般认为两者不存在特定联系，不容易造成公众混淆，两者属于不同类商品（服务），不构成侵权，遂于 2014 年 12 月，判决驳回了原告金某某的诉讼请求。

金某某不服一审法院判决，遂向深圳市中级人民法院提起上诉。

深圳市中级人民法院二审经审理认定，江苏电视台的《非诚勿扰》节目，从服务的目的、内容、方式、对象等判定，其均是提供征婚、相亲、交友的服务，与上诉人第 7199523 号"非诚勿扰"商标注册证上核定的服务项目"交友、婚姻介绍"相同。……由于被上诉人江苏电视台的知名度及节目的宣传，而使相关公众误认为权利人的注册商标使用与被上诉人产生错误认识及联系，造成反向混淆。江苏电视台通过江苏卫视播出《非诚勿扰》，收取大量广告费用，也在节目后期通过收取短信费获利，足以证明系以盈利为目的的商业使用，其行为构成侵权。在判定本案被上诉人是否构成侵害商标权时，不能只考虑《非诚勿扰》在电视上播出的形式，更应该考虑该电视节目的内容和目的等，客观判定两者服务类别是否相同或者近似。原审法院认为江苏电视台的《非诚勿扰》电视节目虽然与婚恋交友有关，但终究是电视节目，相关公众一般认为两者不存在特定联系，不容易造成公众混淆，两者属于不同类商品（服务），不构成侵权的认定错误，予以纠正。上诉人指控被上诉人在《非诚勿扰》节目中使用"非诚勿扰"商标侵害其商标权，证据充分，予以支持。

2016 年 12 月 30 日，广东省高级人民法院最终推翻了深圳市中级人民法院认定江苏电视台构成侵权的二审判决，认定江苏电视台《非诚勿扰》栏目不构成侵权。

二、法理分析

（一）双方争议的焦点

原告的主要观点为：

（1）长江龙公司系江苏省广播电视总台的全资子公司，是被告的附属者，《非诚勿扰》节目是供江苏卫视专享使用的，所谓的"出品人"由谁挂名，只是被告内部单位考核事宜。本案争议的是栏目名称的商标，而不是作品的著作权，故被告是适格主体。

（2）电视节目本身就是一种服务，电视栏目名称的使用本身就是商标性使用，即《非诚勿扰》栏目名称就是将"非诚勿扰"作为服务的标识也就是服务商标使用。

（3）诉讼前被告自我介绍、国家新闻出版广电总局文件、新华网官方评述上，均将《非诚勿扰》归类为"婚恋交友节目"，"婚恋交友节目"就是"婚恋交友服务"，只不过手段形式不同。

（4）《类似商品与服务区别表》是按照常规性的服务行业的分类名划分的，并没有考虑也根本无法考虑到行业中的一些非普遍性的特殊情形（如电视台刻意从事超出服务行业的一般性分类、延伸覆盖至其他行业服务的情形，如交友、婚介服务的情形）。《类似商品与服务区别表》第 41 类并不包括行业的个性超越该行业的常规特征并覆盖其他行业的情形。第 41 类的电视娱乐服务如果超出该行业的特征，覆盖"交友、婚介服务"，并非是《类似商品与服务区别表》的原意。从商标的定义与功能上看，当从事某一类服务超出该行业的一般性特征并延伸覆盖其他类服务时，必须予以必要的审慎并避免与覆盖类别服务中的他人注册商标专用权发生冲突。《非诚勿扰》电视节目不是通常的娱乐节目，而是婚恋交友节目，并非专业演员上场，而是求婚"真人秀"。《类似商品与服务区别表》不构成对本案商标侵权认定的障碍，应让位于司法解释关于类似商品和服务的认定标准。《非诚勿扰》婚恋交友服务与原告（上诉人）的服务应认定为相同类别。

（5）《非诚勿扰》栏目使用的服务商标，与原告（上诉人）商标音、形、义相同。

（6）从不同角度来看，《非诚勿扰》电视服务除了容易与我方服务产生来源混淆、关联混淆外，还造成了典型的反向混淆。由于江苏电视台的强力宣传，已客观上淹没了上诉人的商标，不可避免地压缩了法律预留给商标注册人的权利空间、压缩了权利人今后正常的品牌运行空间。

被告的主要观点为：

（1）《非诚勿扰》节目系长江龙新媒体有限公司出品，故江苏省广播电视总台不是适格主体。

（2）《非诚勿扰》栏目名称不是商标性的使用。

（3）《非诚勿扰》是电视文娱节目（第41类），与原告的"交友服务、婚姻介绍所"（第45类）类别不同，不存在交集、不存在识别混淆。

故不构成对原告商标权的侵害。

（二）商标侵权"类似"的认定

根据《商标法》第五十七条第二款的规定，"未经商标注册人的许可，在同一种商品上使用与其注册商标近似的商标，或者在类似商品上使用与其注册商标相同或者近似的商标，容易导致混淆的"属于商标侵权行为，《非诚勿扰》电视节目与金某某"非诚勿扰"商标的服务类别，是否构成"相同或类似服务"是判定是否侵权的关键。被诉《非诚勿扰》节目作为一档以相亲、交友为题材的电视文娱节目，其服务目的在于向社会公众提供旨在娱乐、消遣的文化娱乐节目；凭节目的收视率与关注度获取广告赞助等经济收入；服务的内容和方式为通过电视广播渠道提供和传播节目；服务对象是不特定的广大电视观众等。与满足特定服务对象、以通过提供促成婚恋配对服务来获取经济收入的"交友服务、婚姻介绍"，在服务目的、内容、方式和对象上均区别明显。以相关公众的一般认知，能够清晰区分电视文娱节目的内容与现实中的婚介服务活动，两者不构成类似服务。并且，判断是否侵权还须考虑注册商标的显著性与知名度以及公众对商标的混淆、误认可能性，来判断是否构成商标侵权。最高人民法院《关于审理商标民事纠纷案件适用法律若干问题的解释》第十二条规定"……认定商品或者服务是否类似，应当以相关公众对商品或者服务的一般认识综合判断"。消费者是商标的最终用户，中国《商标法》第一条也把消费者利益置于生产、经营者利益之前。因此，判断商标的类似性应以相关公众的一般认识作为判断的基本标准。

判断商标类似不能拘泥于我国国家工商行政管理总局商标局出台的《类似商品与服务区分表》，在判定"是否构成侵害商标权时，不能只考虑《非诚勿扰》在电视上播出的形式，更应当考虑该电视节目的内容和目的等因素，客观判定两者服务类别是否相同或者近似"，在具体案件中，不应固守该区分表，而应具体分析双方实际从事的经营活动，判断是否在实质上构成相同或者类似的服务。

（三）商标反向适用问题

"反向混淆"一词并不是传统商标法律制度中的概念，它是由 20 世纪 70 年代美国法院通过若干相关案例提炼而来。我国商标法并未明确规定"反向混淆"问题，由于案件纷繁复杂，法院在处理商标侵权诉讼时不可避免地触及到了利用传统商标混淆理论所不能解决的问题。"反向混淆"能否作为认定商标侵权的一种依据，现行的商标混淆能否向"反向混淆"扩张，是需要关注的问题。商标的生命在于区分商品或服务的来源，"混淆理论"因而成为商标侵权的理论基础。直接混淆和间接混淆造成消费者对商标来源的混淆，或者误认为与商标权人之间存在某种特定的联系，如许可、投资、监督等。而"反向混淆"是指实力雄厚的企业在后大规模使用实力较弱的企业在先注册的商标，并且在知名度上盖过了后者。就该案而言，尽管原告认为"非诚勿扰"注册商标已投入商业使用，而由于江苏卫视的强力宣传和市场推广，已在客观上淹没了原告商标的影响，使相关公众误以为其与江苏卫视有关，不可避免地压缩了法律预留给原告正常运营品牌的商业空间及机会，造成了"反向混淆"，存在反向混淆的形式，但江苏卫视既无主观恶意也不存在"反向混淆"的可能与目的，因此反向混淆不能成立。

三、裁判启示

《非诚勿扰》商标侵权案一波三折，但通过诉讼能为我国商标保护提供更多的借鉴经验，为国家和企业的知识产权保护确立典型的标准。

（一）知名主体更需要提高保护意识

目前国内的企业商标保护意识普遍较弱，知名商标更是存在只要"知名"的事实存在即无须保护的错觉，许多企业都是抱着先经营商标，待商标有一定知名度之后再去申请注册，殊不知这种情况很有可能导致他人的恶意抢注。《非诚勿扰》系江苏卫视的电视栏目之一，2010 年 1 月开播，直到被起诉在长达 3 年多的时间里一直没有申请商标注册，不能不说是商标保护的一大失误，也可以成为不重视商标保护的反面典型，虽然最终获得了诉讼的胜利，但因为诉讼受到的影响是巨大的，也一度面临被改名的危险，这种教训应该记取。我国法律实行商标注册制度，如果不对自己的商标及时注册，就很可能面临法律的风险。

（二）面对侵权应积极维护自己的合法权益

为保护真正的遵纪守法者，商标法对恶意抢注行为做出了弥补性规定。我国《商标法》规定，已经注册的商标，违反本法相关规定的，自商标注册之日起 5 年内，在先权利人或者利害关系人可以请求商标评审委员会宣告该注册商标无效。对恶意注册的，驰名商标所有人不受 5 年的时间限制，因此在遭遇侵权后要及时拿起法律武器，积极维护自己的合法权益。

第八章

著作权法律实务

第一节　著作权许可实务

著作权许可使用是指著作权人在保留其著作权所有者身份的前提下，在著作权保护期内许可他人在一定期限范围以一定方式使用其作品并获得报酬的一种法律行为。

一、著作权许可使用的一般规定

《著作权法》第二十四条规定："使用他人作品应当同著作权人订立合同或者取得许可，本法规定可以不经许可的除外。"许可使用应采用书面形式，只有报社、杂志社刊登作品除外。国家版权局负责制定各类著作权许可使用合同的标准样式。这些合同范本只具有推荐使用的效力，当事人认为必要时可以自行约定许可使用合同。

二、著作权许可使用合同的订立

我国现行《著作权法》第二十五条根据著作权许可使用合同的性质和特点规定合同主要条款应当包括以下几个方面的内容。

（一）许可使用的权利内容

著作权许可使用合同必须明确著作权人授权被许可人以何种方式使用其作品。我国《著作权法》第二十七条规定，许可使用合同著作权人未明确许可、转让的权利，未经著作权人同意，另一方当事人不得行使。

（二）许可使用的种类

著作权法要求被许可人在与著作权人签订合同时必须明确约定许可使用种类。如果在合同中未明确约定许可使用权种类，倘若发生争议，法律只能认为被许可人取得的是普通使用权。

（三）许可使用的范围、期间

许可使用的范围是指被许可的著作权在地域上的效力。许可使用的期间是指被许可使用的著作权在时间上的效力。

（四）付酬标准和办法

根据《著作权法》第二十八条的规定，使用作品的付酬标准可以由当事人约定，也可以按照国务院著作权行政管理部门会同有关部门制定的付酬标准支付报酬。当事人约定不明确的，按照国务院著作权行政管理部门会同有关部门制定的付酬标准支付报酬。

（五）违约责任

著作权许可使用合同是对双方当事人有约束力的法律文件，双方在合同中确立的权利义务关系受法律保护，如果当事人一方或双方违反合同约定，则可根据合同约定违约责任要求违约者承担相应民事责任。

（六）双方认为需要约定的其他内容

这是著作权合同的补充条款，双方对认为必须列入的内容做出约定，如纠纷解决的方式等，可以在合同中做出约定，既体现了当事人的意志，又可以由当事人根据具体情况，进一步明确双方的权利及义务。

第二节　著作权转让实务

著作权转让是指著作权人将著作权中的全部或部分财产权有偿或无偿地移交给他人所有的法律行为。著作权转让的形式通常包括买卖、互易、赠予或遗赠等。移交著作权的著作权人称为转让人，接受著作权的他人称为受让人。著作权的转让是继受权利主体取得著作权的重要方式，是著作权人实现其作品经济效益和社会效益的重要途径，在著作权贸易特别是国际著作权贸易中占据重要地位。由于著作权具有强烈的人身属性，因此，著作权转让主要是财产权的转让。

一、著作权转让合同的内容

权利转让合同包括下列主要内容。

（一）作品的名称

作品是著作权转让合同的标的，在合同中必须对合同的标的规定清楚，否则，容易产生纠纷。

（二）转让的权利种类、地域范围

著作权中的财产权包括复制权、发行权、出租权、展览权、表演权、放映权、广播权、信息网络传播权、摄制权、改编权、翻译权、汇编权等。转让其部分还是全部权利，当事人应在合同中明确约定。转让后使用的地域范围、使用的时间都应有一个明确的界定，以避免发生纠纷。

（三）转让价金

转让价金是转让人因转让权利而应获得的报酬，也是受让人应承担的主要义务。当事人之间约定转让价金，可考虑转让权利种类的多少、使用的地域范围和期间、作品的质量、作品在社会上影响的程度等因素确定。现实生活中，一些权利人通过拍卖这种方式来选择合同的相对人，也可作为约定价金的一种方法。

（四）交付转让价金的日期和方式

交付转让价金是受让人应承担的主要义务。交付转让价金在什么时间交付、分期交付还是一次性交付，当事人都应在合同中约定。

（五）违约责任

违约责任是指一方当事人不履行合同约定的义务，依照合同约定或法律规定而应承担的法律责任。在合同中约定违约责任条款，可避免或减少纠纷，同时也可为发生纠纷后的处理提供依据。

（六）其他

双方认为需要约定的其他内容。

二、著作权转让登记所需要的文件

（1）按要求填写的合同登记表；
（2）合同复印件；
（3）申请人身份证明。

三、著作权转让需要提供的资料

（1）合同登记申请表并盖章；
（2）转让或专有许可合同并盖章；
（3）转让双方的身份证明文件：企业提供营业执照副本复印件并盖章；自然人提交身份证或护照等；
（4）计算机软件登记证书的复印件。

第三节　著作权质押实务

著作权质押是指债务人或者第三人依法将其著作权中的财产权出质，将该财产权作为债权的担保。债务人不履行债务时，债权人有权依法以该财产权折价或者以拍卖、变卖该财产权的价款优先受偿。其中债权人为质权人，债务人或者第三人为出质人。著作权质押是著作权行使的一种形式，著作权人可以通过质押获得相应的对价，为经济活动服务。

一、著作权质押的一般规定

根据《著作权法》和《中华人民共和国担保法》（以下简称《担保法》）的规定，国家版权局制定了《合同登记办法》和《著作权质权登记办法》，对合同的当事人、合同的内容、办理合同登记的手续、需要提供的文件、合同变更登记、撤销及注销等内容做出较为详尽的规定。《著作权质权登记办法》第二十八条规定："以著作权中的财产权出质的，出质人与质权人应当订立书面合同，并到登记机关进行登记。"

二、著作权质押登记需要提交的文件

申请著作权质权登记的，应提交下列文件：

（1）著作权质权登记申请表；

（2）出质人和质权人的身份证明；

（3）主合同和著作权质权合同；

（4）委托代理人办理的，提交委托书和受托人的身份证明；

（5）以共有的著作权出质的，提交共有人同意出质的书面文件；

（6）出质前授权他人使用的，提交授权合同；

（7）出质的著作权经过价值评估的、质权人要求价值评估的或相关法律法规要求价值评估的，提交有效的价值评估报告；

（8）其他需要提供的材料。

提交的文件是外文的，需同时附送中文译本。

三、著作权质押合同的内容

著作权质押合同一般包括以下内容：
（1）出质人和质权人的基本信息；
（2）被担保债权的种类和数额；
（3）债务人履行债务的期限；
（4）出质著作权的内容和保护期；
（5）质权担保的范围和期限；
（6）当事人约定的其他事项。

第四节　著作权侵权案件的处理

一、著作权侵权案件的管辖

（一）著作权侵权纠纷的级别管辖

最高人民法院《关于审理著作权民事纠纷案件适用法律若干问题的解释》第二条规定"著作权民事纠纷案件由中级人民法院管辖"，但各省、自治区、直辖市高级人民法院根据本辖区实际情况，可以确定一些基层人民法院管辖一审著作权民事侵权纠纷案件。

（二）著作权侵权纠纷的地域管辖

最高人民法院《关于审理著作权民事纠纷案件适用法律若干问题的解释》第五条规定了地域管辖，即侵权行为的实施地、侵权复制品储藏地或者查封扣押地、被告住所地人民法院管辖。侵权复制品储藏地是指大量或者经常性储存、隐匿侵权复制品所在地。查封扣押地是指海关、版权、工商等行政机关依法查封、扣押侵权复制品所在地。如果涉及不同侵权行为实施地的多个被告提起的共同诉讼，原告可以选择其中一个被告侵权行为实施地人民法院管辖。

（三）计算机网络著作权侵权纠纷中案件管辖问题

最高人民法院《关于审理涉及计算机网络著作权纠纷案件适用法律若干问题的解释》第一条规定："网络著作权侵权纠纷案件由侵权行为地或者被告住所地人民法院管辖，侵权行为地包括实施被诉侵权行为的网络服务器、计算机终端等设备所在地，对难以确定侵权行为地和被告住所地的，原告发现侵权内容的计算机终端等设备所在地可以视为侵权行为地。"

二、诉前保全措施

诉前临时措施是指权利人对有证据证明他人正在实施侵权行为或即将实施侵权行为，法院在对案件是非曲直做出最终裁判之前，先行采取的保护当事人利益的临时救济措施。适用这种临时救济措施主要是为了保存重要证据，防止损失进一步扩大或可能导致无法弥补损失发生，权利人在提起诉讼之前，采取经法院核准的措施来维护自己的权利。

人民法院在接受申请人申请后，经审查符合法律要求的，应当在 48 小时内做出书面裁定，裁定责令被申请人停止有关行为的，应当立即开始执行，并及时通知被申请人，被申请人不服裁定，可以在收到裁定之日起 10 日内申请复议一次，复议期间不停止裁定的执行。裁定的效力一般应当维持到终审法律文书生效时止，申请人在提起申请时应当提供担保，申请人不提供担保的，法院应当驳回申请。

《著作权法》第五十一条规定："为制止侵权行为，在证据可能灭失或者以后难以取得的情况下，著作权人或者与著作权有关的权利人可以在起诉前向人民法院申请保全证据。"因此，《著作权法》有诉前责令停止侵权、诉前证据保全和诉前财产保全三项临时措施。

（一）诉前责令停止侵权

诉前责令停止侵权是指权利人有证据证明他人正在实施侵权行为或即将实

施侵权行为，如不及时制止将会使其合法权益受到无法弥补损失，在起诉前向法院申请责令停止有关行为。根据最高人民法院的有关司法解释，著作权人和相关权利人申请诉前责令停止侵权的，应当向侵权行为地或被申请人所在地的人民法院提起，并递交书面申请状和缴纳有关的费用。

（二）诉前财产保全

诉前财产保全是指著作权人有证据证明他人正在实施或即将实施侵犯其权利的行为，而且不加以及时制止将会使其合法权益受到难以弥补的损害的，可以在起诉之前向人民法院提出申请，采取财产保全的措施。根据民事诉讼法的有关规定，利害关系人因情况紧急，不立即申请财产保全将会使其合法权益受到难以弥补的损害的，可以在起诉前向人民法院申请采取财产保全措施。申请人应当提供担保，不提供担保的，驳回申请。人民法院在接受申请后，必须在 48 小时内做出裁定。裁定执行诉前财产保全措施的，应当立即开始执行，申请人在人民法院采取保全措施后 15 日内不起诉的，人民法院应当解除财产保全，财产保全限于请求的范围，或者与本案有关的财产。

（三）诉前证据保全

诉前证据保全是指为了制止侵权行为，在证据可能灭失或者以后难以取得的情况下，知识产权权利人或者利害关系人可以在起诉前向人民法院申请保全证据。

为制止侵权行为在证据可能灭失或者以后难以取得的情况下，著作权人或者邻接权人可以在起诉前向人民法院申请保全证据。人民法院在接受申请后，必须在 48 小时内做出裁定。裁定采取诉前证据保全措施的，应当立即开始执行。人民法院可以责令申请人提供担保，申请人不提供担保的，驳回申请。申请人在人民法院采取措施后 15 日内不起诉的，人民法院应当解除保全措施。

三、著作权损害赔偿的计算

《著作权法》第四十九条规定："侵犯著作权或者与著作权有关的权利的，侵权人应当按照权利人的实际损失给予赔偿；实际损失难以计算的，可以按照侵权人的违法所得给予赔偿。赔偿数额还应当包括权利人为制止侵权行为所支付的合理开支。权利人的实际损失或者侵权人的违法所得不能确定的，由人民法院根据侵权行为的情节，判决给予五十万元以下的赔偿。"因此，我国著作权法损害赔偿计算有以下三种方式。

（一）按照权利人的实际损失计算

权利人的实际损失即著作权人或邻接权人因为被告的侵权行为而遭受的损失，即如果没有侵权人的行为权利人本来可以获得的收益。最高人民法院《关于审理著作权民事纠纷案件适用法律若干问题的解释》第二十五条规定："权利人的实际损失可以根据权利人因侵权所造成复制品发行减少量或者侵权复制品销售量与权利人发行该复制品单位利润乘积计算，发行减少量难以确定的，按照侵权复制品市场销售量确定。"

（二）按照侵权人的违法所得计算

侵权人违法所得是指侵权人因为侵权而获得的利润。侵权人所得的利润通常是以其营业利润作为赔偿计算依据。

（三）法官在法定的范围内酌情计算

尽管法律规定了两种赔偿的计算方式，但在司法实践中，权利人实际损失和侵权人的违法所得往往难以举证，无法计算权利人受到的损失，也无法确定侵权人的获利。为此，我国法律规定，在无法使用前两种计算方式的情况下，可以由法院根据具体情况确定赔偿损失的数额。我国最高人民法院《关于审理著作权民事纠纷案件适用法律若干问题的解释》第二十五条规定："人民法院在确定赔偿数额时，应当考虑作品类型、合理使用费、侵权行为的性质和后果等情节，并在此基础上加以确定。"

第五节　著作权典型案件应用示例

示例一：琼瑶诉于正侵犯著作权案

一、案情简介

2014 年 4 月 15 日，琼瑶在微博上贴出了一封写给广电总局领导的举报信，称经典作品《梅花烙》被于正编剧的《宫锁连城》抄袭，并一一列举其抄袭的几个部分，认为该剧从主角的背景、主从关系完全跟《梅花烙》一致，角色除了名字换了，关系也跟《梅花烙》一模一样，就连男主角洞房之夜跑出去与情人私会的细节都十分吻合。

2014 年 5 月 27 日，琼瑶就于正《宫锁连城》侵权一事，向北京市第三中级人民法院（以下简称"北京三中院"）递交诉状，把余征（笔名：于正）、湖南经视文化传播有限公司、东阳欢娱影视文化有限公司、万达影视传媒有限公司、东阳星瑞影视文化传媒有限公司告上法庭，并索赔 2000 万元。

2014 年 5 月 28 日，北京三中院正式受理了该案。

2014 年 12 月 5 日下午，琼瑶起诉于正等侵害著作权案在北京三中院开庭宣判。判定湖南经视文化传播有限公司等四家公司立即停止《宫锁连城》的复制、发行和传播，于正公开赔礼道歉消除影响，五被告共计赔偿 500 万元。随后，于正工作室发出声明，表示不服判决，将依法提起上诉。

2015 年 12 月 18 日，北京市高级人民法院就琼瑶诉于正侵权一案做出二审判决。法院判决驳回于正上诉，维持原判。即认定《宫锁连城》侵犯《梅花烙》改编权和摄制权，判令被告方停止侵权，于正向琼瑶道歉，赔偿原告 500 万元。

二、争议焦点

（一）原告的诉求

原告认为，原告陈喆（笔名琼瑶）于1992—1993年创作完成了电视剧本及同名小说《梅花烙》，并自始完整、独立享有原告作品著作权（包括但不限于改编权、摄制权等）。原告作品在中国大陆地区多次出版发行，拥有广泛的读者群与社会认知度、影响力。2012—2013年，被告余征（笔名于正）未经原告许可，擅自采用原告作品核心独创情节进行改编，创作电视剧本《宫锁连城》，被告湖南经视公司、东阳欢娱公司、万达公司、东阳星瑞公司共同摄制了电视连续剧《宫锁连城》（又名《凤还巢之连城》），原告作品全部核心人物关系与故事情节几乎被完整套用于该剧，严重侵害了原告依法享有的著作权。在发现被告侵权之前，原告正在根据其作品《梅花烙》潜心改编新的电视剧本《梅花烙传奇》，被告的侵权行为给原告的剧本创作与后续的电视剧摄制造成了实质性妨碍，让原告的创作心血毁于一旦，给原告造成了极大的精神伤害。而被告却从其版权侵权行为中获得巨大收益，原告请求法院：①认定五被告侵害了原告作品剧本及小说《梅花烙》的改编权、摄制权；②判令五被告停止电视剧《宫锁连城》的一切电视播映、信息网络传播、音像制售活动；③判令被告余征在新浪网、搜狐网、乐视网、凤凰网显著位置发表经原告书面认可的公开道歉声明；④判令五被告连带赔偿原告2000万元；⑤判令五被告承担原告为本案支出合理费用共计313 000元；⑥判令五被告承担本案全部诉讼费用。

（二）被告答辩

被告余征及被告东阳欢娱公司共同答辩称：第一，对于原告的著作权人身份存疑，电视剧《梅花烙》的编剧署名是林久愉，林久愉应为剧本《梅花烙》的作者及著作权人，原告在本案中的诉讼主体不适格。剧本《梅花烙》从未发表过，被告不存在与该剧本内容发生接触的可能，电视剧《梅花烙》的播出也不构成剧本《梅花烙》的发表。第二，原告所主张的著作权客体混乱，所谓《梅花烙》"剧本""小说""电视剧"既无法证明各自的著作权归属，也不能证明被告曾有过接触，因此原告的指控没有事实和法律基础。原告提交的剧本《梅花烙》是在本案起诉后才进行认证，这个剧本有可能是在电视剧《宫锁连城》播映后，比照该剧进行的修改，这样比对下来相似度肯定非常高。因此，剧本《梅花烙》内容的真实性存疑。第三，原告指控被告侵权的人物关系、所谓"桥段"及"桥段组合"属于特定场景、公有素材或有限表达，不受著作权法保护。这一点已经有了大量案例，不能因为本案原告写过言情戏这样的主题，这样的表达就被原告垄断。这些桥段被告不承认是作为作品的表达，在本案中这些桥段也是原告根据自己的想象归纳出的思想，不是作品的表达。第四，原告指控的被告改编原告作品的事实根本不存在，被告的作品是独立创作。被告有证据证明，余征是在自己的大量创作素材的基础上，独立创作出来的《宫锁连城》剧本，是受法律保护的作品。原告主张的作品主题、思想不是著作权法保护的对象。综上所述，原告主张的人物关系、相关情节、情节整体均不受著作权法保护；剧本及电视剧《宫锁连城》的具体情节表达与剧本及小说《梅花烙》并不相似，情节顺序与原告诉称也不一致；即便有相似之处，也不属于著作权法保护范畴，或另有创作来源。另外，被告注意到，原告在起诉前和起诉后，大量利用了舆论和媒体。因此，原告的所有诉讼请求均没有事实和法律基础，应予驳回。

三、法理分析

（一）著作权保护的对象：表达还是思想

认定著作权侵权的一个重要因素是两个作品相似度，而与其他知识产权不同的是，判断著作权的相似度存在表达相似与思想相似的问题。一种观点认为，著作权法只保护表达形式，不保护思想；也有观点认为，在著作权法中，关于"表达"和"思想"的界定，一直存在争议。根据《TRIPS协定》第九条第二款的规定"版权的保护应该延及表达方式，但不延及思想、程序、操作方法或数学概念本身"。而在司法实践中，一般认为，表达就是作品的表现形式，著作权法保护表达而不延及思想。一般来说，思想是指概念、术语、原则、客观事实、创意、发现，等等。表达则是指对于思想观念的各种形式或方式的表述，如文字的、音符的、数字的、线条的、色彩的、造型的、形体动作的表述或传达等。从这个意义上说，表达所形成的就是作品。这些方面是否抄袭，很容易通过对比进行判断。如果把这些都仅仅认为是思想，会有失偏颇。该案中，法院认为著作权法保护的表达或表现不仅指文字、图形等最终形式，当作品的内容成为作者表达思想、主题的表现形式时，作品的内容亦受著作权法的保护；当这种表达是公知的，或是唯一的形式时，则不受著作权法的保护。法院将剧本、小说和剧本之间进行比对后得出最后的结论，做出认定于正侵权的判决是正确的。

（二）剧本《梅花烙》著作权的归属

《著作权法》第十一条规定，如无相反证明，在作品上署名的公民、法人或者其他组织为作者。《最高人民法院关于审理著作权民事纠纷案件适用法律若干问题的解释》第七条规定，当事人提供的涉及著作权的底稿、原件、合法出版物、著作权登记证书、认证机构出具的证明、取得权利的合同等，可以作为证据。可见，以署名情况认定作者身份仅为作品创作关系的初步推定证明，而作为相反证明的依据则有多种方式。在本案中，电视剧《梅花烙》字幕虽有"编剧林久愉"的署名安排，但林久愉本人出具的《声明书》已明确表示其并不享有剧本《梅花烙》著作权的事实；电视剧《梅花烙》制片者怡人传播有限公司出具的《电视剧〈梅花烙〉制播情况及电视文学剧本著作权确认书》也已明确表述剧本《梅花烙》的作者及著作权人均为本案原告。

（三）侵害改编权行为及责任认定

知识产权侵权归责原则为过错责任原则，而其中过错的具体情形既包括明知也包括应知。也就是说，在行为人应当知晓而事实上并不知晓的情形下，依然具有过错。《著作权法》第十条第一款第（十四）项规定，改编权，即改变作品，创作出具有独创性的新作品的权利。《著作权法》第十二条规定，改编、翻译、注释和整理已有作品而产生的作品，其著作权由改编、翻译、注释和整理人享有，但行使著作权时不得侵犯原作品的著作权。

在本案中，原告陈喆作为剧本及小说《梅花烙》的作者、著作权人，依法享有上述作品的改编权，受法律保护。被告余征接触了原告剧本及小说《梅花烙》的内容，并实质性使用了原告剧本及小说《梅花烙》的人物设置、人物关系、具有较强独创性的情节以及故事情节的串联整体进行改编，形成新作品《宫锁连城》剧本，上述行为超越了合理借鉴的边界，构成对原告作品的改编，侵害了原告基于剧本《梅花烙》及小说《梅花烙》享有的改编权，依法应当承担相应的侵权责任。

（四）著作权侵权赔偿额的确定

《著作权法》第四十九条规定，侵犯著作权或者与著作权有关的权利的，侵权人应当按照权利人的实际损失给予赔偿；实际损失难以计算的，可以按照侵权人的违法所得给予赔偿。赔偿数额还应当包括权利人为制止侵权行为所支付的合理开支。

原告陈喆在起诉状及庭审陈述中均表示，在发现各被告侵权情形之时，原告正在依据小说及剧本《梅花烙》进行电视剧《梅花烙传奇》的剧本改编，因各被告的侵权行为而不得不停止《梅花烙传奇》的剧本创作；被告的侵权行为，对原告剧本《梅花烙传奇》的创作造成了实质性妨碍与影响，但对于已实际造成的损失，原告未提供证据加以证明。

该案中，原告陈喆主张以被告违法所得作为损害赔偿的计算依据。诉讼中，原告陈喆要求各被告提交电视剧《宫锁连城》编剧合同，以确定其编剧酬金；原告陈喆要求各被告提交电视剧《宫锁连城》发行合同，以确定各被告发行《宫锁连城》剧的获利情况。各被告在明显持有编剧合同及发行合同的情形下，以上述合同涉及商业秘密为由未提供，且并未就原告陈喆的上述主张提出其他抗辩证据或充分、合理的反驳理由。因此，法院推定原告陈喆在庭审中主张的被告余征编剧酬金标准及《宫锁连城》剧的发行价格具有可参考性。

小说或剧本的影视改编、摄制、发行活动，是实现小说或剧本市场价值、商业利益的重要方式。自 2014 年 4 月 8 日起，电视剧《宫锁连城》已经在湖南卫视等多家电视台卫星频道完成首轮及二轮播出，在多家视频网站进行了信息网络传播权许可使用，公开可查的数据资料显示，该剧的电视收视率及网站点击率均较高，参考同期热播电视剧应有的市场发行价格，法院认为，原告主张基于各被告违法所得给予侵权损害赔偿的请求具有合理性，且确定侵权赔偿数额应当能够全面而充分地弥补原告因被侵权而受到的损失。

原告陈喆关于赔偿经济损失及诉讼合理支出的诉讼请求，缺乏充分的依据，法院将根据涉案作品的性质、类型、影响力、被告侵权使用情况、侵权作品的传播时间与传播范围、被告各方应有的获利情况以及原告为本案支出的律师费、公证费等因素综合考虑，酌情确定各被告赔偿原告经济损失及诉讼合理支出的数额。

三、裁判启示

（一）尊重他人著作权应为创作的至高准则

对于原创作者的辛勤劳动，应当予以尊重。涉及至著作权，一般有抄袭、改编、合理借鉴等几种情形，琼瑶起诉于正等是因为《宫锁连城》侵犯了《梅花烙》剧本及小说的改编权和摄制权。抄袭即照搬，没有产生新作品；改编则是与在先作品有来源关系的前提下，通过加入独创性内容，形成一部新作品，仍属侵权。作品创作中，难免出现创意借鉴的情形，但借鉴应限制在合理的范围之内。于正所使用的人物设置、人物关系等，超越了对琼瑶作品合理借鉴的边界，因此构成侵权。即使在创作中将他人流传广泛的在先独创内容，不自觉地加以使用，依然要对其过失承担责任。剧本《宫锁连城》涉案情节和小说及剧本《梅花烙》的整体情节，具有创作来源关系，从而构成了对后者的改编，侵害了原告的改编权，自然应承担法律责任。

（二）知识产权保护的力度需要加强

知识产权的保护需要各方的共同努力。文艺作品本身是一种全新的创造，是创新的体现。由于法律的不完善，我国文化界长期形成了一种不良风气，不尊重他人知识产权现象严重。要依法维护著作权人的合法权益，需要各界政府部门加强监管，完善相关法律法规。树立行业规范，加强行业自律。在全社会营造尊重原创，尊重创新的良好氛围。与此同时，权利人应积极运用法律手段维护自己的合法权益，而且文学艺术创作者应加强自我约束，形成保护知识产权的合力，提升我国知识产权保护的水平。

示例二：美国教育考试服务中心诉北京市海淀区私立新东方学校侵犯著作权和商标专用权纠纷案

一、案情简介

原告是美国教育考试服务中心（Educational Testing Service，ETS），住所地：

美国新泽西州 08541 普林斯顿罗斯代尔路和卡特路。

被告是北京市海淀区私立新东方学校（以下简称"新东方学校"）。法定代表人俞敏洪，该学校校长。

ETS 成立于 1948 年，主持开发了美国大学、研究生院入学考试以及以英语作为外语的考试，即 TOEFL 考试。

TOEFL 考试一般包括写作、听力、语法和阅读四个部分的内容，其中，写作、听力和语法部分的考题（包括题干和选择项）是 ETS 的工作人员独立命题。阅读部分所涉及的大部分文章则是整段地从专业杂志上摘录下来，再由 ETS 的工作人员以该段文章为基础设计考题。命题完成后，先由 ETS 的两名工作人员进行审核，再由 ETS 聘请的专家审核。审核完成后，将试题交给一些不知道考题性质的学生解答，并由 ETS 的工作人员根据学生解答的情况对试题进行修改和删除。最后，由 ETS 聘请的专家最终审定。1989 年至 1999 年，ETS 将其开发的 53 套 TOEFL 考试试题在美国版权局进行了著作权登记。

1988 年至 1995 年，ETS 以 TOEFL（文字）作为商标在中国核准注册号为746636、771160、176265 的商标，核定使用的范围分别是录音带、考试服务、出版物等，有效期分别为 1995 年 5 月 21 日至 2005 年 5 月 20 日、1994 年 11 月7 日至 2004 年 11 月 6 日和 1988 年 4 月 30 日至 1998 年 4 月 29 日。

1997 年 1 月，北京市工商行政管理局就新东方学校擅自复制 TOEFL 考试试题的行为进行稽查，并暂扣了《TOEFL 全真题精选》等书籍资料。有关谈话记录表明：1996 年 1 月，北京市工商行政管理局已经就新东方学校擅自复制TOEFL 考试试题的行为进行过一次稽查，对该事实，俞敏洪未提出异议。同时，在该次谈话过程中，俞敏洪陈述："美国在中国的考题都是保密的，任何考生都不可能带出考点……"此后，新东方学校针对前述稽查行动向北京市工商行政管理局出具保证书，承认其复制发行 TOEFL 考试试题的行为侵犯了 ETS 的著作权。

1997 年 8 月 17 日，作为 ETS 委托代理机构的中原信达公司与新东方学校签订"盒式录音带复制许可（协议）"和"文字作品复制许可协议"，分别授权新东方学校以非独占性的方式复制协议附件中所列 ETS 享有版权的录音制品和文字作品作内部使用。两协议的有效期均至 1998 年 8 月 16 日届满。新东方学校同意只在课堂上与其学生使用上述两协议涉及的有关资料，不允许学生将有关资料带回家中做练习用，新东方学校不能销售、租借或是许可有关资料给任何其他单位，包括但不局限于其他准备考试学校或他们的机构。

2000 年 11 月 15 日，北京市工商行政管理局宣武分局对新东方学校进行稽查，并扣留封存了部分涉嫌侵权的书籍。

2000 年 11 月 9 日和 2000 年 12 月 25 日，ETS 分别委托他人在位于北京市海淀区中关村路 15 号的新东方学校公证购买了包括听力分册、听力文字分册、语法分册、阅读分册、作文分册、最新练习题选编第一、二、三册等在内的"TOEFL 系列教材"和听力磁带。委托他人在新东方学校服务台获得的《新东方学校招生简章 2000 年》中载明，TOEFL 信宿班所收取的费用中包含资料费、磁带费、住宿费、学费。2000 年 11 月 13 日，ETS 委托他人使用北京市公证处的计算机上网登录新东方学校网站主页（网址为 http：www.neworiental.org），并先后通过单击"瑛文书店""TOEFL"进入 TOEFL 培训教材书籍目录页面，可以邮购的有关 TOEFL 资料内容涉 1999 年以前的大部分 TOEFL 考试试题。ETS 没有在网上订购或邮购上述书目或磁带。

2001 年 11 月，ETS 和新东方学校就 ETS 委托他人公开购买的上述被控侵权出版物中被控侵权的部分和与之有关的 TOEFL 考试试题进行了对比。对比结果为：

听力分册、听力文字答案、语法分册、阅读分册、最新练习题选编第一册、最新练习题选编第二册和最新练习题选编第三册中被控侵权部分的内容与相关的 TOEFL 考试试题内容一致；听力磁带除了部分磁带的朗读者不同，朗读内容的时间间隔不同以及部分朗读内容不同以外，大部分内容相同，且与听力文字答案相同。

在上述被控侵权出版物中，听力分册、听力文字答案、听力磁带、语法分册和阅读分册是将多套 TOEFL 考试试题中的听力、语法、阅读部分收录在一本分册中；而最新练习题选编第一册、最新练习题选编第二册和最新练习题选编第三册中则是将多套 TOEFL 考试试题整套的予以收录。

在上述被控侵权出版物中，听力分册、听力文字答案、阅读分册、语法分册、作文分册的封面均用醒目的字样标明"TOEFL 系列教材"。在整个封面中"TOEFL"字样为红色，且字体最大。在听力磁带包装盒的封面、封底以及磁带两侧标签上，均用相同大小、颜色的字体标明"TOEFL 听力磁带"。

在北京天正会计师事务所有限责任公司于 2001 年 5 月 30 日出具的审计报

告中载明："根据委托审计函要求，审计期应自 1998 年 1 月至 2001 年 1 月，而据所提供的会计资料并没有 2001 年 1 月的相关账簿、凭证、报表及其他资料，所以，2001 年 1 月的审计无法进行，本审计截止期至 2000 年 12 月 31 日止。……该校在培训过程中向受培训人员收取资料费。在培训费中是否含有资料费用，审计中对此曾予以关注，但没有证据足以证明。资料费的收取，无一例外地都不标注收取的是什么资料费，且收费高低差距较大，从收费不同看其种类繁多，无法认定 TOEFL 的资料收费情况。"该报告中载明，新东方学校 TOEFL 的培训收入：1998 年为 5210709 元，占全年培训总收入的 20.1%；1999 年为 8498039元，占全年培训总收入的 23.5%；2000 年为 19795214 元，占全年培训总收入的24.3%。新东方学校的资料收入：1998 年为 3012702 元，1999 年为 4931191 元，2000 年为 6983357 元。

二、争议焦点

原告 ETS 诉称，自 20 世纪 90 年代中期以来，新东方学校未经 ETS 的同意大量复制、出版和发行 ETS 享有著作权和商标权的 TOEFL 考试试题，非法获利巨大，给 ETS 造成了损害。新东方学校还未经授权向其他国家的个人提供侵权的 TOEFL 材料。为制止新东方学校的侵权行为，ETS 第三次向国家工商行政管理机关举报，国家工商行政管理机关于 2000 年 11 月 15 日对新东方学校进行了检查并封存了侵权的 TOEFL 材料。但新东方学校在被查处后仍然无视 ETS 的著作权和商标权，在其书店中继续大肆销售侵权的 TOEFL 材料。尤为严重的是，新东方学校于 2000 年 12 月 13 日起将侵权材料上传到一个新的网站上，任何国家的任何人均可以从网站上下载这些材料。新东方学校的行为不仅侵犯了 ETS拥有的著作权及商标权，而且危及 TOEFL 考试的安全和权威性，贻害中国考生。综上，请求人民法院判令被告：

（1）停止一切侵犯 ETS 著作权和商标权的行为；

（2）销毁其所有的侵权资料和印制侵权资料的软片；

（3）在全国媒体上向 ETS 公开赔礼道歉；

（4）消除因侵权造成的影响；

（5）赔偿 ETS 经济损失人民币 20292439.75 元；

（6）承担 ETS 为制止其侵权行为而支付的合理费用 1418197.09 元和本案诉讼费。

被告新东方学校辩称：

（1）关于 ETS 起诉侵犯其著作权的问题。新东方学校是根据中国法律设立的非营利性教育机构，主要从事英语、计算机等专业的教育培训和研究。TOEFL 考试培训是新东方学校开办的教育培训项目之一，新东方学校强调在实质性地提高英语水平的同时，培养学习者的应试技巧。这种学习方法，必然以教学双方获得并使用 TOEFL 考试以往的试题为教学的条件之一。TOEFL 考试以往的试题，在中国、美国或其他国家的学生和应试者中都有流传。对 ETS 而言，不论其对这些试题采取何种保密措施，一旦某一特定试题在众多的应试者参加考试，获知试题内容后，在法律上应没有权利要求禁止特定 TOEFL 考试试题信息的流传。新东方学校为满足学生的学习需要，在无法获得 ETS 授权的情形之下，只有将由各种渠道获得的 ETS 享有著作权的 TOEFL 以往考试的部分试题，根据学生的数量和要求进行复制，以用于课堂教学。由于在管理方面的问题，新东方学校没有完全控制复制的试题在本校学生中使用，出现过向学生之外的人销售的情形。新东方学校出现的这类问题，违反了《著作权法》的有关规定。但就总体而言，新东方学校复制的 TOEFL 试题，是由新东方学校在课堂教学中使用的，根据中国著作权法第二十二条的规定，这种使用属于合理使用，无须获得 ETS 的授权。因此，ETS 要求全面禁止新东方学校复制其 TOEFL 试题，缺乏法律依据，不能成立。

（2）关于 ETS 起诉侵犯其商标权的问题。新东方学校在教学中使用的一些资料上，确曾使用过 TOEFL 字样，作为资料名称的组成部分。虽然 ETS 在中国注册了相关的商标，但是，新东方学校的这种使用，是在 TOEFL 已经成为 ETS 某一考试的专有名称，为说明和叙述有关资料而作的使用，与作为商标的使用在目的和实际效果上完全不同，根据中国商标法的有关规定，不应被视为侵犯商标专用权的行为。因此，ETS 要求新东方学校承担侵犯其商标权的法律责任，缺乏法律依据，不能成立。综上所述，ETS 起诉的部分诉讼请求不能成立，请法院依法作出裁判。

三、法理分析

（一）关于 ETS 对新东方学校侵犯其著作权的指控是否成立

我国《著作权法》规定，外国人在中国境外发表的作品，根据其作者所属国同中国签订的协议或者共同参加的国际条约享有的著作权，受本法保护。由于中国和美国均为《伯尔尼保护文学和艺术作品公约》的成员国，依据该公约，我国有义务对美国国民的作品在中国给予保护。

ETS 作为 TOEFL 考试的主持、开发者，从考查考生听、读、写各项技能的要求出发，独立设计、创作完成了 TOEFL 考试中写作、听力和语法部分的试题，以专业报刊、杂志上已经发表的文章为基础设计、创作了阅读部分的考题，并在美国就 53 套 TOEFL 考试试题进行了著作权登记。从 TOEFL 考试试题的内容来看，分为听力、语法、阅读和写作 4 个部分，在每一道考题的设计、创作上，每个部分的试题中每一道考题的选择、编排方面，整套试题中每个部分的试题的选择、编排方面，TOEFL 考试试题具有独创性，属于我国著作权法保护的作品范畴。未经著作权人许可，任何人不得擅自复制、发行该考试试题。

对于 ETS 关于未经其许可复制、发行 TOEFL 考试试题的侵权指控，新东方学校提出其使用方式属于合理使用的抗辩理由。从新东方学校提交的证据分析，第一，"盒式录音带复制许可（协议）"和"文字作品复制许可协议"中明确约定了使用范围，根据查明的事实，新东方学校将 TOEFL 考试试题以出版物的形式在其校内和网上向不特定人公开销售，超出了协议约定的使用范围；第二，两协议的有效期均至 1998 年 8 月 16 日届满，新东方学校如欲继续使用 TOEFL 考试试题，必须与 ETS 或者 ETS 合法授权的代理人签订新的使用协议。但新东方学校并未提交相关证据；第三，世界图书出版公司出版发行《TOEFL 语法全真题详解》的事实不能证明新东方学校复制、发行 TOEFL 考试试题获得了 ETS 的授权，该事实不能作为其未经 ETS 许可使用 TOEFL 考试试题的理由，故与本案无关；第四，新东方学校大量复制并销售 ETS 享有著作权的作品，超出了课堂教学合理使用作品的范围。其关于教学所涉及的学习方法必然以使用 TOEFL 考试试题为教学条件的抗辩理由，不是法定的免责事由，不能成立。因此，新东方学校提交的有关证据均不能佐证其"合理使用"的主张，对其抗辩理由本院不予支持。由于新东方学校在未经 ETS 许可的情况下，擅自复制 ETS 享有著作权的 TOEFL 考试试题，并将试题以出版物的形式通过互联网等渠道公开销售，其行为侵害了 ETS 的著作权。

（二）关于 ETS 对新东方学校侵犯其商标专用权的指控

我国《商标法》规定，商标注册人享有商标专用权，受法律保护。注册商标的专用权，以核准注册的商标和核定使用的商品为限。未经商标注册人的许可，在同一种商品或者类似商品上使用与其注册商标相同或者近似商标的属于侵犯注册商标专用权的行为。ETS 将 TOEFL（文字）作为商标核准注册，且其注册商标均在有效期内，故依据我国《商标法》，ETS 对 TOEFL（文字）在第 9 类、第 41 类和第 68 类上享有商标专用权，其合法权利受法律的保护。根据现有证据，新东方学校在由其发行的 TOEFL 考试试题出版物封面上以醒目的字体标明 TOEFL 字样，并在听力磁带上使用 TOEFL，其使用 TOEFL 的商品类别与 ETS 注册的第 9 类、第 41 类和第 68 类的商品类别相同，其标明的 TOEFL 字样也与 ETS 的注册商标完全一致。故新东方学校在与 ETS 核定使用商品类别相同的商品上使用了 ETS 的注册商标，构成对 ETS 注册商标专用权的侵犯。新东方学校关于其对 TOEFL 的使用属于"为说明和叙述有关资料而作的使用"，从而不构成侵权的抗辩理由不能成立，本院不予支持。

综合上述两方面，新东方学校的行为已经构成对 ETS 著作权和 TOEFL 商标专用权的侵犯，应当承担停止侵害、赔偿损失、消除影响、向 ETS 赔礼道歉等民事责任。ETS 因本案诉讼支出的合理费用，新东方学校亦应赔偿。

四、关于赔偿数额的确定

新东方学校自 1997 年 1 月始已经实施侵犯 ETS 著作权的行为，根据审计报告的有关数据反映，其侵权行为在 1998－2000 年一直处于连续的状态。但根据现有证据，ETS 在 1997 年向有关机关举报后直至 2000 年 11 月 15 日，一直未向新东方学校主张权利，故本案赔偿数额的计算应当从 2000 年 11 月 15 日向前追溯 2 年，即从 1998 年 11 月 15 日开始计算。从审计报告中可以看出，新东方学校向学员开具的收费票据反映的内容不全面，财务账目中也有不清晰之处，故不能准确地计算其非法获利情况。在新东方学校没有举证予以说明的情况下，其应当承担相应的不利的后果。审计报告表明，新东方学校的收入主要是资料费和培训费，因此，赔偿数额的计算也主要以这两项收入为依据。其中，资料费中涉及侵权出版物和录音制品的部分，本院将参照 TOEFL 培训在全年培训收入中所占比例予以确定。根据有关证据，培训收入中也包含有资料费，但不能确定涉及侵权的出版物和录音制品在培训收入中所占的份额，故本院将酌情以一定比例计算。1998 年的资料费和培训费，只按照平均数计算其中 11 月和 12 月的收入。鉴于 ETS 在主张权利的过程中，确实支付了一定的费用，且这些费用与本案诉讼具有直接关系，故本院酌情予以确定。由于新东方学校因侵犯 ETS 著作权和商标专用权的行为所获利润相互重合，故法院一并予以计算。

五、裁判启示

（一）一切创造性劳动都受法律保护

试题的编制属于特殊的脑力劳动创造，如果每一道试题从设计创作过程看，需付出创造性劳动才能完成，则该试题具有独创性，属于我国著作权法意义上的作品，应受《著作权法》的保护，由此汇编而成的整套试题也应受到我国法律保护。

（二）应区分著作权与商标权保护

著作权与商标权虽然都属于知识产权的范畴，但两者又存在着明显的不同，我国《商标法》和《著作权法》分别作了不同的规定，在处理涉及两者的侵权问题时，应区分各自不同的特性，按照不同的法律进行处理，非商标意义上使用他人注册商标标识不构成侵犯商标权，但可能构成著作权侵权。

第九章

其他知识产权法律实务

第一节 反不正当竞争法实务

一、欺骗性交易行为的认定与处理

欺骗性市场交易行为是指经营者采用假冒、模仿和其他虚假手段从事市场交易，牟取非法利益的行为，包括经营者不正当地利用他人的商业信誉和商品声誉，致使其经营的商品与他人的商品相混淆，经营者隐瞒事实真相或虚构事实，造成消费者和用户对其商品的质量、性能、成分、用途等发生误认、误购，等等。欺骗性市场交易行为不仅扰乱了经济秩序，而且严重损害了消费者和正当经营者的合法权益。我国法律对于欺骗性交易采取了综合处理模式，运用相关法律对欺骗性交易进行处理。

（一）欺骗性交易行为的《商标法》处理

《商标法》对于假冒他人商标行为做了规定，针对利用不正当手段模仿、混淆等欺骗社会公众的各种行为，《商标法》第六十条规定：有本法第五十七条所列侵犯注册商标专用权行为之一，引起纠纷的，由当事人协商解决；不愿协商或协商不成的，商标注册人或利害关系人可以向法院起诉，也可以请求工商管理部门处理。工商行政管理部门处理时，认定侵权行为成立的，责令立即停止侵权行为，没收、销毁侵权商品和专门用于制造侵权商品、伪造注册商标标识的工具，并可处以罚款。当事人对处理决定不服的，可以自接到处理通知之日起 15 日内依照行政诉讼法向法院起诉；侵权人期满不起诉又不履行的，工商管理部门可以申请法院强制执行。进行处理的工商行政管理部门根据当事人的请求，可以就侵犯商标专用权的赔偿数额进行调解；调解不成的，当事人可以依照《民事诉讼法》向人民法院起诉。

（二）欺骗性交易行为的《中华人民共和国产品质量法》处理

欺骗性交易往往与产品质量低劣联系在一起，由于自己生产的产品质量低劣，给消费者造成损害，应承担相应的法律责任，《中华人民共和国产品质量法》（以下简称《产品质量法》）第五十三条规定：经营者伪造产品产地的，伪造或冒用他人的厂名、厂址的，伪造或冒用认证标志等质量标志的，责令改正，没收违法生产、销售的产品，并处违法生产、销售产品货值金额等值以下的罚款；有违法所得的，并处没收违法所得；情节严重的吊销营业执照。产品质量是否合格，在实际纠纷的处理中需要相关部门的检验。

（三）欺骗性交易行为的《反不正当竞争法》处理

欺骗性交易往往损害竞争对手的合法权益，《反不正当竞争法》第十八条规定：经营者违反本法第六条规定实施混淆行为的，由监督检查部门责令停止违法行为，没收违法商品。违法经营额 5 万元以上的，可以并处违法经营额五倍以下的罚款；没有违法经营额或者违法经营额不足 5 万元的，可以并处 25 万元以下的罚款。情节严重的，吊销营业执照。经营者登记的企业名称违反本法第六条规定的，应当及时办理名称变更登记；名称变更前，由原企业登记机关以统一社会信用代码代替其名称。同时，对于《商标法》《产品质量法》不能规制的欺骗性交易行为，《反不正当竞争法》则作了相应的处理性规定。

二、商业贿赂交易的认定与处理

商业贿赂是指经营者以排斥竞争对手为目的，为争取交易机会，暗中给予交易对方有关人员和能够影响交易的其他相关人员以财物或其他好处的不正当竞争行为，是贿赂的一种形式，但又不同于其他贿赂形式。

（一）商业贿赂的基本认定

《反不正当竞争法》第七条规定，经营者不得采用财物或者其他手段进行贿赂以销售或者购买商品。在账外暗中给予对方单位或者个人回扣的，以行贿论处；对方单位或者个人在账外暗中收受回扣的，以受贿论处。经营者销售或者购买商品，可以以明示方式给对方折扣，可以给中间人佣金。经营者给对方折扣、给中间人佣金的，必须如实入账。

（二）典型商业贿赂行为的辨别

回扣、折扣与佣金是商业贿赂罪常见的三种情况，在市场交易中存在着模糊认识。回扣是指卖方从买方支付的商品款项中按一定比例返还给买方的价款。折扣是买卖货物时按原价的若干成计价。佣金是企业在销售业务发生时支付给中间人的报酬，中间人必须是有权从事中介服务的单位或个人，但不包括本企业的工作人员。三者的区别在于以下几个方面：

（1）回扣是卖方销售商品或者劳务后，从收到买方的价款中抽出一部分返还给买方或者中间人；而折扣的实质是减价销售，即变相减低销售价格。佣金是履行居间合同时支付给中间人的正当劳动报酬。

（2）买方或中间人可以通过回扣直接获得额外的收入；而在折扣的前提下，买方或者中间人得到的好处只是少付款，并没有额外的收入。

（3）回扣可以支付交易的当事人也可以支付给经手人或中间人，佣金是经营者付给中间人或居间人的，但折扣只交付给当事人。

（4）回扣的最显著特点是账外收入，即没有进入正常的会计财务账；而折扣必须以明示并如实的方式进行，必须反映在正规的会计财务账目中。佣金是以明示的方式公开支付的报酬。

（三）商业贿赂交易的处理

1.商业贿赂的行政处理

根据《反不正当法》第三条，各级人民政府应当采取措施，制止不正当竞争行为，为公平竞争创造良好的环境和条件。国务院建立反不正当竞争工作协调机制，研究决定反不正当竞争重大政策，协调处理维护市场竞争秩序的重大问题。

2. 商业贿赂的刑事处理

商业贿赂行为中构成犯罪的，适用刑法。公司、企业或者其他单位的工作人员利用职务上的便利，索取他人财物或者非法收受他人财物，为他人牟取利益，数额较大的，处5年以下有期徒刑或者拘役；数额巨大的，处5年以上有期徒刑，可以并处没收财产。公司、企业或者其他单位的工作人员在经济往来中，利用职务上的便利，违反国家规定，收受各种名义的回扣、手续费，归个人所有的，依照前款的规定处罚。《反不正当竞争法》第一百六十四条规定：为牟取不正当利益，给予公司、企业或者其他单位的工作人员以财物，数额较大的，处3年以下有期徒刑或者拘役；数额巨大的，处3年以上10年以下有期徒刑，并处罚金。

三、侵犯商业秘密的认定与处理

（一）商业秘密的界定

商业秘密，是指不为公众所知悉、具有商业价值并经权利人采取相应保密措施的技术信息和经营信息。

（1）不为公众所知悉，是指该信息是不能从公开渠道直接获取的。

（2）能为权利人带来经济利益、具有实用性，是指该信息具有确定的可应用性，能为权利人带来现实的或者潜在的经济利益或者竞争优势。

（3）权利人采取保密措施，包括订立保密协议，建立保密制度及采取其他合理的保密措施。

（4）技术信息和经营信息，包括设计、程序、产品配方、制作工艺、制作方法、管理诀窍、客户名单、货源情报、产销策略、招投标中的标底及标书内容等信息。

（5）权利人是指依法对商业秘密享有所有权或者使用权的公民、法人或者其他组织。

（二）侵犯商业秘密的处理

1. 侵犯商业秘密的《反不正当竞争法》处理

《反不正当竞争法》对侵犯商业秘密行为规定的处罚方式，一是由监督检查部门责令停止违法行为，二是可根据情节由监督检查部门处 10 万元以上 50 万元以下的罚款；情节严重的，处 50 万元以上 300 万元以下的罚款。实践中，权利人还可依照合同法、劳动法的有关规定，对违反约定侵犯商业秘密的行为要求制裁。

2. 侵犯商业秘密的《刑法》处理

《刑法》第二百一十九条侵犯商业秘密罪，是指以盗窃、利诱、胁迫或者其他不正当手段获取权利人的商业秘密，或者非法披露、使用或者允许他人使用其所掌握的或获取的商业秘密，给商业秘密的权利人造成重大损失的行为。侵犯商业秘密罪侵犯的客体既包括国家对商业秘密的管理制度，又包括商业秘密的权利人享有的合法权利。犯罪主体是一般主体，既包括自然人，也包括单位。

第二节　网络著作权法实务

随着互联网的快速发展，网络侵权问题成爆发之势，据中国互联网络信息中心（CNNIC）2012 年 1 月 16 日发布的《第 29 次中国互联网络发展状况统计报告》，截至 2011 年 12 月底，我国网民规模达到 5.13 亿人，全年新增网民 5580 万；互联网普及率较上年年底提升 4 个百分点，达到 38.3%；我国手机网民规模达到 3.56 亿人，同比增长 17.5%。我国已经成为世界上网民队伍最为庞大的国家。由于网络传播的便捷性，不同于一般的侵权案件，使得网络侵权救济具有极大的难度：一是取证难，如果不及时采取保全措施，侵权作品很快会被淹没或被删除，证据极易灭失；二是诉讼难，烦琐的诉讼程序不适应网络的发展，现实中网络著作权侵权的普遍存在往往让作者在维权方面力不从心；三是普通作者的专业知识不足，维权意识不强，不知道如何维护自己的合法权益，因此，网络著作权案件的处理有着极大的难度，需要更专业的知识与能力。

一、网络著作权侵权的认定

互联网作为一种媒体，其特征是以数字技术为标志的作品的创作、传播，与传统作品相比有较大的区别，认定网络侵权案件需要注意以下几个方面的问题。

（一）网络著作权侵权的违法性

虽然网络侵权有自己的特点，但必须违反法律规才需要承担责任，只有那些违反相关法律规定的行为才能成为著作权侵权行为，由于我国尚没有专门针对网络著作权的法律规定，所以在判断网络侵权的过程中主要是依据我国《著作权法》及其实施条例。《著作权法》第四十七条规定，有下列侵权行为的，应当根据情况，承担停止侵害、消除影响、赔礼道歉、赔偿损失等民事责任：未经著作权人许可，发表其作品的；未经合作作者许可，将与他人合作创作的作品当作自己单独创作的作品发表的；没有参加创作，为谋取个人名利，在他人作品上署名的；歪曲、篡改他人作品的；剽窃他人作品的；未经著作权人许可，以展览、摄制电影和以类似摄制电影的方法使用作品，或者以改编、翻译、注释等方式使用作品的，本法另有规定的除外；使用他人作品，应当支付报酬而未支付的；未经电影作品和以类似摄制电影的方法创作的作品、计算机软件、录音录像制品的著作权人或者与著作权有关的权利人许可，出租其作品或者录音录像制品的，本法另有规定的除外；未经出版者许可，使用其出版的图书、期刊的版式设计的；未经表演者许可，从现场直播或者公开传送其现场表演，或者录制其表演的；其他侵犯著作权以及与著作权有关的权益的行为。与此同时，我国《信息网络传播权保护条例》对于网络传播行为作了规定，通过信息网络擅自向公众提供他人的作品、表演、录音录像制品的；故意避开或者破坏技术措施的；故意删除或者改变通过信息网络向公众提供的作品、表演、录音录像制品的权利管理电子信息，或者通过信息网络向公众提供明知或者应知未经权利人许可而被删除或者改变权利管理电子信息的作品、表演、录音录像制品的；为扶助贫困通过信息网络向农村地区提供作品、表演、录音录像制品超过规定范围，或者未按照公告的标准支付报酬，或者在权利人不同意提供其作品、表演、录音录像制品后未立即删除的；通过信息网络提供他人的作品、表演、录音录像制品，未指明作品、表演、录音录像制品的名称或者作者、表演者、录音录像制作者的姓名（名称），或者未支付报酬，或者未依照本条例规定采取技术措施防止服务对象以外的其他人获得他人的作品、表演、录音录像制品，或者未防止服务对象的复制行为对权利人利益造成实质性损害的等行为都属于违法行为，在处理网络侵权案件过程中，应以法律作为依据，才能正确认定违法行为。

（二）有网络著作权侵权的事实

侵犯网络著作权必须有侵权的事实，网络侵权与一般侵权行为有一定的区别，首先是网络著作权权属应该明确，那些权利归属不明确，不能确定是由谁来享有网络著作权的作品则被排除在外，其次是在网络环境下侵犯著作权所造成的损害，再次是必须达到一定的程度，只有在量上达到一定程度的损害才可以在法律上认定，如果情节轻微，一般无须承担责任。

（三）网络著作权侵权行为与损害事实之间具有因果关系

由于网络环境下虚拟的特性，网络侵权比现实社会中的情况更为复杂，要认定侵害网络著作权的违法行为引起了对网络著作权的损害结果，需要从时间上的顺序性、客观实在性以及条件必要性等方面进行综合确定，因果关系的确定本身比较复杂，应该结合具体的案情，不能简单地孤立认定。

二、网络著作权侵权的处理

（一）证据的收集与采信

网络著作权案件中，证据一般为电子形式，存储于各种电子介质中，而这些电子介质不同于纸质证据，一方面无法直接感知，另一方面极易遭受外来影响而被破坏。所以，网络著作权纠纷中的电子证据往往是不确定的，极易被人截取、修改或编辑，使其内容完全改变，甚至可以不留任何痕迹地被删除，使其灭失，这就使得这些电子证据可能会失真而无法单独直接地证明待证事实。同时，这种对电子证据进行篡改删除的行为又是任何人（包括产生电子证据的人和接触电子证据的人）都可以完成且很难被查清的，这就会使得相关权利人在诉讼中搜集证据的难度变大，无法举证证明侵权事实的存在，最终可能会导致案件因证据不足而被申请撤诉或被法院驳回。所以，网络著作权侵权的证据收集应符合特定的要求，针对网络著作权纠纷案件中取证举证难的情况，一方面，权利人可以在收集相关证据的初期，就对各证据的电子介质制定出一个详细的清单，清单上要记录下该证据的详细信息以及对该证据所进行过的所有操作行为，从而形成一条完整的证据保管链。同时还要采取严格的控制与监管措施，未经授权任何人都不能接近该证据，以避免证据在收集和保管过程中被人篡改。另一方面，权利人在收集相关证据的时候，应当采取多种途径来获取，以避免因取得的证据不足而导致失败。

（二）赔偿责任的承担

《著作权法》第四十九条规定：“侵犯著作权或者与著作权有关的权利的，侵权人应当按照权利人的实际损失给予赔偿；实际损失难以计算的，可以按照侵权人的违法所得给予赔偿。赔偿数额还应当包括权利人为制止侵权行为所支付的合理开支。权利人的实际损失或者侵权人的违法所得不能确定的，由人民法院根据侵权行为的情节，判决给予五十万元以下的赔偿。”根据这一规定，律师在代理网络著作权案件中，应合理选择赔偿的数额，否则，可能无法得到法院的支持，无法真正维护当事人的合法权益。

第十章

笔者审理知识产权案件典型实例解析

第一节　知识产权案件审理述评

毛主席说，"要想知道梨子的味道，就要亲口尝一尝"。只有亲身经历才能知道事物的内在规律和运行机制，笔者担任知识产权法官期间审理的案件对于认识知识产权纠纷的处理有极大的帮助，将自己经历过的案件整理出来，记录审理过程中的所思所想，分析处理案件的利弊得失，或许更有说服力，可以为其他同仁处理类似案件提供借鉴。

一、裁判补记

本章选录的案件都是作者担任法官期间审理的已经判决生效的案件，都是在当时的情况下根据事实和法律所做的客观判断，结案后，再重新审视这些案件，发现还是有很多地方值得总结。

（一）充分的准备

充分的准备是审理好案件的重要步骤，开庭前，法官应该对于案情和相关法律做到心中有数。由于开庭的时间和条件有限，只有有针对性地进行法庭调查，发挥法官的主导作用，才能提高庭审的效率，但由于客观的因素，往往很难做到这一点，许多案情非常复杂，仅靠开庭的几个小时或者几十分钟很难搞清楚事情的来龙去脉，因此，需要法官在庭前做好准备，初步了解案情，列出审判提纲，明确审理的重点，才能主导庭审，查清案件事实，做出正确判断。

（二）当庭的决定

开庭时当事人提交的证据或提出的主张都希望得到法官的回应，但出于慎重的考虑，法官在大多情况下不愿或不敢当庭做出决定，这样做虽然有好处，但对于提高审判效率，及时化解矛盾解决纠纷是不利的。所以，法官应分清需要当庭做出决定的和需要庭后再进行审核的情形，才能使审理更加透明，处理更加高效，裁判结果也会更加公正。

（三）裁判文书的写作

裁判文书是人民法院审理过程和裁判结果的法律文书，裁判文书的写作是对案件结果的确认。有人说"裁判文书是一面镜子"，可以折射出一定时期的司法制度和司法水平。也有人说"裁判文书是一把尺子"，可以衡量一位法官的政治品质和办案水平。在办案过程中，虽然法律文书一直是一项非常值得重视的工作，但遗憾的地方还是很多，例如，阐述理由不充分、罗列证据、当事人主张的内容太多、不能重点突出、表达不明造成歧义等问题时有出现。这些问题都需要改进。

二、办案体会

面对同样的事实，不同的人会有不同的认识。律师与法官虽然都属于法律共同体的一员，但由于所处的位置和职业习惯不同，难免会有分歧和冲突。在处理具体知识产权案件的过程中，站在不同的角度，律师与法官的思维方式是不同的，律师考虑的是维护当事人的合法权益，法官考虑的是公平裁判，由于本能的原因，当事人往往不说真话，千方百计地为自己开脱，目的就是为了不承担责任。这给法官办理案件带来了极大的难度。"以事实为根据，以法律为准绳"是基本要求，法官的任务是要查清事实，但在当事人都不愿说真话或者一方说真话一方说假话的情况下，要查清事实就非常难。教科书要求要以证据为准，民事诉讼法规定"谁主张谁举证"，但在办理案件的过程中何其难也。一个事实可能有很多证据，而且有真证据，有假证据，要做出分别是很不容易的，当事人自己知道真相，唯独法官不知道，而又要法官做出决定，一旦做出错误的决定，法官要承担责任。作为法官真的不容易。当事人的心态也极为复杂，不要说判决结果对自己不利会不高兴，就是在庭审前的交流中，说到对自己有利的方面自是非常高兴，对法官的态度也表现得极度恭敬与谦卑，而一旦谈到对自己不利的方面，就马上变脸，责怪法官不尊重他的意见，为什么只听对方的，偏听偏信。法官审理案件需要做出自己的判断，但这种判断不能是凭空的，必须建立在与当事人充分交流的基础上才能得出最接近事实真相的结论，完全不与当事人交流，只凭庭审的几小时就进行判案是不负责任的，但是，法官与当事人的正常交流异常困难，与一方的充分交流意味着对另一方的不公正，而且，还会有诸多不必要的麻烦与嫌疑，因此，换位思考更有助于案件的处理和问题的解决。

三、裁判结果述评

在笔者处理的一百多起案子中没有一起上诉，这是最值得欣慰的。虽然不能说处理的结果完全正确，但是不上诉本身说明当事人对于裁判结果是可以接受的，也说明当时准确把握了知识产权案件处理的核心精神。总结原因，主要有以下几点。

（一）充分尊重当事人的权利

在案件审理过程中，严格按照民事诉讼法的规定，让当事人充分表达自己的意见，发表自己的观点，提交充分的证据，同时，组织当事人进行质证，允许一方反驳另一方的观点，在充分辩论的基础上，法官做出判断，尽可能还原事实真相，做出正确的处理。

（二）及时沟通

知识产权案件与民事、行政及刑事案件都有所不同，原被告通常都比较理性，也容易沟通，在庭审时不能解决的问题，庭审后及时与当事人沟通，将法官认为需要解决的问题、需要补充的证据、补充的意见以及涉及的法律问题等都要与当事人及时交流，只要沟通到位，大多数案件都可以得到当事人的理解，有助于案件的调解结案，即使不能调解的案件，法官做出的判决一般都在当事人的预期当中，当事人都可以接受。

（三）释法清晰

扎实的专业知识是处理好案件的基础，法官是法律的专家，在法庭上，法官除公正地审理案件外，一个重要的工作是向当事人释明法律，由于知识产权案件的专业性较强，许多当事人不懂得法律法规，需要法官对于法律的规定做出解释，明确清晰地解释法律，也是对当事人普法的过程，当事人知晓法律规定后，对于案件的结果往往就有了明确的预期，对照法律，当事人对自己的行为和责任就有了明确的认识，可以对结果做出判断，他们对于法官的判决就不会有异议。

（四）尊重事实

"以事实为根据，以法律为准绳"是处理案件的基本原则。注重证据是法官处理案件的基本要求，法院审理的事实都是法律事实，为此，法官只能根据证据处理案件。通常而言，当事人在法庭上都会趋利避害，对自己有利的事实与证据都会承认或尽力自证，对自己不利的事实与证据都会竭力的否认。这样的做法实际上并不一定得到对自己最有利的结果，往往影响法官的判断力，也不会给法官留下好印象。法官处理案件最重要的是审查证据，如果符合法律规定的证据就会采信，否则，就不会采信。所以，在处理案件的过程中，尽可能做到采信证据与不采信证据的透明化，能够做到当庭确认的，尽量当庭确认，不能当庭确认的，也要在庭后尽快做出决定，并且告知当事人采信的理由是什么，不采信的理由是什么，让当事人做到心中有数，心服口服。

第二节　专利典型案件判例解析

一、孔某与江苏瑞澜光电科技有限公司侵害外观设计专利权纠纷案

（一）案情简介

原告孔某对 ZL200630082214.4 "路灯灯具（PV-1 单光源）"外观设计享有

专利权，2013 年原告发现被告江苏瑞澜光电科技有限公司制造并销售给山东省高唐县公用事业和园林管理局的产品涉嫌侵犯原告专利，给原告造成了巨大经济损失，遂起诉到法院，请求法院判令被告立即停止制造、销售侵权产品，判令被告赔偿原告经济损失以及支付合理费用共计 50 万元。

（二）审理思路

案件受理后，法院组成合议庭，针对原告起诉涉及的问题，形成如下审判思路。

1. 案由审查

案由审查关系法庭审理的范围，法庭审理以原告的案由为基础，原告以专利侵权为由进行诉讼，符合法律规定，属于本合议庭审理的范围。

2. 证据查证

证据查证是对案件证据的真实性、合法性进行全面审查的过程，为保证案件处理的正确，应当综合全案证据进行审查。本案中，原告提供的证据包括：① 2006 年 3 月 28 日，扬州托普莱特照明器材配套有限公司向国家知识产权局提出外观设计专利申请，2007 年 2 月 14 日获得授权的专利证书（专利号为 ZL200630082214.4，名称为路灯灯具 PV-1 单光源）。②专利证书附外观设计主视图、左视图、右视图、俯视图、仰视图。③ 2014 年 7 月 1 日，孔某与托普公司签订《技术转让合同》一份。④ 2016 年 6 月 6 日和 9 月 18 日，山东省济南市泉城公证处应原告的申请，两次到高唐县汇鑫路、鼓楼路进行证据保全公证，出具公证书一份。

3. 争议归纳

原被告争议的焦点主要有：①涉嫌侵权行为发生于 2013 年 8 月，原告于 2014 年 7 月才受让专利权，原告是否有权对本案被诉行为提起诉讼；②原告的起诉是否已经超过诉讼时效；③被诉产品与原告专利是否相同或者相似。

4. 法律依据

本案属于专利侵权之争，涉及的法律规定主要是《专利法》第十一条第二款、

第五十九条第二款、第六十五条以及《最高人民法院关于审理侵犯专利权纠纷案件应用法律若干问题的解释》（法释〔2009〕21号）第十条、第十一条的规定。

（三）裁判旨要

原告的专利权合法有效，应予保护。孔某受让专利权符合法律规定。经过比对，被诉侵权设计与授权外观设计在整体视觉效果上无明显差异，故被诉路灯的外观设计与涉案专利近似，落入原告专利的保护范围，被告侵犯了原告的外观设计专利权，应承担相应的民事责任。诉讼时效的期间自权利人知道或应当知道其权利被侵害时起算，本案中原告的涉案专利侵权赔偿请求的诉讼时效期间为两年，原告的诉讼请求没有超过诉讼时效。

（四）判决书

山东省济南市中级人民法院
民事判决书

（2016）鲁01民初1419号

原告：孔某，女，1983年2月6日出生，汉族，住江苏省镇江市。
委托代理人：徐长乐，山东众成清泰律师事务所律师。
被告：江苏瑞澜光电科技有限公司，住所地江苏省高邮市。
法定代表人：夏某某，董事长。
委托代理人：李高峰，江苏华朋律师事务所律师。

原告孔某与被告江苏瑞澜光电科技有限公司（以下简称"瑞澜公司"）侵害外观设计专利权纠纷一案，本院于2016年7月11日受理后，依法适用普通程序，公开开庭进行了审理。原告委托代理人徐长乐，被告委托代理人李高峰到庭参加诉讼。本案现已审理终结。

原告向本院提出诉讼请求：①判令被告立即停止制造、销售侵权产品；②判令被告赔偿原告经济损失以及支付合理费用共计50万元。事实和理由：原告是ZL200630082214.4"路灯灯具（PV-1单光源）"外观设计专利的合法权利人。原告经过调查发现，被告制造并销售给山东省高唐县公用事业和园林管理局涉嫌侵犯原告专利的产品324个，销售金额723288元。被告的行为侵犯了原告的合法权益。

被告辩称，涉嫌侵权行为发生于 2013 年 8 月，原告于 2014 年 7 月才受让专利权，原告无权对本案被诉行为提起诉讼；原告的起诉已经超过诉讼时效；被诉产品与原告专利既不相同也不相似；原告的诉讼请求缺乏事实和法律依据。请求驳回原告的诉讼请求。

原告围绕诉讼请求提供了证据，本院组织当事人进行了举证和质证，本院对于双方没有异议的证据予以采信并存卷佐证，双方没有异议的证据所证明的事实，本院确认如下：

2006 年 3 月 28 日，扬州托普莱特照明器材配套有限公司（以下简称托普公司）向国家知识产权局提出外观设计专利申请，2007 年 2 月 14 日获得授权。专利号为 ZL200630082214.4，名称为"路灯灯具（PV-1 单光源）"。专利证书附外观设计主视图、左视图、右视图、俯视图、仰视图。后视图与主视图对称，省略后视图。2007 年 5 月 9 日，扬州托普莱特照明器材配套有限公司将上述专利转让于江苏托普照明有限公司。2014 年 7 月 1 日，孔某与托普公司签订《技术转让合同》一份，合同约定托普公司将上述专利转让给孔某，孔某对转让之前的侵犯该专利的行为可依法主张权利。2014 年 7 月 24 日，上述专利的权利人由托普公司变更为孔某。该专利目前处于有效状态。该外观设计专利的设计要点体现在主视图、俯视图和仰视图上（详见附图一）。ZL2003301238541 外观设计专利于 2004 年 9 月 15 日获得授权，其公开了"飞鱼路灯（3）"外观设计。ZL2004301085733 外观设计专利于 2005 年 7 月 20 日获得授权，其公开了"路灯（雄鹰－2）"外观设计。上述两外观设计构成涉案专利的现有设计（详见附图二）。

附图一涉案专利的主视图、俯视图和仰视图。

附图二现有设计飞鱼路灯（3）和路灯（雄鹰－2）。

附图三被诉路灯的外观设计。

2016 年 6 月 6 日和 9 月 18 日，山东省济南市泉城公证处应原告的申请，两次到高唐县汇鑫路、鼓楼路进行证据保全公证，对该路段的路灯拍摄照片和视频，该路段路灯的外观设计详见附图三。

原告为申请证据保全公证而支付公证费 6000 元。

原、被告双方对上述被诉路灯工程是否由瑞澜公司实施存有争议，原告提交了招标公告、中标公示、工程合同和发票，被告认为上述证据存有瑕疵，不足以证明被诉路灯工程由被告实施。本院经审查认为，原告的上述证据虽然部分为复印件，但相互印证，形成证据优势，足以证明被诉路灯工程由被告实施。故认定下列事实：2013 年 3 月 8 日，高唐县政府网站公开了 2013 年城区路灯安装及改造项目招标公告。2013 年 4 月 10 日，高唐县政府网站公开了 2013 年城区路灯安装及改造项目预中标公示，瑞澜公司中标标段二工程（汇鑫路灯臂、灯具改造，鼓楼路东段路灯改造），包括 162 套 324 件被诉路灯。2013 年 5 月 8 日，高唐县公用事业和园林管理局与瑞澜公司签订一份路灯改造建设工程合同。2013 年 6 月 24 日，高唐县公用事业和园林管理局支付给瑞澜公司路灯改造费 357270.40 元。

本院认为，原告孔某的 ZL200630082214.4 "路灯灯具（PV-1 单光源）" 外观设计专利权合法有效，应予以保护。根据孔某与原专利权人托普公司签订的转让合同的约定，孔某对转让之前的侵犯该专利的行为可依法主张权利，故原告孔某有权提起诉讼。本案争议的焦点是被诉路灯的外观设计是否与涉案专利近似，依照《最高人民法院关于审理侵犯专利权纠纷案件应用法律若干问题的解释》（法释〔2009〕21 号）第十条、第十一条的规定，人民法院应当以外观设计专利产品的一般消费者的知识水平和认知能力，判断外观设计是否相同或者近似；人民法院认定外观设计是否相同或者近似时，应当根据授权外观设计、被诉侵权设计的设计特征，以外观设计的整体视觉效果进行综合判断；被诉侵权设计与授权外观设计在整体视觉效果上无差异的，人民法院应当认定两者相同；在整体视觉效果上无实质性差异的，应当认定两者近似。被诉路灯与涉案专利、现有设计相比，被诉路灯与涉案专利产品整体形状均为椭圆形；二者俯视图均为灯具背面，其线条所形成的图案相同；二者仰视图为灯具底面，其发光区和灯具底面边缘形成的图案近似。二者之间局部图案的不同不足以影响产品外观设计整体视觉效果，被诉路灯的外观设计与涉案专利近似，现有设计亦未公开被诉路灯的外观设计，故被诉路灯的外观设计落入原告专利的保护范围，被告侵犯了原告的外观设计专利权，应承担相应的民事责任。诉讼时效的期间自权利人知道或应当知道其权利被侵害时起算，本案中原告的涉案专利侵权赔偿请求的诉讼时效期间为两年，被告主张按照工程竣工时间计算本案已超过诉讼时效期间，但并未提交证据证明原告在工程竣工时已经知道或应当知道，故本院对被告的该项主张不予支持。对于赔偿数额，本院综合涉案专利权的类别、被告承揽涉案工程范围和利润、原告所支出的合理费用等因素酌情确定。

综上，依照《专利法》第十一条第二款、第五十九条第二款、第六十五条，

《最高人民法院关于审理侵犯专利权纠纷案件应用法律若干问题的解释》（法释〔2009〕21 号）第十条、第十一条的规定，判决如下：

（1）被告江苏瑞澜光电科技有限公司立即停止侵犯原告孔某ZL200630082214.4"路灯灯具（PV-1 单光源）"外观设计专利权的行为；

（2）被告江苏瑞澜光电科技有限公司于本判决生效之日起十日内赔偿原告经济损失及合理费用共计 5 万元；

如果未按本判决指定的期间履行给付金钱义务，应当依照《中华人民共和国民事诉讼法》第二百五十三条之规定，加倍支付迟延履行期间的债务利息。

案件受理费 8800 元，由原告孔某负担 4000 元，由被告江苏瑞澜光电科技有限公司负担 4800 元。

如不服本判决，可在判决书送达之日起十五日内，向本院递交上诉状，并按对方当事人的人数或者代表人的人数提出副本八份，并预交上诉案件受理费 [收款单位：财政票款分离（济南市中级人民法院）；开户行：农业银行济南市大观园支行，账号：15154101011830338]，上诉于山东省高级人民法院。

审判长　隋洪明

审判员　武守宪

代理审判员　王俊河

二〇一六年十一月八日

书记员　张蕾

二、山东七运集团有限公司与济南大久升降机械制造有限公司侵害实用新型专利权纠纷案

（一）案情简介

原告山东七运集团有限公司是 ZL201520572260.6"移动剪叉式升降机"实用新型专利的专利权人，原告发现被告未经许可，擅自生产、销售侵犯原告专利

权的产品，给原告造成经济损失，特请求人民法院判令被告立即停止侵犯专利权行为；赔偿经济损失和因维权支付的合理费用共计 5 万元。

（二）审理思路

1.案由审查

本案属于实用新型专利侵权案件，属于知识产权庭的受案范围，原告的起诉理由成立。

2.证据查证

本案原告提供的证据有：① 2015 年 7 月 31 日，原告就"移动剪叉式升降机"向国家知识产权局提出实用新型专利申请。2015 年 12 月 9 日，上述申请获得授权并公告，专利号 ZL201520572260.6。②作为侵权证据，2016 年 7 月 19 日，原告从被告处购买升降平台一台，取得产品宣传册两本，支付 11000 元。

3.争议归纳

本案的争议焦点集中于被告的被诉产品与原告的专利是否相同，被告的行为是否侵权。

4.法律依据

本案涉及的法律为《专利法》第十一条第二款、第五十九条第一款、第六十五条和《最高人民法院关于审理侵犯专利权纠纷案件应用法律若干问题的解释》（法释〔2009〕21 号）第七条的规定。

（三）裁判旨要

原告山东七运集团有限公司拥有的 ZL201520572260.6 "移动剪叉式升降机"实用新型专利权合法有效，应依法予以保护。被告的产品落入原告专利权的保护范围。被告未经许可，生产、销售侵犯原告专利权的产品，应承担停止侵权、赔偿损失的民事责任。

（四）判决书

山东省济南市中级人民法院
民事判决书

（2016）鲁 01 民初 1638 号

原告：山东七运集团有限公司，住所地济阳县。

法定代表人：周某某，董事长。

委托诉讼代理人：丁波，山东博睿律师事务所律师。

委托诉讼代理人：高振，山东博睿律师事务所律师。

被告：济南大久升降机械制造有限公司，住所地济阳县。

法定代表人：曹某某，执行董事。

委托诉讼代理人：陈豹，山东有诺律师事务所律师。

原告山东七运集团有限公司与被告济南大久升降机械制造有限公司侵害实用新型专利权纠纷一案，本院于 2016 年 8 月 2 日受理后，依法适用普通程序，于 2016 年 10 月 11 日公开开庭进行了审理。原告委托诉讼代理人丁波、高振，被告委托诉讼代理人陈豹到庭参加诉讼。本案现已审理终结。

原告向本院提出诉讼请求：

（1）要求被告立即停止侵犯专利权行为；

（2）要求被告赔偿经济损失和因维权支付的合理费用共计 5 万元。

事实与理由：原告是 ZL201520572260.6 "移动剪叉式升降机" 实用新型专利的专利权人，原告发现被告未经许可，生产、销售侵犯原告专利权的产品。

被告辩称，被告的被诉产品不同于原告的专利，被告未构成侵权；原告的诉讼请求缺乏事实和法律依据。请求驳回原告的诉讼请求。

当事人围绕诉讼请求提供了证据，本院组织当事人进行了举证、质证。对于双方当事人无异议的证据，本院予以采信并存卷佐证，对于双方当事人无异议的证据所证明的事实，本院确认如下：

2015 年 7 月 31 日，原告就 "移动剪叉式升降机" 向国家知识产权局提出实用新型专利申请。2015 年 12 月 9 日，上述申请获得授权并公告，专利号 ZL201520572260.6。上述专利有 4 项权利要求，原告在本案中主张权利要求 1 为其权利依据，其内容为：（1）一种移动剪叉式升降机，包括底架、前轮、后轮、所述底架上部设有剪叉臂，两根剪叉臂之间设有支架，底架底部通过垂直支撑杆与前轴连接，其特征是，所述支撑杆设有两根，所述前轴上在支撑杆的外侧设有转轴，前轴与转轴为万向节连接，转轴外端与前轮连接，所述前轮与前轮转向机构连接，所述转向结构包括梯形臂、横拉杆、拨叉，所述拨叉的前端与横拉杆的内端连接，横拉杆外端与梯形臂的前端铰接，梯形臂的后端与前轮连接，拨叉的后端通过销轴与转向拉杆连接，中间通过销轴与前轴支承连接，拨动拨叉转动带动转向横拉杆转动，横拉杆带动车轮转动。2016 年 7 月 19 日，原告从被告处购买升降平台一台，取得产品宣传册两本，支付 11000 元。该产品结构与上述专利权利要求 1 限定的技术方案相同。

原告为提起诉讼而支付公证费 2000 元，律师代理费 3000 元，专利评价报告申请费 2400 元，运输侵权产品、冲洗照片等费用 904 元。

本院认为，原告是 ZL201520572260.6 "移动剪叉式升降机" 实用新型专利权合法有效，应依法予以保护。根据《专利法》第五十九条第一款的规定，实用新型专利权的保护范围以其权利要求的内容为准，说明书及附图可以用于解释权利要求。根据《最高人民法院关于审理侵犯专利权纠纷案件应用法律若干问题的解释》（法释〔2009〕21 号）第七条的规定，人民法院判定被诉侵权技术方案是否落入专利权的保护范围，应当审查权利人主张的权利要求所记载的全部技术特征。被诉侵权技术方案包含与权利要求记载的全部技术特征相同或者等同的技术特征的，人民法院应当认定其落入专利权的保护范围。庭审时，被告认可其产品与原告专利权利要求 1 限定的技术方案相同，故被告的产品落入原告专利权的保护范围。被告未经许可，生产、销售侵犯原告专利权的产品，应承担停止侵权、赔偿损失的民事责任。原告主张赔偿经济损失和维权费用 5 万元，客观合理，本院予以支持。依照《专利法》第十一条第一款、第五十九条第一款、第六十五条，《最高人民法院关于审理侵犯专利权纠纷案件应用法律若干问题的解释》（法释〔2009〕21 号）第七条的规定，判决如下：

（1）被告济南大久升降机械制造有限公司立即停止侵犯原告山东七运集团有限公司 ZL201520572260.6 "移动剪叉式升降机" 实用新型专利权的行为；

（2）被告济南大久升降机械制造有限公司于本判决生效之日起十日内赔偿原告山东七运集团有限公司经济损失及合理费用共计 5 万元。

如果未按本判决指定的期间履行给付金钱义务，应当依照《中华人民共和国民事诉讼法》第二百五十三条之规定，加倍支付迟延履行期间的债务利息。

案件受理费 1050 元，由被告济南大久升降机械制造有限公司负担。

如不服本判决，可以在判决书送达之日起十五日内，向本院递交上诉状和副本六份，并预交上诉案件受理费 [收款单位：财政票款分离（济南市中级人民法院）；开户行：农业银行济南市大观园支行，账号：15154101011830338]，上诉于山东省高级人民法院。

审判长　隋洪明

审判员　武守宪

代理审判员　王俊河

二〇一六年十月二十四日

书记员　张蕾

三、山东中宝新型建材有限公司与齐某某等专利实施许可合同纠纷案

（一）案情简介

原告山东中宝新型建材有限公司与被告齐某某、山东民安新型建材有限公司签订专利实施许可合同，原告依约支付专利使用费和设备款 60 万元，但两被告未能将设备安装调试好，也未向原告提供有关的技术服务和指导，一直未能有效实施专利。原告认为，被告的专利技术不能达到合同规定的实施标准，被告应承担相应的法律责任，因此起诉到法院，要求解除原告与两被告签订的《专利实施许可合同》及《补充协议》并返还已支付的合同价款 60 万元；判令两被告赔偿原告经济损失 714725 元。

（二）审理思路

1. 案由审查

本案属于专利实施许可合同纠纷，原告的诉讼理由符合法律规定，属于知

识产权庭的审理范围。

2. 证据查证

原告向法院提交的证据有：（1）被告 2016 年 4 月 27 日，申请专利获得授权并公告，专利号 ZL201521050812.3。（2）2016 年 6 月 9 日，原告与两被告签订《专利实施许可合同》及《补充协议》。（3）原告向被告支付的支付专利使用费和设备款 60 万元收据。

3. 争议归纳

本案争议的焦点在于合同是否履行以及未能履行合同的原因，原告认为被告的专利技术存在缺陷，应由被告承担责任，被告认为应按照合同履行。

4. 法律依据

本案应适用《中华人民共和国合同法》第四十四条第一款、第九十四条第（四）项、第九十七条的规定。

（三）裁判旨要

原告、被告双方于 2016 年 6 月 9 日签订的《专利实施许可合同》及《补充协议》系双方真实意思表示，合法有效。产生争议的原因是被告提供的技术不能生产出合格产品，因此，被告应返还原告山东中宝新型建材有限公司专利技术使用费和设备款并承担违约责任。

（四）判决书

山东省济南市中级人民法院
民事判决书

（2016）鲁 01 民初 1693 号

原告：山东中宝新型建材有限公司，住所地济南市。

法定代表人：谭某某，执行董事兼总经理。

委托诉讼代理人：于凤忠，山东舜通律师事务所律师。

被告：齐某某，男，1968 年 11 月 16 日出生，汉族，住单县。

被告：山东民安新型建材有限公司，住所地济南市。

法定代表人：齐某某，总经理。

上述两被告共同委托诉讼代理人：尹圆，山东众成清泰（济南）律师事务所律师。

原告山东中宝新型建材有限公司（以下简称"中宝公司"）与被告齐某某、山东民安新型建材有限公司（以下简称"民安公司"）专利实施许可合同纠纷一案，本院于 2016 年 8 月 17 日受理后，依法适用普通程序，于 2016 年 10 月 24 日公开开庭进行了审理。原告法定代表人谭某某和委托诉讼代理人于凤忠，被告齐某某及两被告共同委托诉讼代理人尹圆到庭参加诉讼。本案现已审理终结。

原告向本院提出诉讼请求：（1）解除原告与两被告签订的《专利实施许可合同》及《补充协议》并返还已支付的合同价款 60 万元；（2）判令两被告赔偿原告经济损失 714725 元。

事实与理由：2016 年 6 月 9 日，原告与两被告签订《专利实施许可合同》及《专利实施许可合同补充协议》（以下简称《补充协议》），原告依约支付专利使用费和设备款 60 万元，但两被告未能将设备安装调试好，也未向原告提供有关的技术服务和指导，一直未能有效实施专利。由于被告为实现生产对所有设备进行大面积改动，使得设备已经不是原有的形状，对于设备的整体质量也无法保证。根据双方签订的《补充协议》，被告承诺给销售不少于 5000 立方，价格不低于 280 元。根据被告的技术参数，该套设备日生产量不低于 100 立方，因此截止起诉之日被告承诺的 5000 立方完全可以生产完毕，已经给原告造成实际的损失。合同不能履行给原告在人员、场地、设备、材料等方面造成损失。两被告均应对上述损失承担赔偿责任。

两被告共同辩称，涉案合同合法有效，应得到履行。原告设备安装场地不平、漏雨，原告提供的保温板和原料不符合国家标准或行业标准导致不能生产出合格产品，责任在原告。请求驳回原告的诉讼请求。

当事人围绕诉讼请求提供了证据，本院组织当事人进行了举证、质证。对于双方当事人无异议的证据，本院予以采信并存卷佐证，对于双方当事人无异议的证据所证明的事实，本院确认如下：

2015 年 12 月 16 日，齐某某就"复合保温砌块"向国家知识产权局提出实用新型专利申请。2016 年 4 月 27 日，上述申请获得授权并公告，专利号

ZL201521050812.3。2016 年 6 月 9 日，原告与两被告签订《专利实施许可合同》及《补充协议》，许可合同约定：齐某某和民安公司（许可方）将齐某某的"复合保温砌块"实用新型专利普通许可中宝公司（被许可方）实施，合同期限 2016 年 6 月 3 日至 2025 年 6 月 2 日，许可范围济南市区、县（包括县级市）；许可方应在合同生效后 15 日内向被许可方提供专利证书复印件及产品配方、相关的所有施工图集、资料等，费用由被许可方承担；许可方提供的设备包括 1200 型两仓配料仓一台、JS500 搅拌机一台、托板自动输送机一台、自动保温板插板及输送设备一套、8 米输送带一条、送扳机一套、全自动砌块成型主机一套、送砖机一套、液压机一台、操控台一套、模具两套、工具等，全套设备质量保质期一年，保质期内免费维修换件，出现故障时许可方必须 48 小时内修复；许可方应向被许可方提供技术指导，负责免费安装及培训设备操作技术人员，保证设备安装完成后 5 日内产出合格产品；被许可方原材料和生产场地具备条件时，第二套磨具从合同签订起 13 日内发货；许可方对专利权完整承担担保责任，不对实施本专利可能产生的经济效益承担保证义务；许可方逾期 2 个月未交付技术资料和提供技术指导，被许可方有权解除合同，许可方应返还使用费和所有设备费；被许可方支付专利使用费和设备款 61 万元；合同签订后，被许可方支付 10 万元作为定金，余款 51 万付清后 3 日内货到生产场地，许可方保证在安装完成后 3 日内交付给被许可方验收设备；许可方收到被许可方的定金后合同生效。补充协议约定：被许可方生产出产品养护好后，在产品销售不佳的情况下，许可方原则上给被许可方销售 5000 立方的产品，销售价每立方 280 元起；许可方目前未曾加盟的地区被许可方可以销售，待许可方加盟后再停止销售；许可方在济南市历城地区内不能再设加盟商。同日，中宝公司交付 5 万元，齐某某和民安公司出具的收据上记载"设备定金 5 万元前期做模具"。2016 年 6 月 17 日，中宝公司交付 55 万元，齐某某和民安公司出具的收据上记载"设备款（设备款已付清）注明 6 月 20 日上午设备到厂"。2016 年 6 月 20 日，设备到中宝公司，中宝公司支付设备运费 3200 元、设备吊装费 2800 元。中宝公司提交的自 2016 年 6 月 19 日至 2016 年 8 月 16 日原告法定代表人与被告法定代表人之间的通话录音和安装现场、试生产现场视频表明：设备进场后近一个月未安装完成，处于不断调试中，2016 年 7 月 13 日被告法定代表人承认设备存在问题，意欲起诉其设备提供方；2016 年 7 月 21 日至 28 日，试生产产品，产品存在开口、成品率低等问题。

庭审时，被告自认未能生产出合格产品。

诉讼中，原告提交了一组证据，证明购买叉车、铲车等设备及原材料支出 354725 元，厂房租赁支出 10 万元、人工工资 49000 元。

本院认为，原告、被告双方于 2016 年 6 月 9 日签订的《专利实施许可合同》及《补充协议》系双方真实意思表示，合法有效。依据合同约定，原告支付专利使用费和设备款，被告提供技术和设备并安装、生产出合格产品。被告在合理时间内未及时安装设备且不能生产出合格产品，构成违约。被告主张由于原告的原因不能生产出合格产品，缺乏合同依据和事实依据，本院不予采纳。依照《中华人民共和国合同法》第九十四条第（四）项的规定，当事人一方迟延履行债务或者有其他违约行为致使不能实现合同目的，当事人可以解除合同。原告请求解除原被告之间的《专利实施许可合同》及《补充协议》，合法有据，本院予以支持。依照《中华人民共和国合同法》第九十七条的规定，合同解除后，尚未履行的，终止履行；已经履行的，根据履行情况和合同性质，当事人可以要求恢复原状、采取其他补救措施，并有权要求赔偿损失。原告要求被告返还专利使用费和设备款 60 万元，本院予以支持。同时，原告应按照《专利实施许可合同》约定的设备清单将设备返还被告。原告要求被告赔偿经营和经济损失 714725 元，本院认为，原告因履行合同而支付的设备运费 3200 元、吊装费 2800 元和人工工资 49000 元，合计 55000 元，属于履行合同产生的直接损失，被告应予以赔偿，本院对原告的该项请求予以支持。原告要求被告赔偿因购买叉车、铲车等设备及原材料支出 354725 元、厂房租赁支出 10 万元，该项支出属于原告生产经营的正常支出，不属于因合同解除造成的直接损失，本院对原告的该项请求不予支持。原告依据被告在《补充协议》的有关承诺，要求被告赔偿损失，本院认为，被告在《补充协议》承诺在原告产品销售不佳的情况下，原则上给原告销售 5000 立方的产品，而该承诺的条件未发生，其损失也未客观发生，故本院对原告的该项请求不予支持。

综上，依照《中华人民共和国合同法》第四十四条第一款、第九十四条第（四）项、第九十七条的规定，判决如下：

解除原告山东中宝新型建材有限公司和被告齐某某、山东民安新型建材有限公司于 2016 年 6 月 9 日签订的《专利实施许可合同》及《补充协议》；

被告齐某某、山东民安新型建材有限公司于本判决生效之日起十日内返还原告山东中宝新型建材有限公司专利技术使用费和设备款 60 万元；

原告山东中宝新型建材有限公司于本判决生效之日起十日内返还被告齐某某、山东民安新型建材有限公司交付的设备（以 2016 年 6 月 9 日《专利实施许可合同》约定的设备清单为准）；

被告齐某某、山东民安新型建材有限公司于本判决生效之日起十日内赔偿原告山东中宝新型建材有限公司经济损失 55000 元。

驳回原告山东中宝新型建材有限公司的其他诉讼请求。

如果未按本判决指定的期间履行给付金钱义务，应当依照《中华人民共和国民事诉讼法》第二百五十三条之规定，加倍支付迟延履行期间的债务利息。

案件受理费 16795 元，财产保全费 5000 元，合计 21795 元，由原告山东中宝新型建材有限公司负担 6795 元，由被告齐某某、山东民安新型建材有限公司负担 15000 元。

如不服本判决，可以在判决书送达之日起十五日内，向本院递交上诉状和副本六份，并预交上诉案件受理费 [收款单位：财政票款分离（济南市中级人民法院）；开户行：农业银行济南市大观园支行，账号：15154101011830338]，上诉于山东省高级人民法院。

审判长　隋洪明

审判员　武守宪

代理审判员　王俊河

二〇一七年二月六日

书记员　张蕾

四、泰诺健公司与山东天展健身器材有限公司侵害外观设计专利权纠纷案

（一）案情简介

原告泰诺健公司于 2011 年 8 月 9 日就"健身器材"向国家知识产权局提出外观设计专利申请，于 2013 年 2 月 27 日获准授权公告，专利号

ZL201130268092.9，被告天展公司未经许可大量制造 TZ-7000 系列涉案侵权产品，并通过其官方网站、阿里巴巴网站、宣传广告册等多种方式许诺销售、销售上述涉案侵权产品，该侵权行为已严重侵害原告的合法权益，给原告造成了巨大的经济损失，请求法院判令被告立即停止侵权行为；销毁库存中的涉案侵权产品，以及制造涉案侵权产品的专用设备、模具；赔偿原告实际损失 100 万元，赔偿原告为制止侵权行为所支付的合理开支 20 万元。

（二）审理思路

1. 案由审查

本案属于专利侵权案件，属于知识产权庭的受案范围。

2. 证据查证

原告向法院提交的证据有：① 2011 年 8 月 9 日，原告泰诺健公司就"健身器材"向国家知识产权局提出外观设计专利申请，于 2013 年 2 月 27 日获得授权并予以公告，专利号 ZL201130268092.9。② 2014 年 9 月 19 日，国家知识产权局就原告涉案专利出具一份外观设计专利权评价报告。③ 2016 年 3 月 22 日，北京市中信公证处应原告代理人的申请进行保全证据公证，出具了北京市中信公证处（2016）京中信内经证字 26298 号公证书。

3. 争议归纳

本案争议的焦点集中在三个方面：①原告的涉案专利是否有效。②被告涉案产品与原告的专利是否存在区别。③原告的请求主张是否有证据支持。

4. 法律依据

本案涉及的法律为《专利法》第十一条第二款、第五十九条第二款、第六十五条，《最高人民法院关于审理侵犯专利权纠纷案件应用法律若干问题的解释》（法释〔2009〕21 号）第十条、第十一条的规定。

（三）裁判旨要

原告泰诺健公司的 ZL201130268092.9"健身器材"外观设计专利权合法有效，

应予以保护。国家知识产权局就原告涉案专利出具的外观设计专利权评价报告表明，本专利与对比设计相比具有显著差异，应该属于有效的专利。被诉侵权产品是否落入原告外观设计专利的保护范围，应承担侵权责任。

（四）判决书

山东省济南市中级人民法院
民事判决书

（2016）鲁 01 民初 1656 号

原告：泰诺健公司（TechnogymS.P.A.），住所地意大利弗利 - 切塞纳省甘贝托拉（Via Calcinaro286147521Cesena，Italy）。

法定代表人：朱塞佩和 middot；波诺罗（Giuseppe Bonollo），知识产权董事。

委托诉讼代理人：侯玉静，北京市集佳律师事务所律师。

委托诉讼代理人：刘磊，北京市集佳律师事务所律师。

被告：山东天展健身器材有限公司，住所地中华人民共和国山东省宁津县。

法定代表人：赵某某，总经理。

委托诉讼代理人：赵建刚，北京宣言律师事务所律师。

委托诉讼代理人：孔默，北京宣言律师事务所实习律师。

原告泰诺健公司与被告山东天展健身器材有限公司（以下简称天展公司）侵害外观设计专利权纠纷一案，本院于 2016 年 8 月 5 日受理后，依法适用普通程序，于 2016 年 10 月 14 日公开开庭进行了审理。原告的委托诉讼代理人侯玉静、刘磊，被告的委托诉讼代理人赵建刚、孔默到庭参加诉讼。本案现已审理终结。

原告泰诺健公司向本院提出诉讼请求：①判令被告停止侵权行为，即停止制造、许诺销售、销售侵犯原告 ZL201130268092.9 号外观设计专利权的涉案侵权产品；②判令被告销毁库存中的涉案侵权产品，以及制造涉案侵权产品的专用设备、模具；③赔偿原告实际损失 100 万元；④赔偿原告为制止侵权行为所支付的合理开支 20 万元。

事实与理由：原告泰诺健公司于 2011 年 8 月 9 日就"健身器材"向国家知识产权局提出外观设计专利申请，于 2013 年 2 月 27 日获准授权公告，专利号

ZL201130268092.9，本专利目前仍为有效状态。原告在本专利中要求保护的即为一款名叫"Run ARTIS"的跑步机，该跑步机经原告多年设计、开发最终推向商用，是原告的主打产品之一。原告不仅在海外享有盛誉，已成为多届奥运会的运动器材赞助方，多年来原告在国内也形成了良好的品牌效应，其产品常见于各大健身会所等，其独特的外观设计是吸引消费者购买的非常重要的原因之一。被告天展公司大量制造 TZ-7000 系列涉案侵权产品，并通过其官方网站、阿里巴巴网站、宣传广告册等多种方式许诺销售、销售上述涉案侵权产品，该侵权行为已严重侵害原告的合法权益。

被告天展公司辩称，被告已就原告的涉案专利向国家知识产权局专利复审委员会提出无效宣告请求，故申请本案中止诉讼；被告涉案产品与原告的专利存在多处区别，不构成侵权；原告请求销毁库存和专用设备，赔偿 100 万元及合理费用 20 万元，没有证据支持。请求驳回原告的诉讼请求。

本院对双方当事人无异议的证据予以采信并存卷佐证，对双方当事人无异议的证据所证明的事实确认如下：

2011 年 8 月 9 日，原告泰诺健公司就"健身器材"向国家知识产权局提出外观设计专利申请，于 2013 年 2 月 27 日获得授权并予以公告，专利号 ZL201130268092.9。该专利公开了该健身器材的主视图、左视图、右视图、俯视图、仰视图、后视图和立体图（详见附图一）。该专利简要说明记载：①本外观设计产品的名称为健身器材；②本外观设计产品用于运动；③本外观设计产品的设计要点在于该健身器材的整体形状；④本外观设计指定立体图为代表图。本专利目前仍为有效状态。

附图一涉案外观设计专利。附图二被诉产品外观设计。

2014 年 9 月 19 日，国家知识产权局就原告涉案专利出具一份外观设计专利权评价报告。该评价报告使用了十份对比文献。该评价报告认为，从检索到的现有设计状况可以发现，健身器材类产品中大多包含传送带、支架、扶手和显示面板等设计，但整体及各部分的形状、表面图案等则有较大的变化，这些变化会对整体视觉效果产生影响，本专利与现有设计比较表明二者在上述整体及具体的形状和图案上存在明显区别，对于健身器材类产品的一般消费者来说，该差别对外观设计的整体视觉效果产生了显著影响。因此，本专利与对比设计相比具有显著差异，未发现本专利存在其他不符合专利法有关外观设计授权条件的缺陷。

2016 年 3 月 22 日，北京市中信公证处应原告代理人的申请进行保全证据公证，出具了北京市中信公证处（2016）京中信内经证字 26298 号公证书。该公证书记载：www.tz2222.com 为德州天展健身器材有限公司的官方网站，该网站展示并许诺销售 TZ-7000 系列跑步机（该产品外观设计详见附图二）。2016 年 3 月 31 日，北京市中信公证处应原告代理人的申请进行保全证据公证，出具了北京市中信公证处（2016）京中信内经证字 26299 号公证书。该公证书记载：阿里巴巴网上商城（http：//dztz.en.alibaba.com）的经营者为被告天展公司，其在该网上商城展示并许诺销售 TZ-7000 系列跑步机（该产品外观设计详见附图二）。2016 年 5 月 16 日，北京市中信公证处应原告代理人的申请进行保全证据公证，出具了北京市中信公证处（2016）京中信内经证字 48312 号公证书。该公证书记载：2016 年 5 月 17 日，公证员及原告委托代理人来到被告的经营场所，购买取得 TZ-7000 跑步机一台（该产品外观设计详见附图二），支付 9200 元，取得收据、发票、价格单和产品宣传材料，对被告厂区和现场组装产品进行了拍照。公证员对购买取得的 TZ-7000 跑步机进行封存。诉讼中，各方认可上述产品实物的外观设计与宣传材料上和网站上产品的外观设计一致，同意以宣传材料上和网站上产品照片所记载的外观设计作为被诉产品的外观设计。被告产品宣传材料记载：天展公司成立于 2005 年，占地面积 76000 平方米，建筑面积 60000 平方米，产品已出口到 100 多个国家和地区，国内业务遍及所有省、市、自治区。

被告天展公司成立于 2008 年 3 月 27 日，2014 年 5 月 27 日由德州天展健身器材有限公司变更为现名。应原告的申请，本院到济南海关调取被告自 2008 年 3 月 27 日至 2016 年 8 月 5 日出口跑步机产品的数据。济南海关出具了被告 2012 年至 2016 年 8 月出口商品数量及货值情况表，该表显示：2012 年出口跑步机 34 件，货值人民币 399293 元；2013 年出口跑步机 34 件，货值人民币 478177 元；2014 年出口跑步机 45 件，货值人民币 425040 元；2015 年出口跑步机 563 件，货值人民币 3026093 元；2016 年 1 月至 8 月出口跑步机 631 件，货值人民币 3944814 元。以上合计出口 1307 件，货值人民币 8273417 元。

原告提交了一组单据，以证明其为提起诉讼而支付的费用包括：咨询费 12000 元，调查费 13850 元，翻译费 3707 元，差旅费 5457 元，公证费 10800 元，服务费 11610 元，制作费 344.90 元，律师费 131360.20 元，合计 189129.20 元。被告对上述证据的关联性提出异议，本院按照上述费用是否与本案具有关联性、是否具有合理性予以审查。

本院认为，原告泰诺健公司的 ZL201130268092.9 "健身器材" 外观设计专利权合法有效，应予以保护。本案争议焦点为：①本案是否需要中止诉讼；②被诉侵权产品是否落入原告外观设计专利的保护范围。分别评述如下：

（1）本案是否需要中止诉讼。依照《最高人民法院关于审理专利纠纷案件适用法律问题的若干规定》（法释〔2015〕4号）第九条第（一）项、第（三）项的规定，人民法院受理的侵犯外观设计专利权纠纷案件，被告请求宣告该项专利权无效，原告出具的专利权评价报告未发现导致外观设计专利权无效的事由，或被告请求宣告该项专利权无效所提供的证据或者依据的理由明显不充分的，可以不中止诉讼。2014年9月19日，国家知识产权局就原告涉案专利出具的外观设计专利权评价报告表明，本专利与对比设计相比具有显著差异，未发现本专利存在其他不符合专利法有关外观设计授权条件的缺陷。被告请求宣告原告专利权无效所使用的对比设计与国家知识产权局在外观设计专利权评价报告中使用的对比设计相同，故本案无须中止诉讼。

（2）被诉侵权产品是否落入原告外观设计专利的保护范围。依照《专利法》第五十九条第二款的规定，外观设计专利权的保护范围以表示在图片或者照片中的该外观设计专利产品为准。健身器材类产品中大多包含传送带、支架、扶手和显示面板等设计，但整体及各部分的形状、表面图案等则有较大的变化，这些变化会对整体视觉效果产生影响。而本案原告外观设计专利权的保护范围以传送带、支架、扶手和显示面板等部件的位置搭配关系以及其特有的线条设计形成的整体设计方案为准。依照《最高人民法院关于审理侵犯专利权纠纷案件应用法律若干问题的解释》（法释〔2009〕21号）第十条、第十一条的规定，人民法院应当以外观设计专利产品的一般消费者的知识水平和认知能力，判断外观设计是否相同或者近似；人民法院认定外观设计是否相同或者近似时，应当根据授权外观设计、被诉侵权设计的设计特征，以外观设计的整体视觉效果进行综合判断；被诉侵权设计与授权外观设计在整体视觉效果上无差异的，人民法院应当认定两者相同；在整体视觉效果上无实质性差异的，应当认定两者近似。原告使用涉案外观设计专利的产品与被诉产品均为跑步机，二者均有传送带、支架、扶手和显示面板等部件，且其位置搭配关系和线条设计相同，即使显示面板的图案、各构件大小比例有差异，也不足以影响整体视觉效果的形成，二者在整体视觉效果上无实质性差异的，应当认定两者近似，被诉侵权产品的外观设计落入了原告涉案外观设计专利权的保护范围。被告未经专利权人许可，擅自制造、许诺销售、销售侵犯原告专利权的产品，构成侵权，应承担停止侵权、赔偿损失的民事责任。

综上，原告要求被告停止侵权行为，合理有据，本院予以支持。原告要求被告销毁库存侵权产品、制造侵权产品的专用设备、模具，应属于停止侵权行为的执行内容，本院不再另行判决支持。原告要求被告赔偿经济损失100万元，结合被告仅在2015年和2016年1～6月销售侵权产品近1200件、货值近700万元的事实，本院认为，原告主张的赔偿数额合理，予以支持。原告要求被告赔偿其为制止侵权行为所支付的合理开支20万元，本院结合本案为涉外案件、原告为诉讼而进行保全证据公证和委托律师诉讼等因素，酌情予以部分支持。依照《专利法》第十一条第二款、第五十九条第二款、第六十五条，《最高人民法院关于审理侵犯专利权纠纷案件应用法律若干问题的解释》（法释〔2009〕21号）第十条、第十一条的规定，判决如下：

（1）被告山东天展健身器材有限公司立即停止侵犯原告泰诺健公司的ZL201130268092.9"健身器材"外观设计专利权的行为，即停止制造、许诺销售、销售侵权产品；

（2）被告山东天展健身器材有限公司于本判决生效之日起十日内赔偿原告泰诺健公司经济损失100万元；

（3）被告山东天展健身器材有限公司于本判决生效之日起十日内赔偿原告泰诺健公司为制止侵权行为所支付的合理开支10万元。

如果未按本判决指定的期间履行给付金钱义务，应当依照《中华人民共和国民事诉讼法》第二百五十三条之规定，加倍支付迟延履行期间的债务利息。

案件受理费15600元，由原告泰诺健公司负担3600元，由被告山东天展健身器材有限公司负担12000元。

如不服本判决，原告泰诺健公司可在判决书送达之日起三十日内，被告山东天展健身器材有限公司可在判决书送达之日起十五日内，向本院递交上诉状和副本六份，并预交上诉案件受理费[收款单位：财政票款分离（济南市中级人民法院）；开户行：农业银行济南市大观园支行，账号：15154101011830338]，上诉于中华人民共和国山东省高级人民法院。

审判长　隋洪明

审判员　武守宪

代理审判员　王俊河

二〇一七年一月十八日

书记员　张蕾

五、河北养元智汇饮品股份有限公司诉禹城市天悦副食部侵害外观设计专利权纠纷案

（一）案情简介

原告河北养元智汇饮品股份有限公司拥有 ZL201230393601.5 "包装箱（核桃乳精品型）" 外观设计专利权，原告发现被告禹城市天悦副食部未经原告许可，销售侵害原告专利权的产品，给原告造成较大的经济损失，请求法院判令被告立即停止侵害原告外观设计专利权的行为并赔偿原告经济损失及合理支出共计15000 元。

（二）审理思路

1. 案由审查

本案是专利侵权纠纷案件，属于知识产权庭的审理范围。

2. 证据查证

原告向法院提交的证据有：① 2012 年 8 月 17 日，原告养元公司就 "包装箱（核桃乳精品型）" 向国家知识产权局申请外观设计专利。2013 年 1 月 23 日，该申请获得授权并予以公告，专利号为 ZL201230393601.5，专利权人为养元公司。②福建省厦门市鹭江公证处的公证书。③国家工商局驰名商标认定文件。

3.争议归纳

本案争议的焦点在于被告的行为是否构成侵权以及是否需要承担法律责任。

4.法律依据

本案应适用《专利法》第十一条第二款、第五十九条第二款、第七十条,《最高人民法院关于审理侵犯专利权纠纷案件应用法律若干问题的解释》第十条、第十一条的规定。

（三）裁判旨要

原告养元公司的 ZL201230393601.5 "包装箱（核桃乳精品型）"外观设计专利权合法有效,应予以保护。被告未经专利权人许可,擅自销售侵犯原告专利权的产品,应承担停止侵权的民事责任。因被告提供了侵权产品的合法来源,且原告亦无证据证明被告明知产品侵权而销售,故被告不承担赔偿损失的民事责任。

（四）判决书

山东省济南市中级人民法院
民事判决书

（2015）济民三初字第 1021 号

原告：河北养元智汇饮品股份有限公司,住所地河北省衡水经济开发区北区新区六路南滏阳四路以西。

法定代表人：姚某某,董事长。

委托诉讼代理人：吴坚兴,广东正粤律师事务所律师。

委托诉讼代理人：李哲,山东雪丽律师事务所律师。

被告：禹城市天悦副食部,住所地山东省禹城市。

注册经营者：刘某某。

实际经营者：王某某,男,1984 年 10 月 29 日出生,汉族,住山东省禹城市。

原告河北养元智汇饮品股份有限公司（以下简称养元公司）与被告禹城市天悦副食部（以下简称天悦副食部）侵害外观设计专利权纠纷一案,本院于 2015 年 10 月 13 日立案后,被告天悦副食部在提交答辩状期间提出管辖权异议,本院于 2015 年 11 月 3 日做出裁定，驳回其提出的管辖权异议。被告不服，提起上诉，山东省高级人民法院于 2016 年 7 月 21 日做出裁定，驳回上诉，维持原裁定。本案依法适用普通程序，于 2016 年 10 月 25 日公开开庭进行了审理。原告养元公司的委托诉讼代理人李哲、被告天悦副食部的实际经营者王某某到庭参加诉讼。本案现已审理终结。

原告养元公司向本院提出诉讼请求：①判令被告立即停止侵害原告 ZL201230393601.5 外观设计专利权的行为；②判令被告赔偿原告经济损失及合理支出共计 15000 元。

事实与理由：原告是国内规模最大的集研发、生产、销售于一体的核桃饮品企业，原告拥有 ZL201230393601.5"包装箱（核桃乳精品型）"外观设计专利权。被告未经原告许可，销售侵害原告专利权的产品，给原告造成较大的经济损失。

被告天悦副食部辩称，被告作为个体销售者不知道被诉产品是否侵犯原告的专利权，且被告销售的被诉产品有合法来源，被告不应承担责任，请求驳回原告的诉讼请求。

本院经审理查明，本院经审理查明，2012 年 8 月 17 日，原告养元公司就"包装箱（核桃乳精品型）"向国家知识产权局申请外观设计专利。2013 年 1 月 23 日，该申请获得授权并予以公告，专利号为 ZL201230393601.5，专利权人为养元公司。该专利简要说明载明：该外观设计产品的用途是一种盛装罐装饮料的纸箱，其设计要点在于形状和色彩，请求保护的外观包含色彩，其最能表明设计要点的图片为主视图。该专利授权公告文本中附有外观设计的主视图、后视图、左视图、俯视图、仰视图、立体图的图片。通过公开的主视图的图片观察，该外观显示：蓝色飘带置于包装箱中间，飘带中设置有罐装饮料罐，饮料罐上印有"六个核桃"字样等。

2015 年 5 月 8 日，福建省厦门市鹭江公证处的公证人员和原告的代理人来到被告的经营场所，购买了品名为"养六核桃"的饮料一箱，支付价款 45 元。公证处对上述购买行为进行了公证，并对涉嫌侵权的饮料进行了封存。经庭审，被控侵权的饮料的包装箱的外观显示：蓝色飘带置于包装箱中间，飘带中设置有饮料罐，饮料罐上印有"养六核桃"字样。被控侵权的饮料的包装箱上标注生产者为石家庄市四季食品有限公司（以下简称四季食品公司）。原告为本案支出公证费 500 元。

2015 年 7 月 24 日，中国饮料工业协会出具证明，2014 年，"六个核桃"植物蛋白饮料产销量在全国同行业中排名第一。2015 年 6 月 5 日，国家工商总局商标局认定养元公司使用在商标注册用商品和服务国际分类第 32 类无酒精饮料、植物饮料商品上的"六个核桃"注册商标为驰名商标。

上述事实有原告提交的外观设计专利证书及公告文本、（2015）厦鹭证内字第 20978 号公证书及附带产品实物、被告工商登记信息、驰名商标认定文件、中国饮料工业协会证明等证据在案佐证，被告对上述证据无异议，本院予以采信，并对上述查明事实予以确认。

被告天悦副食部为证明其销售的被诉产品有合法来源，提供了被告与禹城市明江副食批发部（以下简称明江批发部）签订的食品供货合同和食品销售单、明江批发部的营业执照及四季食品公司的营业执照、全国工业产品生产许可证、食品生产许可证。原告对石家庄市四季食品有限公司的营业执照、全国工业产品生产许可证、食品生产许可证无异议，本院予以采信。原告对被告与禹城市王娟副食部签订的食品供货合同和食品销售单提出异议，本院经审查认为，该证据与原告无异议的证据及原告公证保全所取得的被诉产品上标注的生产者信息相互印证，具有客观性，本院予以采信，并确认被告销售的"养六核桃"购买自禹城市王娟副食部，由石家庄市四季食品有限公司生产。

本院认为，原告养元公司的 ZL201230393601.5 "包装箱（核桃乳精品型）"外观设计专利权合法有效，应予以保护。依照《专利法》第五十九条第二款的规定，外观设计专利权的保护范围以表示在图片或者照片中的该外观设计专利产品为准。依照《最高人民法院关于审理侵犯专利权纠纷案件应用法律若干问题的解释》（法释〔2009〕21 号）第十条、第十一条的规定，人民法院应当以外观设计专利产品的一般消费者的知识水平和认知能力，判断外观设计是否相同或者近似；人民法院认定外观设计是否相同或者近似时，应当根据授权外观设计、被诉侵权设计的设计特征，以外观设计的整体视觉效果进行综合判断；被诉侵权设计与授权外观设计在整体视觉效果上无差异的，人民法院应当认定两者相同；在整体视觉效果上无实质性差异的，应当认定两者近似。使用被诉侵权包装的产品与使用涉案专利的产品相同，二者在整体视觉效果上无实质性差异，构成近似，被诉侵权产品的外观落入了原告涉案外观设计专利权的保护范围。被告未经专利权人许可，擅自销售侵犯原告专利权的产品，应承担停止侵权的民事责任。因被告提供了侵权产品的合法来源，且原告亦无证据证明被告明知产品侵权而销售，故被告不承担赔偿损失的民事责任。综上，依照《专利法》第十一条第二款、第五十九条第二款、第七十条，《最高人民法院关于审理侵犯专利权纠纷案件应用法律若干问题的解释》第十条、第十一条的规定，判决如下：

（1）被告禹城市天悦副食部立即停止侵犯原告河北养元智汇饮品股份有限公司 ZL201230393601.5"包装箱（核桃乳精品型）"外观设计专利权的行为，即停止销售侵权产品；

（2）驳回原告河北养元智汇饮品股份有限公司的其他诉讼请求。

案件受理费 50 元，由原告河北养元智汇饮品股份有限公司负担。

如不服本判决，可以在判决书送达之日起十五日内，向本院递交上诉状和副本六份，并预交上诉案件受理费 [收款单位：财政票款分离（济南市中级人民法院）；开户行：农业银行济南市大观园支行，账号：15154101011830338]，上诉于山东省高级人民法院。

审判长　隋洪明

审判员　武守宪

代理审判员　王俊河

二〇一六年十月二十六日

书记员　张蕾

六、南京夜视丽公路标志材料有限公司等与国网山东省电力公司威海供电公司侵害发明专利权纠纷案

（一）案情简介

原告南京夜视丽公路标志材料有限公司、朱鸿利认为被告国网山东省电力公司威海供电公司侵害专利权，原告于 2016 年 8 月 23 日向济南市中级人民法院起诉，于 2016 年 10 月 27 日向法院提出撤诉申请。

（二）处理结果

原告的撤诉申请符合《中华人民共和国民事诉讼法》第一百四十五条第一款之规定，准予撤诉。

（三）裁定书

山东省济南市中级人民法院
民事裁定书

（2016）鲁 01 民初 1712 号

原告：南京夜视丽公路标志材料有限公司，住所地南京市。

法定代表人：朱某某，总经理。

原告：朱某某，男，1961 年 12 月 16 日出生，汉族，住南京市。

两原告委托代理人：陈静、柏尚春，南京苏高专利商标事务所专利代理人。

被告：国网山东省电力公司威海供电公司，住所地山东省威海市。

负责人：李某，总经理。

委托代理人：于洋、李春萍，山东威海卫律师事务所律师。

原告南京夜视丽公路标志材料有限公司、朱鸿利与被告国网山东省电力公司威海供电公司侵害专利权纠纷一案，本院于 2016 年 8 月 23 日立案。原告于 2016 年 10 月 27 日向本院提出撤诉申请。

本院认为，原告的撤诉申请符合法律规定。依照《中华人民共和国民事诉讼法》第一百四十五条第一款之规定，裁定如下：

准许原告南京夜视丽公路标志材料有限公司、朱某某撤回起诉。

案件受理费 50 元，减半收取计 25 元，由原告南京夜视丽公路标志材料有限公司、朱某某负担。

审判长　隋洪明

审判员　武守宪

代理审判员　王俊河

二〇一六年十月二十七日

书记员　张蕾

七、天津亨通科技发展有限公司与山东创泽信息技术股份有限公司侵害实用新型专利权纠纷案

（一）案情简介

原告天津亨通科技发展有限公司于 2013 年 7 月 2 日申请了名为"一种药具自动发放机"（专利号：ZL201320388058.9）实用新型专利，并于 2013 年 12 月 11 日获得授权，被告山东创泽信息技术股份有限公司 2014 年曾经为原告在山东地区的销售代理商，销售原告专利产品。2015 年 4 月，原告发现被告自行生产、销售侵害原告专利权的产品，侵害了原告的合法权益。所以，请求法院判令被告立即停止生产、销售侵害原告"一种药具自动发放机"（专利号：ZL201320388058.9）实用新型专利权产品的行为并销毁侵权的库存产品，赔偿原告经济损失及维权费用 100 万元。

（二）审理思路

1. 案由审查

本案为专利侵权纠纷案件，属于知识产权庭受理范围。

2. 证据查证

原告向法院提交的证据有：①"一种药具自动发放机"（专利号：ZL201320388058.9）实用新型专利证书、权利要求书、说明书和附图、专利权评价报告、年费收据，用以证明原告专利权的内容、效力。②被诉产品照片，用以证明被告的侵权行为。③原、被告之间签订的销售合同、合作协议。④被告销售被诉侵权产品的中标公告。⑤原告委托诉讼代理人的合同、代理费发票。用以证明被告存在侵权的故意、被告的侵权规模、原告支出的维权费用。

3. 争议归纳

本案的争议焦点主要有：①原告的专利是否具有创造性，专利权是否有效。②被诉产品是否侵害原告的专利权。

4. 法律依据

本案涉及的法律为《专利法》第五十九条第一款,《最高人民法院关于审理侵犯专利权纠纷案件应用法律若干问题的解释》(法释〔2009〕21 号)第七条之规定。

(三)裁判旨要

判定被诉侵权技术方案是否属于专利权的保护范围,应当审查权利人主张的权利要求所记载的全部技术特征。被诉侵权技术方案包含与权利要求记载的全部技术特征相同或者等同的技术特征的,人民法院应当认定其属于专利权的保护范围;被诉侵权技术方案的技术特征与权利要求记载的全部技术特征相比,缺少权利要求记载的一个以上的技术特征,或者有一个以上技术特征不相同也不等同的,应当认定其没有属于专利权的保护范围。经当庭比对,被诉产品与原告专利产品存在两处区别,被告的产品不构成侵权。

(四)判决书

山东省济南市中级人民法院
民事判决书

(2016)鲁 01 民初 1852 号

原告:天津亨通科技发展有限公司,住所地天津市。

法定代表人:郜某某,董事长。

委托诉讼代理人:郑晓云,天津鼎运律师事务所律师。

被告:山东创泽信息技术股份有限公司,住所地山东省日照市。

法定代表人:李某某,董事长。

委托诉讼代理人:郭斌,山东兆利律师事务所律师。

委托诉讼代理人:卜某某,男,1986 年 11 月 27 日出生,汉族,系该公司员工,住山东省日照市。

原告天津亨通科技发展有限公司(以下简称"亨通公司")与被告山东创泽信息技术股份有限公司(以下简称"创泽公司")侵害实用新型专利权纠纷一案,

本院于 2016 年 9 月 26 日立案后，依法适用普通程序，于 2016 年 11 月 18 日公开开庭进行了审理。原告亨通公司的委托诉讼代理人郑晓云，被告创泽公司的委托诉讼代理人郭斌、卜凡东到庭参加诉讼。本案现已审理终结。

原告亨通公司向本院提出诉讼请求：①判令被告立即停止生产、销售侵害原告"一种药具自动发放机"（专利号：ZL201320388058.9）实用新型专利权产品的行为；②判令被告销毁侵权的库存产品；③判令被告赔偿原告经济损失及维权费用 100 万元。

事实与理由：原告于 2013 年 7 月 2 日申请了名为"一种药具自动发放机"（专利号：ZL201320388058.9）实用新型专利，并于 2013 年 12 月 11 日获得授权，原告专利权尚在有效期限内。被告 2014 年为原告在山东地区的销售代理商，销售原告专利产品。2015 年 4 月，原告发现被告自行生产、销售侵害原告专利权的产品，侵害了原告的合法权益。

被告创泽公司辩称，①原告专利不具有创造性，被告已对其专利权提出了无效请求；②被诉产品并未侵害原告的专利权；③原告主张的销毁侵权的库存产品、赔偿经济损失及维权费用 100 万元无事实和法律依据。请求驳回原告的诉讼请求。

原告为证明其诉讼请求提交了下列证据：

第一组："一种药具自动发放机"（专利号：ZL201320388058.9）实用新型专利证书、权利要求书、说明书和附图、专利权评价报告、年费收据，用以证明原告专利权的内容、效力。被告对该组证据没有异议，本院予以采信。

第二组：被诉产品照片，用以证明被告的侵权行为。被告对该证据无异议，本院予以采信。

第三组：原、被告之间签订的销售合同、合作协议；被告销售被诉侵权产品的中标公告；原告委托诉讼代理人的合同、代理费发票。用以证明被告存在侵权的故意、被告的侵权规模、原告支出的维权费用。被告对该组证据的真实性没有异议，本院予以确认。

根据上述出证、质证及认证情况，本院查明下列事实：

2013 年 7 月 2 日，原告就"一种药具自动发放机"向国家知识产权局提出实用新型专利申请。2013 年 12 月 11 日，上述申请获得授权并公告，专利号：ZL201320388058.9。该专利权利要求书中包括 10 项权利要求，原告在本案中主张权利要求第一项为其权利依据，其内容为：一种药具自动发放机，包括箱门，所述箱门上设置有展物窗和身份证感应区并且所述身份证感应区内设置有身份证阅读器，所述箱门的内部固定有主控板并且所述主控板与身份证阅读器相连，所述箱门的下部设置有出货口，所述箱体的内部固定有货道导轨，所述货道导轨上设置有货道，所述展物窗上设置有展物窗面罩，所述身份证感应区上设置有身份证感应区面罩，其特征在于：还包括触控屏，所述触控屏设置于所述箱门上并且所述触控屏与所述主控板相连，所述货道上设置有固定架，所述货道通过所述固定架设置于所述货道导轨上，所述固定架可沿所述货道导轨滑动。原告如期缴纳了专利权年费。国家知识产权局依据原告申请于 2016 年 5 月 30 日对涉案实用新型专利权做出评价报告，10 项权利要求全部有效。

原告主张其于 2016 年 10 月中旬在山东省滨州市黄河二路 551 号拍摄了被诉产品照片，并申请本院对该产品进行证据保全。被告认可照片中的产品是其生产、销售的，并认为从原告提供的被诉产品照片即可看出，被诉产品与原告专利产品存在两点明显不同，因此法院没有必要再进行现场证据保全。经当庭对比，被诉产品与原告专利产品存在以下区别：①被诉产品的身份证感应区没有设置在所述箱门上，即被诉产品不具有原告专利权利要求第一项，所述箱门上设置有身份证感应区并且所述身份证感应区内设置有身份证阅读器，所述箱门的内部固定有主控板并且所述主控板与身份证阅读器相连的技术特征。②被诉产品的触控屏没有设置在箱门上。即被诉产品不具有原告专利权利要求第一项，所述触控屏设置于所述箱门上并且所述触控屏与所述主控板相连的技术特征。

2014 年 9 月 3 日，原、被告签订药具发放机合作协议，由被告在山东地区销售原告生产的各种型号的药具发放机。2014 年 11 月 10 日，双方签订销售合同。

2016 年 3 月至 10 月期间，被告分别在江西、福建莆田、陕西、山东等省份中标政府采购项目。

原告在本案中主张的维权费用为律师代理费 40000 元。

本院认为，原告的"一种药具自动发放机"（专利号：ZL201320388058.9）

实用新型专利权合法有效，应予以保护。依照《专利法》第五十九条第一款的规定，实用新型专利权的保护范围以其权利要求的内容为准，说明书及附图可以用于解释权利要求。原告在本案中要求保护的权利依据为专利权利要求第一项。依照《最高人民法院关于审理侵犯专利权纠纷案件应用法律若干问题的解释》（法释〔2009〕21号）第七条的规定，人民法院判定被诉侵权技术方案是否属于专利权的保护范围，应当审查权利人主张的权利要求所记载的全部技术特征。被诉侵权技术方案包含与权利要求记载的全部技术特征相同或者等同的技术特征的，人民法院应当认定其属于专利权的保护范围；被诉侵权技术方案的技术特征与权利要求记载的全部技术特征相比，缺少权利要求记载的一个以上的技术特征，或者有一个以上技术特征不相同也不等同的，人民法院应当认定其没有属于专利权的保护范围。经当庭对比，被诉产品与原告专利产品存在以下区别：①被诉产品的身份证感应区没有设置在所述箱门上，即被诉产品不具有原告专利权利要求第一项，所述箱门上设置有身份证感应区并且所述身份证感应区内设置有身份证阅读器，所述箱门的内部固定有主控板并且所述主控板与身份证阅读器相连的技术特征。②被诉产品的触控屏没有设置在箱门上。即被诉产品不具有原告专利权利要求第一项，所述触控屏设置于所述箱门上并且所述触控屏与所述主控板相连的技术特征。因本案实用新型专利权利要求第一项所要保护的技术特征主要是描述的各配件的位置和连接关系，身份证感应区、触控屏的设置位置亦为其专利权利要求第一项的主要保护特征，故被诉产品与本案实用新型专利权利要求第一项存在以上两点位置的区别，不能认定为等同。因被诉侵权技术方案的技术特征与本案专利权利要求记载的全部技术特征相比，存在两个不同的技术特征，故应当认定被诉产品没有落入本案实用新型专利权利要求第一项的保护范围，不构成侵权。

依照《专利法》第五十九条第一款，《最高人民法院关于审理侵犯专利权纠纷案件应用法律若干问题的解释》（法释〔2009〕21号）第七条之规定，判决如下：

驳回原告天津亨通科技发展有限公司的诉讼请求。

案件受理费13800元，由原告天津亨通科技发展有限公司负担。

如不服本判决，可在判决书送达之日起十五日内向本院递交上诉状正本一份和副本七份，并预交上诉案件受理费 [收款单位：财政票款分离（济南市中级人民法院）；开户行：农业银行济南市大观园支行，账号：15154101011830338]，上诉于山东省高级人民法院。

审判长　隋洪明

审判员　武守宪

代理审判员　李光乾

二〇一六年十二月八日

书记员　张蕾

八、山东鼎锋门业有限公司与山东金锣新福昌铝业有限公司侵害外观设计专利权纠纷案

（一）案情简介

原告山东鼎锋门业有限公司拥有 ZL201530216712.2 "自动感应门框架的门套"外观设计专利权。被告山东金锣新福昌铝业有限公司未经原告许可，制造、销售侵害原告专利权的产品，给原告造成较大的经济损失。请求法院判令被告停止侵犯外观设计专利权的行为并赔偿损失和合理开支共计 50 万元。

（二）审理思路

1. 案由审查

本案是专利侵权纠纷，属于知识产权庭的受案范围。

2. 证据查证

原告向法院提交的证据有：① 2015 年 6 月 26 日，鼎锋公司就"自动感应门框架的门套"向国家知识产权局申请外观设计专利。2015 年 12 月 2 日，该申请获得授权并予以公告，专利号为 ZL201530216712.2，专利权人为鼎锋公司。②山东省济南市长清公证处（2016）济长清证民字第 893、894 号公证书。③证明原告经济损失的证据一组。

3. 争议归纳

本案争议的焦点为原告的专利是否有效以及被告的行为是否构成侵权。

4. 法律依据

本案涉及的法律条文为《专利法》第十一条第二款、第五十九条第二款、第六十五条，《最高人民法院关于审理侵犯专利权纠纷案件应用法律若干问题的解释》（法释〔2009〕21 号）第十条、第十一条的规定。

（三）裁判旨要

原告的 ZL201530216712.2"自动感应门框架的门套"外观设计专利权合法有效，应予以保护。被告使用被诉侵权设计的产品与原告使用涉案专利的产品相同，二者在整体视觉效果上无差异，构成相同，被诉侵权产品的外观属于原告涉案外观设计专利权的保护范围。被告未经专利权人许可，擅自生产、销售侵犯原告专利权的产品，应承担停止侵权、赔偿损失的民事责任。

（四）判决书

山东省济南市中级人民法院
民事判决书

（2016）鲁 01 民初 1649 号

原告：山东鼎锋门业有限公司，住所地济南市。
法定代表人：吴某某，总经理。
委托代理人：黄学国，山东知圣律师事务所律师。

被告：山东金锣新福昌铝业有限公司，住所地临沂市。

法定代表人：孙某某，总经理。

委托代理人：刘明，山东舜翔律师事务所律师。

委托代理人：王建华，山东舜翔律师事务所律师。

原告山东鼎锋门业有限公司（以下简称鼎锋公司）与被告山东金锣新福昌铝业有限公司（以下简称新福昌公司）侵害外观设计专利权纠纷一案，本院于2016年8月5日受理后，依法适用普通程序，于2016年10月13日公开开庭进行了审理。原告法定代表人吴某某和委托代理人黄学国，被告委托代理人刘明、王建华到庭参加诉讼。本案现已审理终结。

原告向本院提出诉讼请求：①要求被告停止侵犯外观设计专利权的行为；②要求被告赔偿损失和合理开支共计50万元。

事实和理由：原告拥有ZL201530216712.2"自动感应门框架的门套"外观设计专利权。被告未经原告许可，制造、销售侵害原告专利权的产品，给原告造成较大的经济损失。

被告辩称，被告已申请宣告原告的专利权无效，故申请本案中止诉讼；被告产品的外观设计来源于现有设计，且与原告专利不同。请求驳回原告的诉讼请求。

当事人围绕诉讼请求提供了证据，本院组织当事人进行了举证、质证。对于双方当事人无异议的证据，本院予以采信并存卷佐证，对于双方当事人无异议的证据所证明的事实，本院确认如下：2015年6月26日，鼎锋公司就"自动感应门框架的门套"向国家知识产权局申请外观设计专利。2015年12月2日，该申请获得授权并予以公告，专利号为ZL201530216712.2，专利权人为鼎锋公司。该专利简要说明载明：该外观设计产品的用途是一种支撑门套，可支撑门框架，其设计要点在于产品的设计和形状，其最能表明设计要点的图片或者照片为立体图。该专利授权公告文本中附有外观设计的主视图、后视图、左视图、俯视图、仰视图、立体图的图片（详见附图一）。原告为提起诉讼而支付律师代理费7000元、公证费1500元。申请日为1999年7月29日、公开日为2000年8月23日的ZL00300320.5外观设计专利公开了一种铝合金阳台窗型材的外观设计（详见附图二A）。申请日为2000年6月5日、公开日为2001年1月3日的

ZL00322601.8 外观设计专利公开了一种型材（竖边框 B）的外观设计（详见附图二 B）。

原告提交了山东省济南市长清公证处（2016）济长清证民字第 893、894 号公证书，以证明被控侵权产品的取得过程。被告提出异议，认为不能证明被控侵权产品来源于被告。本院经审查认为，上述两份公证书证明了原告在被告处购买被控侵权产品及从物流单位提取被控侵权产品的过程，被告虽然提出异议，但在本院限定时限内未提供反证，故本院对被告的异议不予采纳，对上述两份公证书予以采信，并确认被控侵权产品由被告生产、销售，其外观设计详见附图三。

原告为证明其经济损失提交了下列证据：①原告在《门业技术与信息》期刊 2015 三期（总第 41 期）、第四期（总第 42 期）做的广告宣传；②原告产品发布会照片；③被告工商信息及网页截图打印件；④被告开具给原告的发货单和磅码单五份。被告对上述证据的客观性和合法性没有异议，对其关联性提出异议。本院经审查认为，上述证据没有记载被控侵权产品的生产、销售信息，与原告所欲证明的事实缺乏关联，故本院对原告的上述证据不予采信。

附图一：专利主视图附图二 A 现有设计（略）

附图二 B：现有设计附图三被控产品主视图（略）

本院认为，本院于 2016 年 8 月 8 日向被告送达起诉状副本、应诉通知书等诉讼文书，被告于 2016 年 9 月 30 日提出专利无效宣告请求。依照《最高人民法院关于审理专利纠纷案件适用法律问题的若干规定》（法释〔2015〕4 号）第十条的规定，人民法院受理的侵犯实用新型、外观设计专利权纠纷案件，被告在答辩期间届满后请求宣告该项专利权无效的，人民法院不应当中止诉讼。故本院对被告中止本案诉讼的请求，不予支持。原告的 ZL201530216712.2 "自动感应门框架的门套" 外观设计专利权合法有效，应予以保护。依照《专利法》第五十九条第二款的规定，外观设计专利权的保护范围以表示在图片或者照片中的该外观设计专利产品为准。依照《最高人民法院关于审理侵犯专利权纠纷案件应用法律若干问题的解释》（法释〔2009〕21 号）第十条、第十一条的规定，人民法院应当以外观设计专利产品的一般消费者的知识水平和认知能力，判断外观设计是否相同或者近似；人民法院认定外观设计是否相同或者近似时，应当根据授权外观设计、被诉侵权设计的设计特征，以外观设计的整体视觉效果进行综合判断；被诉侵权设计与授权外观设计在整体视觉效果上无差异的，人民法院应当认定两者相同；在整体视觉效果上无实质性差异的，应当认定两者近似。被告使用被诉侵权设计的产品与原告使用涉案专利的产品相同，二者在整体视觉效果上无差异，构成相同，被诉侵权产品的外观属于原告涉案外观设计专利权的保护范围。被告所举证的现有设计与其使用的被诉侵权设计具有实质性差异，不能证明被诉侵权设计来源于现有设计，故本院对被告的抗辩观点不予采纳。被告未经专利权人许可，擅自生产、销售侵犯原告专利权的产品，应承担停止侵权、赔偿损失的民事责任。关于赔偿数额，原告未提交其因侵权受损或被告因侵权获利的证据，本院综合考虑涉案专利权的类别、被告的过错程度、侵权行为的性质、原告制止侵权行为的合理开支等因素，予以酌情确定。

综上，依照《专利法》第十一条第二款、第五十九条第二款、第六十五条，《最高人民法院关于审理侵犯专利权纠纷案件应用法律若干问题的解释》（法释〔2009〕21号）第十条、第十一条之规定，判决如下：

（1）被告山东金锣新福昌铝业有限公司立即停止侵犯原告山东鼎锋门业有限公司ZL201530216712.2"自动感应门框架的门套"外观设计专利权的行为，即停止生产、销售侵权产品；

（2）被告山东金锣新福昌铝业有限公司于本判决生效之日起十日内赔偿原告山东鼎锋门业有限公司经济损失及合理费用共计8万元。

如果未按本判决指定的期间履行给付金钱义务，应当依照《中华人民共和国民事诉讼法》第二百五十三条之规定，加倍支付迟延履行期间的债务利息。

案件受理费8800元，由原告山东鼎锋门业有限公司负担5800元，由被告山东金锣新福昌铝业有限公司负担3000元。

如不服本判决，可以在判决书送达之日起十五日内，向本院递交上诉状和副本六份，并预交上诉案件受理费[收款单位：财政票款分离（济南市中级人民法院）；开户行：农业银行济南市大观园支行，账号：15154101011830338]，上诉于山东省高级人民法院。

审判长　隋洪明

审判员　武守宪

代理审判员　王俊河

二〇一六年十月二十日

书记员　张蕾

九、台州市冰雪儿电器有限公司与山东省滨州市中大电器设备有限公司侵害外观设计专利权纠纷案

（一）案情简介

原告于 2008 年 2 月 25 日申请了"保鲜柜"外观设计专利，并于 2009 年 4 月 1 日获得授权，专利号为 ZL200830089795.3，目前该专利权仍处于有效的法律状态。被告生产、销售的"SD 型点菜柜"产品与原告外观产品的设计相似，侵害了原告专利权。请求法院判令被告立即停止生产、销售侵犯原告专利号 ZL200830089795.3 外观设计专利权的 SD 型点菜柜产品并赔偿原告经济损失人民币 15 万元及调查取证费用 2 万元，合计 17 万元。

（二）审理思路

1. 案由审查

本案是专利侵权纠纷案件，属于知识产权庭的受案范围。

2. 证据查证

原告向法院提交的证据有：① 外观设计专利证书（专利号：ZL200830089795.3）、专利登记簿副本、专利年费收据、原告工商变更登记，用以证明涉案专利权的内容、效力及原告的诉讼主体资格。②安徽省芜湖市鑫城公证处（2016）皖芜鑫公证字第 956 号公证书及所附封存实物，用以证明被告的侵权行为。

3. 争议归纳

本案的争议焦点为被告的产品与原告是否相似，是否构成侵权。

4. 法律依据

本案涉及的法律条文为《专利法》第十一条第二款、第五十九条第二款，《最高人民法院关于审理侵犯专利权纠纷案件应用法律若干问题的解释》第八条、第十条的规定。

（三）裁判旨要

原告冰雪儿公司的 ZL200830089795.3 "保鲜柜"外观设计专利权合法有效，应予以保护。本案被诉产品与涉案专利产品除局部设计不同外，整体设计基本一致，可判定构成近似，为侵权产品。被告应承担法律责任。

（四）判决书

山东省济南市中级人民法院
民事判决书

（2016）鲁 01 民初 1755 号

原告：台州市冰雪儿电器有限公司，住所地浙江省台州市。

法定代表人：潘某某，董事长。

委托诉讼代理人：阳建中，台州市中唯专利事务所专利诉讼代理人。

委托诉讼代理人：李跃群，广东华诺律师事务所律师。

被告：山东省滨州市中大电器设备有限公司，住所地山东省滨州市博兴县。

法定代表人：梁某，经理。

委托诉讼代理人：王甲琦，博兴阳光法律服务所法律工作者。

原告台州市冰雪儿电器有限公司（以下简称冰雪儿公司）与被告山东省滨州市中大电器设备有限公司（以下简称中大公司）侵害外观设计专利权纠纷一案，本院于 2016 年 9 月 5 日立案后，依法适用普通程序，于 2016 年 11 月 3 日公开开庭进行了审理。原告冰雪儿公司的委托诉讼代理人阳建中、李跃群，被告中大公司的委托诉讼代理人王甲琦到庭参加诉讼。本案现已审理终结。

原告冰雪儿公司向本院提出诉讼请求：①请依法判令被告立即停止生产、销售侵犯原告专利号 ZL200830089795.3 外观设计专利权的 SD 型点菜柜产品；②请依法判令被告销毁侵权成品、半成品及专用模具；③请依法判令被告赔偿原告经济损失人民币 15 万元及调查取证费用 2 万元，合计 17 万元。

事实和理由：原告于 2008 年 2 月 25 日申请了"保鲜柜"外观设计专利，并于 2009 年 4 月 1 日获得授权，专利号为 ZL200830089795.3。目前该专利权仍处于有效的法律状态。被告生产、销售的"SD 型点菜柜"产品与原告外观产品的设计相似，侵害了原告专利权。

被告中大公司辩称，①被诉"SD型点菜柜"产品与原告外设计专利产品存在明显差别，难以给消费者造成视觉上的混淆；②被诉"SD型点菜柜"产品系被告在原有产品外形设计的基础上逐渐演化而来，并非模仿原告的外观设计专利产品；③原告请求赔偿经济损失及调查取证费用17万元无事实和法律依据。请求驳回原告的诉讼请求。

原告冰雪儿公司为证明其诉讼请求，提交了下列证据：

第一组：外观设计专利证书（专利号：ZL200830089795.3）、专利登记簿副本、专利年费收据、原告工商变更登记，用以证明涉案专利权的内容、效力及原告的诉讼主体资格。

第二组：安徽省芜湖市鑫城公证处（2016）皖芜鑫公证字第956号公证书及所附封存实物，用以证明被告的侵权行为。

被告对上述证据无异议，本院予以采信。

被告中大公司未提交证据。

根据上述出证、质证、认证，本院查明下列事实：

2008年8月25日，原告（原企业名称为：台州市冰雪儿厨房设备有限公司）就"保鲜柜"向国家知识产权局提出外观设计专利申请。2008年10月17日，2009年4月1日，上述申请获得授权并公告，专利号ZL200830089795.3。该外观设计专利授权公告文本中附有外观设计图片，包括：主视图（见图一）、右视图（见图二）、立体图。原告缴纳了2016年度的专利年费。

2016年5月26日，原告申请安徽省芜湖市鑫城公证处进行证据保全公证，原告委托代理人李跃群在公证人员的监督下利用公证处的电脑通过"阿里巴巴"，在被告处订购"SD型点菜柜"一台（2400元）。2016年6月6日，在芜湖市东部飞阳物流园南区仓库1004-1005号华思物流收到货物，公证人员对所购货物施封后交由原告保管。庭审时，经公证保全取得的商品的封存状况完好，本院予以解封。被告认可上述货物是其销售的，不认可是其制造的。经勘验，上述货物上没有标注生产商信息。经对比，被诉产品（见图三）上部及下部的侧视角线与专利右视图的弧度线条不同，被诉产品底部通风口花式、布局也存在区别，其他设计基本一致。

（图一、图二、图三略）

本院认为，原告冰雪儿公司的 ZL200830089795.3"保鲜柜"外观设计专利权合法有效，应予以保护。依照《专利法》第五十九条第二款的规定，外观设计专利权的保护范围以表示在图片或者照片中的该产品的外观设计为准，简要说明可以用于解释图片或者照片所表示的该产品的外观设计。本案外观设计专利授权公告文本中附有外观设计图片，包括：主视图、右视图、立体图。依照《最高人民法院关于审理侵犯专利权纠纷案件应用法律若干问题的解释》（法释〔2009〕21 号）第八条的规定，在与外观设计专利产品相同或者相近种类产品上，采用与授权外观设计相同或者近似的外观设计的，人民法院应当认定被诉侵权设计属于专利法第五十九条第二款规定的外观设计专利权的保护范围。本案被诉的"SD 型点菜柜"产品与涉案专利保护的产品相同，可用于侵权对比。经对比，被诉产品与涉案专利产品除局部设计不同外，整体设计基本一致。依照《最高人民法院关于审理侵犯专利权纠纷案件应用法律若干问题的解释》（法释〔2009〕21 号）第十条的规定，人民法院应当以外观设计专利产品的一般消费者的知识水平和认知能力，判断外观设计是否相同或近似。涉案专利的设计要点在于外观形状，一般消费者关注的是产品的外观美感，故涉案专利的整体视觉效果对一般消费者起主要识别作用。本案被诉产品与涉案专利产品除局部设计不同外，整体设计基本一致，可判定构成近似，为侵权产品。依照《专利法》第十一条第二款的规定，外观设计专利权被授予后，任何单位和个人未经专利权人许可，都不得实施其专利，即不得为生产经营目的制造、销售其专利产品。因被诉产品未标明生产商信息，被告也未提供被诉产品的合法来源，故应当认定被告为被诉侵权生产商。被告未经原告许可，为生产经营目的，生产、销售侵权产品，构成对原告专利权的侵害，依法应承担停止销售、赔偿损失的民事责任。对于赔偿损失的数额，由于原告未证明其因被侵权所受损失或被告因侵权所获利润的证据，本院将综合考虑被诉产品的价值、被告侵权的性质及原告为制止侵权所支出的合理费用等因素予以酌定。综上，依照《专利法》第十一条第二款、第五十九条第二款，《最高人民法院关于审理侵犯专利权纠纷案件应用法律若干问题的解释》第八条、第十条之规定，判决如下：

（1）被告山东省滨州市中大电器设备有限公司立即停止生产、销售侵害原告台州市冰雪儿电器有限公司"保鲜柜"（专利号：ZL200830089795.3）外观设计专利权产品的行为；

（2）被告山东省滨州市中大电器设备有限公司于本判决生效之日起十日内赔偿原告台州市冰雪儿电器有限公司经济损失及维权费用共计 10 万元；

（3）驳回原告台州市冰雪儿电器有限公司的其他诉讼请求。

如果未按照本判决指定的期间履行给付金钱义务，应当依照《中华人民共和国民事诉讼法》第二百五十三条之规定，加倍支付迟延履行期间的债务利息。

案件受理费 3700 元，由原告台州市冰雪儿电器有限公司负担 700 元，被告山东省滨州市中大电器设备有限公司负担 3000 元。

如不服本判决，可在判决书送达之日起十五日内，向本院递交上诉状一份和副本五份，并预交上诉案件受理费 [收款单位：财政票款分离（济南市中级人民法院）；开户行：农业银行济南市大观园支行，账号：15154101011830338]，上诉于山东省高级人民法院。

审判长　隋洪明

审判员　武守宪

代理审判员　王俊河

二〇一六年十一月十八日

书记员　张蕾

十、济南鑫鲁泉食品有限公司与邢台仙豆子食品有限公司等侵害外观设计专利权纠纷案

（一）案情简介

2012 年 6 月 29 日，鑫鲁泉公司就"包装碗"向国家知识产权局申请外观设计专利。2012 年 12 月 5 日，该申请获得授权并予以公告，专利号为 ZL201230290391.7，专利权人为鑫鲁泉公司。被告未经原告许可，擅自使用原告的专利，给原告造成巨大经济损失，请求法院判令两被告停止侵犯外观设计专利权的行为并赔偿经济损失 100 万元和合理开支 2 万元。

（二）审理思路

1. 案由审查

本案是侵权专利权纠纷，属于知识产权庭的受案范围。

2. 证据查证

原告向法院提交的证据有：① 2012 年 6 月 29 日，鑫鲁泉公司就"包装碗"向国家知识产权局申请外观设计专利。2012 年 12 月 5 日，该申请获得授权并予以公告，专利号为 ZL201230290391.7，专利权人为鑫鲁泉公司。②原告为证明其赔偿请求提交了一组书证。

3. 争议归纳

本案争议的焦点为被告的行为是否构成侵权。

4. 法律依据

本案涉及的法律条文为《专利法》第十一条第二款、第五十九条第二款、第六十五条，《最高人民法院关于审理侵犯专利权纠纷案件应用法律若干问题的解释》（法释〔2009〕21 号）第十条、第十一条。

（三）裁判旨要

原告的 ZL201230290391.7 "包装碗"外观设计专利权合法有效，应予以保护。被告使用被诉侵权设计的产品与原告使用涉案专利的产品相同，二者在整体视觉效果上无实质性差异的，构成近似，被告庭审时亦自认被诉侵权设计与专利近似，被诉侵权产品的外观属于原告涉案外观设计专利权的保护范围。

（四）判决书

山东省济南市中级人民法院
民事判决书

（2016）鲁 01 民初 1665 号

原告：济南鑫鲁泉食品有限公司，住所地山东省济南市商河县。

法定代表人：张某某，董事长。

委托代理人：王磊，山东千慧律师事务所律师。

委托代理人：商福全，济南千慧专利事务所（普通合伙企业）专利代理人。

被告：邢台仙豆子食品有限公司，住所地河北省巨鹿县。

法定代表人：李某某，董事长。

委托代理人：李建辉，河北同欣律师事务所律师。

委托代理人：敖强，河北同欣律师事务所律师。

被告：济南槐荫幸福小子食品商行，住所地山东省济南市。

经营者：赵某某。

原告济南鑫鲁泉食品有限公司（以下简称鑫鲁泉公司）与被告邢台仙豆子食品有限公司（以下简称仙豆子公司）、济南槐荫幸福小子食品商行（以下简称幸福小子商行）侵害外观设计专利权纠纷一案，本院于 2016 年 8 月 9 日受理后，依法适用普通程序，于 2016 年 10 月 18 日公开开庭进行了审理。原告委托代理人王磊、商福全，被告仙豆子公司李建辉、敖强到庭参加诉讼。被告幸福小子商行经传票传唤无正当理由拒不到庭。本案现已审理终结。

原告向本院提出诉讼请求：①要求两被告停止侵犯外观设计专利权的行为；②要求被告仙豆子公司赔偿经济损失 100 万元和合理开支 2 万元。

事实和理由：原告拥有 ZL201230290391.7 "包装碗" 外观设计专利权。被告未经原告许可，生产、销售侵害原告专利权的产品，给原告造成较大的经济损失。

被告仙豆子公司辩称，被告产品的外观设计虽然与原告专利相似，但被告使用被诉包装的时间较短，原告要求的赔偿数额缺乏事实依据。

被告幸福小子商行未进行答辩。

当事人围绕诉讼请求提供了证据，本院组织当事人进行了举证、质证。对于双方当事人无异议的证据，本院予以采信并存卷佐证，对于双方当事人无异议的证据所证明的事实，本院确认如下：2012 年 6 月 29 日，鑫鲁泉公司就"包装碗"向国家知识产权局申请外观设计专利。2012 年 12 月 5 日，该申请获得授权并予以公告，专利号为 ZL201230290391.7，专利权人为鑫鲁泉公司。该专利简要说明载明：该外观设计产品的用途是包装食品，其设计要点是产品的形状和图案，其后视图、右视图、左视图与主视图相同，省略后视图、右视图、左视图，仰视图无设计要点，省略仰视图。该专利授权公告文本中附有外观设计的主视图、俯视图和立体图（详见附图一）。2016 年 7 月 10 日，原告委托代理人从被告幸福小子商行购买被告仙豆子公司生产的 248 克碗装老醋花生 5 件，每件 3.3 元，其包装外观详见附图二。原告为提起诉讼而支付律师代理费 3 万元、公证费 6500 元、差旅费 3500 元，合计 4 万元，原告在本案中主张 2 万元。被告仙豆子公司成立于 2014 年 7 月 10 日，注册资本 3 万元，经营范围为炒货食品及坚果制品（油炸类）的生产、销售。

原告为证明其赔偿请求提交了一组书证，以证明被诉产品在北京、天津、河北、江苏等地销售。被告仙豆子公司对该组证据的客观性、合法性和关联性提出异议。本院经审查认为，该组书证为原告自行采集的销售凭证，非被告仙豆子公司出具，原告也未提交各份销售凭证对应的实物，故该组证据不能证明使用被诉包装的产品在上述地区销售，即原告的上述证据与其待证事实缺乏关联性，本院不予采信。

（附图一、附图二略）

本院认为，原告的 ZL201230290391.7 "包装碗" 外观设计专利权合法有效，应予以保护。依照《专利法》第五十九条第二款的规定，外观设计专利权的保护范围以表示在图片或者照片中的该外观设计专利产品为准。依照《最高人民法院关于审理侵犯专利权纠纷案件应用法律若干问题的解释》（法释〔2009〕21 号）第十条、第十一条的规定，人民法院应当以外观设计专利产品的一般消费者的知识水平和认知能力，判断外观设计是否相同或者近似；人民法院认定外观设计是否相同或者近似时，应当根据授权外观设计、被诉侵权设计的设计特征，以外观设计的整体视觉效果进行综合判断；被诉侵权设计与授权外观设计在整体视觉效果上无差异的，人民法院应当认定两者相同；在整体视觉效果上无实质性差异的，应当认定两者近似。被告使用被诉侵权设计的产品与原告使用涉案专利的产品相同，二者在整体视觉效果上无实质性差异的，构成近似，被告庭审时亦自认被诉侵权设计与专利近似，被诉侵权产品的外观落入了原告涉案外观设计专利权的保护范围。被告未经专利权人许可，擅自生产、销售侵犯原告专利权的产品，应承担停止侵权、赔偿损失的民事责任。关于赔偿数额，原告未提交其因侵权受损或被告因侵权获利的证据，本院综合考虑涉案专利权的类别、被告的过错程度、侵权行为的规模、原告制止侵权行为的合理开支等因素，予以酌情确定。

综上，依照《专利法》第十一条第二款、第五十九条第二款、第六十五条，《最高人民法院关于审理侵犯专利权纠纷案件应用法律若干问题的解释》（法释〔2009〕21号）第十条、第十一条，《中华人民共和国民事诉讼法》第一百四十四条的规定，判决如下：

（1）被告邢台仙豆子食品有限公司、济南槐荫幸福小子食品商行立即停止侵犯原告济南鑫鲁泉食品有限公司ZL201230290391.7"包装碗"外观设计专利权的行为，即被告邢台仙豆子食品有限公司停止生产、被告济南槐荫幸福小子食品商行停止销售侵权产品；

（2）被告邢台仙豆子食品有限公司于本判决生效之日起十日内赔偿原告济南鑫鲁泉食品有限公司经济损失及合理费用共计10万元。

如果未按本判决指定的期间履行给付金钱义务，应当依照《中华人民共和国民事诉讼法》第二百五十三条之规定，加倍支付迟延履行期间的债务利息。

案件受理费13980元，由原告济南鑫鲁泉食品有限公司负担6980元，由被告邢台仙豆子食品有限公司负担7000元。

如不服本判决，可以在判决书送达之日起十五日内，向本院递交上诉状和副本六份，并预交上诉案件受理费[收款单位：财政票款分离（济南市中级人民法院）；开户行：农业银行济南市大观园支行，账号：15154101011830338]，上诉于山东省高级人民法院。

审判长　隋洪明

审判员　武守宪

代理审判员　王俊河

二〇一六年十月二十四日

书记员　张蕾

第三节　商标侵权典型案件判例解析

一、金利来（中国）有限公司与章丘市辛寨嘉年华购物超市侵害商标权纠纷案

（一）案情简介

金利来（远东）有限公司是第 553926 号"金利来"商标注册人，该公司作为许可人与原告签订了《商标使用权许可合同》，许可原告在中国大陆地区在第 18 类商品上使用上述商标，有权对擅自使用上述商标、侵犯商标许可使用权的行为向有关部门投诉、起诉。经原告调查发现，被告销售了假冒上述商标的腰带，侵犯了原告的商标专用权。请求法院判令被告立即停止侵权并赔偿原告经济损失 26000 元及为制止侵权行为所支付的合理费用 4000 元。

（二）审理思路

1. 案由审查

本案是商标侵权案件，属于知识产权庭的受案范围。

2. 证据查证

原告向法院提交的证据有：①金利来商标注册证一份。②购买商品发票一宗。③山东省济南市长清区公证处公证书一份。

3. 争议归纳

本案争议的焦点为被告的行为是否构成侵权。

4. 法律依据

本案涉及的法律条文为《商标法》第五十六条、第五十七条第（一）项、第六十三条第三款之规定。

（三）裁判旨要

涉案第 553926 号"金利来"商标经合法注册并在法律保护期内，其所有人金利来（远东）公司对其享有专用权。被告销售的腰带在腰带扣上使用了与涉案商标相同商标标识，且该腰带没有标注生产厂名、厂址，属于假冒他人注册商标的商品，该销售行为侵犯了原告的注册商标专用权，应承担停止侵权并赔偿损失的民事责任。

（四）判决书

山东省济南市中级人民法院
民事判决书

（2016）鲁 01 民初 1705 号

原告：金利来（中国）有限公司，住所地广东省梅州市。

法定代表人：曾某某，董事长。

委托诉讼代理人：冯正慧，山东成思律师事务所律师。

委托诉讼代理人：夏荣水，山东成思律师事务所律师。

被告：章丘市辛寨嘉年华购物超市，住所地山东省章丘市。

代表人林某某，该个体工商户业主。

　

原告金利来（中国）有限公司与被告章丘市辛寨嘉年华购物超市侵害商标专用权纠纷一案，本院于 2016 年 8 月 22 日受理后，依法适用普通程序，于 2016 年 10 月 26 日公开开庭进行了审理。原告的委托代理人冯正慧到庭参加诉讼，被告经传票传唤无正当理由拒不到庭参加诉讼。本案现已审理终结。

原告向本院提出诉讼请求：①请求判令被告立即停止侵权；②请求判令被告赔偿原告经济损失 26000 元及为制止侵权行为所支付的合理费用 4000 元。

事实和理由：金利来（远东）有限公司是第 553926 号"金利来"商标注册人，该公司作为许可人与原告签订了《商标使用权许可合同》，许可原告在中国大陆地区在第 18 类商品上使用上述商标，有权对擅自使用上述商标、侵犯商标许可使用权的行为向有关部门投诉、起诉。多年来，金利来（远东）有限公司与原告在研发、市场推广、质量管理、广告宣传等方面投入巨大人力物力，上述商标已经成为在国内外具有极高知名度的知名品牌。经原告调查发现，被告销售了假冒上述商标的腰带，侵犯了原告的商标专用权。

被告未进行答辩。

本院经审理查明，金利来（远东）有限公司是第 553926 号"金利来"商标注册人，商标注册有效期分别为 2011 年 5 月 30 日至 2021 年 5 月 29 日，注册核准使用的商品为第 18 类，包括皮包、皮带、钱包、皮裤带等。2015 年 3 月 31 日，金利来（远东）有限公司授权原告在第 18 类商品上在中国大陆使用上述商标，使用期限为 2015 年 4 月 1 日至 2019 年 3 月 31 日，并授权原告有权对侵犯其商标权的行为向有关部门投诉、起诉。2015 年 8 月 28 日，原告委托代理人张猛超在被告的经营场所内购买了腰带一条，支付 28 元，并取得机打小票、银联商务签购单及盖有"章丘市嘉年华购物超市辛寨加盟店"印章的发票各一张。山东省济南市长清区公证处对上述购买行为进行了公证，并对涉嫌侵权的腰带进行了封存。将公证封存的腰带当庭拆封进行比对，腰带扣标有"金利来"标识，与涉案商标相同。该腰带没有标注生产厂名、厂址。

另查明，章丘市嘉年华购物超市辛寨加盟店为个体工商户，成立于 2014 年 12 月 3 日，经营者为林某某。2016 年 1 月 21 日，上述工商户名称变更为章丘市辛寨嘉年华购物超市，经营者为林某某。

上述事实由原告提供的第 553926 号商标注册证、核准转让注册商标证明、核准续展注册商标证明、商标许可使用授权书，（2015）济长清证民字第 1027 号公证书及公证实物（腰带），律师费发票 3000 元，被告工商登记材料予以证明，上述证据真实合法，可以采信。

本院认为，涉案第 553926 号"金利来"商标经合法注册并在法律保护期内，其所有人金利来（远东）公司对其享有专用权。原告金利来公司经上述商标所有人的许可，有权在中国大陆在第 18 类商品上使用上述商标并对侵犯上述商标权的行为提起民事诉讼。被告销售的腰带在腰带扣上使用了与涉案商标相同商标标识，且该腰带没有标注生产厂名、厂址，属于假冒他人注册商标的商品，该销售行为侵犯了原告的注册商标专用权，应承担停止侵权并赔偿损失的民事责任。关于赔偿损失的数额，由于原告缺乏其因被侵权所受损失及被告因侵权所获利润的证据，本院综合考虑涉案商标的知名度、被告经营规模、侵权行为的性质、情节及原告为制止侵权所支出的合理费用等因素予以酌定。依照《中华人民共和国商标法》第五十六条、第五十七条第（一）项、第六十三条第三款之规定，判决如下：

（1）被告章丘市辛寨嘉年华购物超市立即停止销售侵犯第553926号注册商标专用权商品的行为；

（2）被告章丘市辛寨嘉年华购物超市于本判决生效之日起十日内赔偿原告金利来（中国）有限公司经济损失及合理费用共计15000元。

如果未按本判决指定的期间履行给付金钱义务，应当依照《中华人民共和国民事诉讼法》第二百五十三条之规定，向原告加倍支付迟延履行期间的债务利息。

案件受理费550元，由被告章丘市辛寨嘉年华购物超市负担。

如不服本判决，可以在判决书送达之日起十五日内，向本院递交上诉状和副本六份，并预交上诉案件受理费[收款单位：财政票款分离（济南市中级人民法院）；开户行：农业银行济南市大观园支行，账号：15154101011830338]，上诉于山东省高级人民法院。

审判长　隋洪明

审判员　武守宪

代理审判员　王俊河

二〇一六年十月二十七日

书记员　张蕾

二、福建七匹狼实业股份有限公司与章丘市辛寨嘉年华购物超市侵害商标权纠纷案

（一）案情简介

原告是第1465385号"＋SELEATHER"注册商标专用权人，经原告调查发现，被告销售了假冒上述商标的腰带，侵犯了原告的商标专用权。请求判令被告立即停止侵权并赔偿原告经济损失26000元及为制止侵权行为所支付的合理费用

4000 元。

（二）审理思路

1. 案由审查

本案属于商标侵权案件，属于知识产权庭的受案范围。

2. 证据查证

本案原告向法院提交的证据有：①第 1465385 号商标注册证、核准转让注册商标证明、核准续展注册商标证明一组。②山东省济南市长清区公证处的公证书一份。

3. 争议归纳

本案争议的焦点在于被告的行为是否构成侵权以及是否应该承担法律责任。

4. 法律依据

本案涉及的法律条文为《商标法》第五十六条、第五十七条第（二）项、第六十三条第三款的规定。

（三）裁判旨要

原告的第 1465385 号 " ＋ SELEATHER" 注册商标合法有效，应依法予以保护。被告销售的腰带在腰带扣上使用了与涉案商标近似的商标标识，且该腰带没有标注生产厂名、厂址，易于误导消费者，该销售行为侵犯了原告的注册商标专用权，应承担停止侵权并赔偿损失的民事责任。

（四）判决书

山东省济南市中级人民法院
民事判决书

（2016）鲁 01 民初 1706 号

原告：福建七匹狼实业股份有限公司，住所地福建省晋江市。

法定代表人：周某某，总经理。

委托诉讼代理人：冯正慧，山东成思律师事务所律师。

委托诉讼代理人：夏荣水，山东成思律师事务所律师。

被告：章丘市辛寨嘉年华购物超市，住所地山东省章丘市。

代表人林某某，该个体工商户业主。

原告福建七匹狼实业股份有限公司与被告章丘市辛寨嘉年华购物超市侵害商标专用权纠纷一案，本院于 2016 年 8 月 22 日受理后，依法适用普通程序，于 2016 年 10 月 26 日公开开庭进行了审理。原告的委托代理人冯正慧到庭参加诉讼，被告经传票传唤无正当理由拒不到庭参加诉讼。本案现已审理终结。

原告向本院提出诉讼请求：①请求判令被告立即停止侵权；②请求判令被告赔偿原告经济损失 26000 元及为制止侵权行为所支付的合理费用 4000 元。

事实和理由：原告是第 1465385 号"＋ SELEATHER"注册商标专用权人，经原告调查发现，被告销售了假冒上述商标的腰带，侵犯了原告的商标专用权。

被告未进行答辩。

本院经审理查明，原告是第 1465385 号"＋"注册商标专用权人，核定使用商品第 25 类皮带等，注册有效期限为 2010 年 10 月 28 日至 2020 年 10 月 27 日。2015 年 8 月 28 日，原告委托代理人张猛超在被告的经营场所内购买了腰带一条，支付 35 元，并取得机打小票、银联商务签购单及盖有"章丘市嘉年华购物超市辛寨加盟店"印章的发票各一张。山东省济南市长清区公证处对上述购买行为进行了公证，并对涉嫌侵权的腰带进行了封存。将公证封存的腰带当庭拆封进行比对，腰带扣标有"＋ SELEATHER"标识。该腰带没有标注生产厂名、厂址。

另查明，章丘市嘉年华购物超市辛寨加盟店为个体工商户，成立于 2014 年 12 月 3 日，经营者为林某某。2016 年 1 月 21 日，上述工商户名称变更为章丘市辛寨嘉年华购物超市，经营者为林某某。

上述事实由原告提供的第 1465385 号商标注册证、核准转让注册商标证明、核准续展注册商标证明，（2015）济长清证民字第 1027 号公证书及公证实物（腰带），律师费发票 3000 元，被告工商登记材料予以证明，上述证据真实合法，可以采信。

本院认为，原告的第 1465385 号"＋ SELEATHER"注册商标合法有效，应依法予以保护。被告销售的腰带在腰带扣上使用了与涉案商标近似的商标标识，且该腰带没有标注生产厂名、厂址，易于误导消费者，该销售行为侵犯了原告的注册商标专用权，应承担停止侵权并赔偿损失的民事责任。关于赔偿损失的数额，由于原告缺乏其因被侵权所受损失及被告因侵权所获利润的证据，本院综合考虑涉案商标的知名度、被告经营规模、侵权行为的性质、情节及原告为制止侵权所支出的合理费用等因素予以酌定。依照《商标法》第五十六条、第五十七条第（二）项、第六十三条第三款之规定，判决如下：

（1）被告章丘市辛寨嘉年华购物超市立即停止销售侵犯原告福建七匹狼实业股份有限公司第1465385号"＋SELEATHER"注册商标专用权商品的行为；

（2）被告章丘市辛寨嘉年华购物超市于本判决生效之日起十日内赔偿原告福建七匹狼实业股份有限公司经济损失及合理费用共计15000元。

如果未按本判决指定的期间履行给付金钱义务，应当依照《中华人民共和国民事诉讼法》第二百五十三条之规定，向原告加倍支付迟延履行期间的债务利息。

案件受理费550元，由被告章丘市辛寨嘉年华购物超市负担。

如不服本判决，可以在判决书送达之日起十五日内，向本院递交上诉状和副本六份，并预交上诉案件受理费[收款单位：财政票款分离（济南市中级人民法院）；开户行：农业银行济南市大观园支行，账号：15154101011830338]，上诉于山东省高级人民法院。

审判长　隋洪明

审判员　武守宪

代理审判员　王俊河

二〇一六年十月二十七日

书记员　张蕾

三、张某某与山东山润食品有限公司等侵害商标权纠纷案

（一）案情简介

原告张某某拥有第16644387号"孟氏扒蹄"注册商标，山东山润食品有限

公司、济南爱鲁食品有限公司两被告在其生产、销售的猪蹄产品包装上突出使用"孟氏扒蹄"字样，造成消费者混淆，两被告构成侵权。请求法院判令两被告立即停止生产、销售侵犯原告第 16644387 号"孟氏扒蹄"注册商标专用权商品的行为并赔偿原告经济损失 8 万元，承担原告为制止被告侵权所支付的合理支出 2 万元，共计 10 万元。

（二）审理思路

1. 案由审查

本案是商标侵权案件，属于知识产权庭受案范围。

2. 证据查证

原告向法院提交的证据有：①第 16644387 号"孟氏扒蹄"注册商标，注册有效期限自 2016 年 6 月 14 日至 2026 年 6 月 13 日止，核定使用商品（第 29 类）猪肉食品、扒蹄等，核定使用标识为"孟氏扒蹄"。②山东省济南市泉城公证处公证书一份。

3. 争议归纳

本案争议的焦点为被告的行为是否构成侵权以及两被告的责任划分。

4. 法律依据

本案涉及的法律条文为《商标法》第五十六条，第五十七条第（二）项，第六十三条第三款的规定。

（三）裁判旨要

原告第 16644387 号"孟氏扒蹄"注册商标专用权，合法有效，应予以保护。原告涉案"孟氏扒蹄"使用于扒蹄熟食等商品，显著性强，而被告使用"孟氏扒蹄"属于商标使用行为，被告所使用的"孟氏扒蹄"字体虽与原告商标标识有差异，但二者呼叫内容和结果相同，被告的这种使用方式容易导致相关公众产生误认，或者认为被告的商品与原告有特定联系，产生混淆，故被告侵害了原告注册商标专用权。两被告应承担连带侵权责任。

（四）判决书

山东省济南市中级人民法院
民事判决书

（2016）鲁 01 民初 1877 号

原告：张某某，男，1978 年 2 月 3 日出生，汉族，住山东省陵县。

委托诉讼代理人：王凤，山东乾慧律师事务所律师。

委托代理人：王磊，山东乾慧律师事务所律师。

被告：山东山润食品有限公司，住所地山东省济南市。

法定代表人：姚某某，经理。

被告：济南爱鲁食品有限公司，住所地山东省济南市。

法定代表人：刘某某，经理。

上述两被告共同委托诉讼代理人：郝秋霜，泰和泰（济南）律师事务所律师。

上述两被告共同委托诉讼代理人：解冬梅，泰和泰（济南）律师事务所律师。

原告张某某与被告山东山润食品有限公司（以下简称山润公司）、济南爱鲁食品有限公司（以下简称爱鲁公司）侵犯注册商标专用权纠纷一案，本院于 2016 年 9 月 30 日受理后，依法组成合议庭，于 2016 年 11 月 25 日公开开庭进行了审理。原告的委托诉讼代理人王凤，两被告的共同委托诉讼代理人郝秋霜、解冬梅到庭参加诉讼。本案现已审理终结。

原告张某某向本院提出诉讼请求：①判令两被告立即停止生产、销售侵犯原告第 16644387 号"孟氏扒蹄"注册商标专用权的商品的行为；②判令两被告赔偿原告经济损失 8 万元，并承担原告为制止被告侵权所支付的合理支出 2 万元，共计 10 万元。

事实与理由：原告拥有第 16644387 号"孟氏扒蹄"注册商标，两被告在其生产、销售的猪蹄产品包装上突出使用"孟氏扒蹄"字样，造成消费者混淆，两被告构成侵权。

被告山润公司辩称，原告已经停止被告所指控的行为，原告的诉讼请求缺乏事实和法律依据，请求驳回原告的诉讼请求。

被告爱鲁公司辩称，爱鲁公司受山润公司委托生产食品，由山润公司统一包装销售，爱鲁公司没有侵权，请求驳回原告的诉讼请求。

经过庭审，原、被告对对方提交的证据没有异议，本院予以采信并存卷佐证。对各方无异议的事实，本院确认如下：

原告张某某拥有第 16644387 号"孟氏扒蹄"注册商标，注册有效期限自 2016 年 6 月 14 日至 2026 年 6 月 13 日止，核定使用商品（第 29 类）猪肉食品、扒蹄等，核定使用标识为"孟氏扒蹄"。原告在济南高新区、历下区、历城区开有经营"孟氏扒蹄"的店铺。2016 年 9 月 20 日，山东省济南市泉城公证处应原告申请进行证据保全，公证员及申请人来到济南市闵子骞路北首、汇科旺园北临、店面标有"孟氏扒蹄"字样的商铺，对商铺进行拍照，并购买了包装上标有"孟氏扒蹄"字样的扒蹄。由公证处封存的产品及包装可以看出，产品包装箱、产品包装均突出使用"孟氏扒蹄"字样，均标有"委托商山东山润食品有限公司，受委托商济南爱鲁食品有限公司，电话 0531－82896679"等内容。被告在济南市内开有 13 家加盟店面，均以"孟氏扒蹄"作为店面招牌，其中 9 家店铺在网上销售，均使用"孟氏扒蹄（XX 店）0531－82896679"招商信息。

被告山润公司与爱鲁公司签有肉食产品委托加工合同，山润公司委托爱鲁公司加工生产孟氏扒蹄等产品，委托期限 2016 年 8 月 17 日至 2017 年 8 月 17 日。原告为提起本案诉讼而支付律师代理费 1 万元、公证费 2000 元。

本院认为，原告第 16644387 号"孟氏扒蹄"注册商标专用权，合法有效，应予以保护。依照《商标法》第五十七条第（二）项规定，未经商标注册人的许可，在同一种商品或者类似商品上使用与其注册商标相同或者近似的商标的，属侵犯注册商标专用权行为。依照《最高人民法院关于审理商标民事纠纷案件适用法律若干问题的解释》（法释〔2002〕32 号）第九条第二款规定，商标近似，是指被控侵权的商标与原告的注册商标相比较，其文字的字形、读音、含义或者图形的构图及颜色，或者其各要素组合后的整体结构相似，或者其立体形状、颜色组合近似，易使相关公众对商品的来源产生误认或者认为其来源与原告注册商标的商品有特定的联系。原告涉案"孟氏扒蹄"使用于扒蹄熟食等商品，显著性强，而被告使用"孟氏扒蹄"属于商标使用行为，被告所使用的"孟氏扒蹄"字体虽与原告商标标识有差异，但二者呼叫内容和结果相同，被告的这种使用方式容易导致相关公众产生误认，或者认为被告的商品与原告有特定联系，产生混淆，故被告侵害了原告注册商标专用权。原告要求被告停止侵权行为，本院予以支持。原告请求判令被告赔偿经济损失 8 万元和维权费用 2 万元，但对此举证不足。本院结合原告涉案注册商标获得时间、被告的经营规模和时间、原告为制止侵权行为而支付了合理的费用等事实酌情予以部分支持。被告爱鲁公司辩称，其受山润公司委托生产食品，由山润公司统一包装销售，爱鲁公司没有侵权。本院认为，侵权商品上标识了两被告的企业名称，消费者获得的商品生产者信息包括被告爱鲁公司，故两被告应对侵权行为承担连带责任。综上，依照《商标法》第五十六条，第五十七条第（二）项，第六十三条第三款之规定，判决如下：

（1）被告山东山润食品有限公司、济南爱鲁食品有限公司立即停止侵害原告张某某第 16644387 号"孟氏扒蹄"注册商标专用权的行为，即停止在其商品包装上使用"孟氏扒蹄"标识内容；

（2）被告山东山润食品有限公司、济南爱鲁食品有限公司于本判决生效之日起十日内赔偿原告张某某经济损失和为制止侵权行为所支付的合理开支合计 5 万元；

如果未按本判决指定的期间履行给付金钱义务，应当依照《中华人民共和国民事诉讼法》第二百五十三条之规定，加倍支付迟延履行期间的债务利息。

案件受理费 2300 元，由原告张某某负担 1000 元，由被告山东山润食品有限公司、济南爱鲁食品有限公司负担 1300 元。

如不服本判决，可在判决书送达之日起十五日内，向本院递交上诉状一份和副本七份，并预交上诉案件受理费 [收款单位：财政票款分离（济南市中级人民法院）；开户行：农业银行济南市大观园支行，账号：15154101011830338],上诉于山东省高级人民法院。

审判长　隋洪明

审判员　武守宪

代理审判员　王俊河

二〇一六年十二月十六日

书记员　张蕾

四、青岛冠中生态股份有限公司与济南绿益生态科技有限公司侵害商标权纠纷案

（一）案情简介

原告青岛冠中生态股份有限公司拥有第7700663号"高次团粒"注册商标，被告济南绿益生态科技有限公司在世界工厂网等四家网站上以"高次团粒"字样宣传推广与原告涉案商标核定使用类别相同的服务，侵害了原告的合法权益。请求法院判令被告立即停止商标侵权行为并赔偿原告经济损失100万元以及赔偿原告为制止侵权所支付的律师费5万元和证据保全公证费4000元。

（二）审理思路

1. 案由审查

本案是商标侵权纠纷，属于知识产权庭的受案范围。

2. 证据查证

原告向法院提交的证据有：①原告拥有第7700663号"高次团粒"注册商标，注册有效期限自2011年1月7日至2021年1月6日止，核定服务项目（第44类）园艺、植物保护、庭院设计、护坡服务、坡面绿化服务等，核定使用标识为"高次团粒"。②（2016）沪徐证经字第5042号公证书一份。

3. 争议归纳

本案争议的焦点为被告的行为是否构成侵权以及如何承担责任。

4. 法律依据

本案需要适用的法律条文为《商标法》第五十六条、第六十三条第三款，《中华人民共和国商标法实施条例》第七十六条的规定。

（三）裁判旨要

原告第7700663号"高次团粒"注册商标专用权，合法有效，应予以保护。原告涉案商标核定服务项目（第44类）园艺、植物保护、坡面绿化服务等，而

被告使用被诉广告用语推广的服务与原告涉案商标核定服务项目相同，被告使用"供应高次团粒品牌喷播绿化国家认定生态性治理"广告用语，其中对"高次团粒"的使用属于前述"在同一种商品将与他人注册商标相同的标志作为商品名称使用"情形，被告的上述行为没有合法授权，且易误导公众，构成商标侵权。

（四）判决书

山东省济南市中级人民法院
民事判决书

（2016）鲁 01 民初 1747 号

原告：青岛冠中生态股份有限公司，住所地青岛市。
法定代表人：李某某，董事长。
委托诉讼代理人：梁鹏，上海金茂律师事务所律师。
委托诉讼代理人：谢瑞强，上海金茂律师事务所律师。
被告：济南绿益生态科技有限公司，住所地济南市。
法定代表人：潘某某。

　　原告青岛冠中生态股份有限公司（以下简称"冠中公司"）与被告济南绿益生态科技有限公司（以下简称"绿益公司"）侵犯注册商标专用权纠纷一案，本院于 2016 年 9 月 1 日受理后，依法适用普通程序，于 2017 年 1 月 9 日公开开庭进行了审理。原告的委托诉讼代理人梁鹏、谢瑞强到庭参加诉讼。被告经公告送达传票无正当理由拒不到庭。本案现已审理终结。

　　原告冠中公司向本院提出诉讼请求：①判令被告立即停止商标侵权行为；②判令被告赔偿原告经济损失 100 万元；③判令被告赔偿原告为制止侵权所支付的律师费 5 万元和证据保全公证费 4000 元。事实与理由：原告拥有第 7700663 号"高次团粒"注册商标，被告在世界工厂网等四家网站上以"高次团粒"字样宣传推广与原告涉案商标核定使用类别相同的服务，侵害了原告的合法权益。

　　被告绿益公司未应诉。

　　经审理查明：原告拥有第 7700663 号"高次团粒"注册商标，注册有效期限自 2011 年 1 月 7 日至 2021 年 1 月 6 日止，核定服务项目（第 44 类）园艺、植物保护、庭院设计、护坡服务、坡面绿化服务等，核定使用标识为"高次团粒"。2013 年 12 月，原告的上述商标获得"山东省著名商标"证书，有效期2013 年 12 月至 2016 年 12 月。2016 年 6 月 21 日，上海市徐汇公证处应原告申请进行证据保全，使用公证处电脑登录互联网，对相关网页办理保全证据公证，出具了（2016）沪徐证经字第 5042 号公证书。该公证书记载：被告在世界工厂网（网址 www.gongchang.com）、我要搜了网（网址 www.51sole.com）、企发网（网址 www.zhsho.com）、勤加缘网（网址 www.qjy168.com）宣传推广其植被恢复和生态治理服务，其使用的宣传用语为"供应高次团粒品牌喷播绿化国家认定生态性治理"。原告为诉讼支付律师费 5 万元和证据保全公证费 4000 元。

上述事实由原告提供的商标注册证、变更证明、公证书及公证费发票、山东省著名商标证书、律师代理合同及代理费发票予以证明，上述证据客观真实，本院予以采信。

本院认为，原告第 7700663 号"高次团粒"注册商标专用权，合法有效，应予以保护。依照《商标法》第五十六条的规定，注册商标的专用权，以核准注册的商标和核定使用的商品为限。依照《中华人民共和国商标法实施条例》第七十六条的规定，在同一种商品或者类似商品上将与他人注册商标相同或者近似的标志作为商品名称或者商品装潢使用，误导公众的，属于商标法第五十七条第二项规定的侵犯注册商标专用权的行为。原告涉案商标核定服务项目（第 44 类）园艺、植物保护、坡面绿化服务等，而被告使用被诉广告用语推广的服务与原告涉案商标核定服务项目相同，被告使用"供应高次团粒品牌喷播绿化国家认定生态性治理"广告用语，其中对"高次团粒"的使用属于前述"在同一种商品将与他人注册商标相同的标志作为商品名称使用"情形，被告的上述行为没有合法授权，且易误导公众，构成商标侵权。原告要求被告停止侵权行为，本院予以支持。原告请求判令被告赔偿经济损失 100 万元和原告为制止侵权所支付的律师费5 万元和证据保全公证费 4000 元，但对此举证不足。本院结合原告涉案注册商标市场影响力、被告的侵权形态和原告为制止侵权行为而支付了合理的费用等事实酌情予以部分支持。综上，依照《商标法》第五十六条、第六十三条第三款，《中华人民共和国商标法实施条例》第七十六条之规定，判决如下：

（1）被告济南绿益生态科技有限公司立即停止侵害原告青岛冠中生态股份有限公司第 7700663 号"高次团粒"注册商标专用权的行为；

（2）被告济南绿益生态科技有限公司于本判决生效之日起十日内赔偿原告青岛冠中生态股份有限公司经济损失和为制止侵权行为所支付的合理开支合计10万元；

如果未按本判决指定的期间履行给付金钱义务，应当依照《中华人民共和国民事诉讼法》第二百五十三条之规定，加倍支付迟延履行期间的债务利息。

案件受理费14286元，由原告青岛冠中生态股份有限公司负担4286元，由被告济南绿益生态科技有限公司负担1万元。

如不服本判决，可在判决书送达之日起十五日内，向本院递交上诉状一份和副本七份，并预交上诉案件受理费 [收款单位：财政票款分离（济南市中级人民法院）；开户行：农业银行济南市大观园支行，账号：15154101011830338]，上诉于山东省高级人民法院。

审判长　隋洪明

审判员　武守宪

代理审判员　王俊河

二〇一七年一月十八日

书记员　张蕾

第四节　著作权典型案件判例解析

一、中国音像著作权集体管理协会与平阴县云海好声音娱乐城等著作权权属、侵权纠纷案

（一）案情简介

滚石国际音乐股份有限公司（以下简称"滚石公司"）是《Paradise》《活着便精彩》《可否冲破》《情人》四首 MTV 音乐电视作品的著作权人。原告经上述

公司授权，取得了对上述音乐电视作品的排他性专属授权，包括但不限于复制权、放映权，并得以自己名义向侵权使用者提起诉讼。两被告未经原告授权，以营利为目的，擅自在其经营场所内以卡拉OK方式向公众放映上述作品，严重侵犯了原告依法享有的权利，给原告造成较大的经济损失。请求判令两被告赔偿经济损失4000元（包括原告为制止侵权行为所支出的合理费用50元）。

（二）审理思路

1. 案由审查

本案属于著作权权属及侵权纠纷，应该归知识产权庭管辖。

2. 证据查证

原告向法院提供的证据有：①原告（甲方）于2012年3月6日与滚石公司（乙方）签订《音像著作权授权合同》。②山东省济南市槐荫公证处出具的公证书一份。③中国音像著作权集体管理协会的社团法人登记证书，组织机构代码证。④中国唱片总公司出版、中国音像著作权集体管理协会监制的流行歌曲经典（第二辑）（音像制品编码 ISBN978-7-7999-2281-2）。⑤北京市东方公证处（2014）京东方内民证第4726号公证。

3. 争议归纳

本案争议的焦点主要是被告的行为是否构成侵权。

4. 法律依据

本案适用的法律条文为《著作权法》第八条第一款、第十条第一款第（十）项、第二款、第十一条、第十五条第一款、第四十八条第（一）项、第四十九条，《中华人民共和国著作权法实施条例》第四条第（十一）项，《著作权集体管理条例》第二条，《最高人民法院关于审理著作权民事纠纷案件适用法律若干问题的解释》第二十五条第二款，《中华人民共和国侵权责任法》第九条第一款的规定。

（三）裁判旨要

本案涉及的MTV音乐电视作品以特定的音乐作品为题材，通过摄影、录音、剪辑、合成等方式制作而成，应当认定为"以类似摄制电影的方法创作的作品"。本案中被诉行为主要涉及著作财产权中的放映权。被告云海娱乐城未经权利人许可，向消费者提供以点播形式使用涉案 MTV 音乐电视作品的商业性服务，侵犯了原告管理的涉案音乐电视作品的放映权，依法应承担赔偿损失的责任。被告云海宾馆为被告云海娱乐城的侵权行为提供发票，属于《中华人民共和国侵权责任法》第九条第一款规定的帮助行为，其应当与被告云海娱乐城承担连带责任。

（四）判决书

山东省济南市中级人民法院
民事判决书

（2016）鲁 01 民初 1333 号

原告：中国音像著作权集体管理协会，住所地北京市。

法定代表人：邹某某，总干事。

委托代理人：王帅，山东豪才律师事务所律师。

委托代理人：聂洪涛，山东豪才律师事务所律师。

被告：平阴县云海好声音娱乐城，住所地山东省济南市平阴县。

经营者：张某某，男，1982 年 8 月 24 日出生，汉族，系被告平阴县云海好声音娱乐城业主，住山东省济南市平阴县。

被告：平阴县云海商务宾馆，住所地山东省济南市平阴县。

经营者：张某某，男，1982 年 8 月 24 日出生，汉族，系被告平阴县云海商务宾馆业主，住山东省济南市平阴县。

上述两被告共同诉讼代理人：高召旺，平阴明星法律服务所法律工作者。

原告中国音像著作权集体管理协会与被告平阴县云海好声音娱乐城（以下简称"云海娱乐城"）、平阴县云海商务宾馆（以下简称"云海宾馆"）侵害著作权纠纷一案，本院于 2016 年 7 月 7 日受理后，依法适用普通程序，于 2016 年 9 月 20 日公开开庭进行了审理。原告委托代理人王帅，两被告共同诉讼代理人高召旺到庭参加诉讼。本案现已审理终结。

原告向本院提出诉讼请求，请求判令两被告赔偿经济损失 4000 元（包括原告为制止侵权行为所支出的合理费用 50 元）。

事实和理由：滚石国际音乐股份有限公司（以下简称"滚石公司"）是《Paradise》《活着便精彩》《可否冲破》《情人》四首 MTV 音乐电视作品的著作

权人。原告经上述公司授权，取得了对上述音乐电视作品的排他性专属授权，包括但不限于复制权、放映权，并得以自己名义向侵权使用者提起诉讼。两被告未经原告授权，以营利为目的，擅自在其经营场所内以卡拉 OK 方式向公众放映上述作品，严重侵犯了原告依法享有的权利，给原告造成较大的经济损失。

被告云海娱乐城辩称，点歌系统由设备供应商提供，云海娱乐城已支付相应的对价，云海娱乐城未构成侵权；云海娱乐城已于 2015 年 3 月 1 日由张合瑞经营，云海娱乐城不承担责任；原告要求每首歌曲赔偿 1000 元，不符合实际情况。请求驳回原告的诉讼请求。

被告云海宾馆辩称，云海宾馆只是为云海娱乐城提供发票，不是共同经营者，不应承担责任。请求驳回原告的诉讼请求。

本院经审理查明下列事实：原告是经民政部批准成立的社会团体法人，其业务范围包括开展音像著作权集体管理工作、咨询服务、法律诉讼、国际版权交流、举办研讨及与其宗旨一致的相关业务活动。原告（甲方）于 2012 年 3 月 6 日与滚石公司（乙方）签订《音像著作权授权合同》，合同主要内容均约定：乙方将其依法拥有的音像节目的放映权、复制权等权利信托甲方管理，以便上述权利在其存续期间及合同有效期内完全由甲方行使，上述权利包括乙方过去、现在和将来自己制作、购买或以其他任何方式取得的权利。甲方对乙方的权利管理，指同音像节目的使用者商谈使用条件并发放使用许可，征集使用情况，向使用者收取使用费，根据合同的约定向乙方分配使用费，上述管理活动，均以甲方的名义进行。为有效管理乙方授予甲方的权利，甲方有权以自己的名义向侵权使用者提起诉讼。合同自签订之日起生效，有效期为三年，至期满前六十日乙方未以书面形式提出异议，本合同自动续展三年，之后亦照此办理。根据原告提供的中国唱片总公司出版的流行歌曲经典——《中国音像著作权集体管理协会会员作品精选集（第二辑）》（音像制品编码 ISBN978-7-7999-2281-2）记载，包括涉案作品《Paradise》《活着便精彩》《可否冲破》《情人》在内的 12 张 DVD 的音乐电视作品的著作权人为滚石公司。

2015 年 12 月 25 日，原告委托代理人王帅以普通消费者身份，来到被告云海娱乐城的营业场所，使用其包厢内的歌曲点播机点播了《Paradise》《活着便精彩》《可否冲破》《情人》等 135 首音乐电视作品，共在该店消费 60 元，取得盖有"平阴县云海商务宾馆"印鉴的山东省地方税务局通用机打发票一张。王帅对取证过程进行了拍照、摄像，山东省济南市槐荫公证处公证人员进行了现场公证，并据此制作了（2016）济槐荫证经字第 012 号公证书。经庭审比对，公证保全的音乐作品与原告涉案作品具有音源同一性。

上述事实由原告提供的中国音像著作权集体管理协会的社团法人登记证书，组织机构代码证，中国唱片总公司出版、中国音像著作权集体管理协会监制的流行歌曲经典（第二辑）（音像制品编码 ISBN978-7-7999-2281-2），北京市东方公证处（2014）京东方内民证第 4726 号公证，山东省济南市槐荫公证处（2016）济槐荫证经字第 012 号公证书和庭审笔录在案证实。上述证据客观真实，本院予以采信，并据此确认上述事实。

本院认为，本案涉及的 MTV 音乐电视作品以特定的音乐作品为题材，通过摄影、录音、剪辑、合成等方式制作而成，应当认定为"以类似摄制电影的方法创作的作品"。根据我国著作权法及相关法律的规定，以类似摄制电影的方法创作的作品，其著作权由制片者享有。根据著作权法的规定，在作品上署名的人为著作权人，有相反证据的除外。根据原告提交的合法出版物，可以认定滚石公司是涉案音乐电视作品的制片人及著作权人，享有涉案作品的著作权，有权许可他人行使著作权并收取报酬。

原告系依法经批准成立的开展音像著作权集体管理的社会团体法人，其与滚石公司签订的《音像著作权授权合同》均真实有效，应受法律保护。原告在合同规定的有效期限内合法取得了涉案音乐电视作品的放映权，有权以自己的名义同上述音乐电视作品的使用者商谈使用条件并发放使用许可，向使用者收取使用费，并向侵权使用者提起诉讼。因此，原告主体适格，其合法权益应受法律保护。

本案中被诉行为主要涉及著作财产权中的放映权。被告云海娱乐城未经权利人许可，向消费者提供以点播形式使用涉案 MTV 音乐电视作品的商业性服务，侵犯了原告管理的涉案音乐电视作品的放映权，依法应承担赔偿损失的责任。被告云海宾馆为被告云海娱乐城的侵权行为提供发票，属于《中华人民共和国侵权责任法》第九条第一款规定的帮助行为，其应当与被告云海娱乐城承担连带责任。被告云海娱乐城辩称侵权行为由他人实施，但未提供证据证明，故本院对其该项抗辩主张不予支持。关于赔偿数额，由于原、被告双方均未能提供直接的证据证明被告的侵权行为给原告造成的实际损失以及被告的实际获利，故本院参考相关作品的使用费标准，综合考虑原告主张被侵权音乐电视作品的数量，被告的经营规模、侵权方式、侵权持续时间、主观过错及其经营地所在区域的收入水平和消费水平、原告取证费用等因素酌情确定。

综上，依据《著作权法》第八条第一款、第十条第一款第（十）项、第二款、第十一条、第十五条第一款、第四十八条第（一）项、第四十九条，《中华人民共和国著作权法实施条例》第四条第（十一）项，《著作权集体管理条例》第二条，《最高人民法院关于审理著作权民事纠纷案件适用法律若干问题的解释》第二十五条第二款，《中华人民共和国侵权责任法》第九条第一款之规定，判决如下：

（1）被告平阴县云海好声音娱乐城于本判决生效之日起十日内赔偿原告中国音像著作权集体管理协会经济损失 2800 元，被告平阴县云海商务宾馆对此项义务承担连带责任；

（2）驳回原告中国音像著作权集体管理协会的其他诉讼请求。

如果未按本判决所指定的期间履行给付金钱义务，应当依据《中华人民共和国民事诉讼法》第二百五十三条之规定，加倍支付延迟履行期间的债务利息。

案件受理费 50 元、财产保全费 41 元，合计 91 元，由被告平阴县云海好声音娱乐城和平阴县云海商务宾馆负担。

如不服本判决，可在判决书送达之日起十五日内，向本院递交上诉状一份和副本五份，并预交上诉案件受理费 [收款单位：财政票款分离（济南市中级人民法院）；开户行：农业银行济南市大观园支行，账号：15154101011830338]，上诉于山东省高级人民法院。

审判长　隋洪明

代理审判员　王俊河

人民陪审员　田建华

二〇一六年十月十三日

书记员　张蕾

二、中国音像著作权集体管理协会与济南市长清区花儿朵朵娱乐城著作权权属、侵权纠纷案

（一）案情简介

滚石国际音乐股份有限公司（以下简称滚石公司）是《裙摆摇摇》《童年》《不想睡》《彩虹》四首 MTV 音乐电视作品的著作权人。原告经上述公司授权，取得了对上述音乐电视作品的排他性专属授权，包括但不限于复制权、放映权，并得以自己名义向侵权使用者提起诉讼。被告花儿朵朵娱乐城未经原告授权，以营利为目的，擅自在其经营场所内以卡拉 OK 方式向公众放映上述作品，严重侵犯了原告依法享有的权利，给原告造成较大的经济损失。请求法院判令被告赔偿经济损失 4000 元（包括原告为制止侵权行为所支出的合理费用 50 元）。

（二）审理思路

1. 案由审查

本案属于著作权侵权纠纷，属于知识产权庭的受案范围。

2. 证据查证

原告向法院提交的证据有：①原告提供的中国音像著作权集体管理协会的社团法人登记证书，组织机构代码证。②中国唱片总公司出版、中国音像著作权集体管理协会监制的流行歌曲经典（第二辑）（音像制品编码 ISBN978-7-7999-2281-2）。③北京市东方公证处（2014）京东方内民证第 4726 号公证。④山东省济南市槐荫公证处（2016）济槐荫证经字第 014 号公证书。

3. 争议归纳

本案争议的焦点为被告的行为是否构成侵权以及应该如何承担责任。

4. 法律依据

本案涉及的法律条文为《著作权法》第八条第一款、第十条第一款第（十）项、第二款、第十一条、第十五条第一款、第四十八条第（一）项、第四十九条，《中华人民共和国著作权法实施条例》第四条第（十一）项，《著作权集体管理条例》

第二条,《最高人民法院关于审理著作权民事纠纷案件适用法律若干问题的解释》第二十五条第二款,《中华人民共和国民事诉讼法》第一百四十四条的规定。

(三)裁判旨要

本案涉及的 MTV 音乐电视作品以特定的音乐作品为题材,通过摄影、录音、剪辑、合成等方式制作而成,应当认定为"以类似摄制电影的方法创作的作品"。本案中被告的行为主要涉及著作财产权中的放映权。被告未经权利人许可,向消费者提供以点播形式使用涉案 MTV 音乐电视作品的商业性服务,侵犯了原告管理的涉案音乐电视作品的放映权,依法应承担赔偿损失的责任。

(四)判决书

山东省济南市中级人民法院
民事判决书

(2016)鲁 01 民初 1331 号

原告:中国音像著作权集体管理协会,住所地北京市。
法定代表人:邹某某,总干事。
委托代理人:王帅,山东豪才律师事务所律师。
委托代理人:聂洪涛,山东豪才律师事务所律师。
被告:济南市长清区花儿朵朵娱乐城,住所地山东省济南市。
经营者:刘某某。

原告中国音像著作权集体管理协会(以下简称"音集协")与被告济南市长清区花儿朵朵娱乐城(以下简称"花儿朵朵娱乐城")侵害著作权纠纷一案,本院于 2016 年 7 月 7 日受理后,依法适用普通程序,于 2016 年 9 月 1 日公开开庭进行了审理。原告音集协的委托代理人王帅到庭参加诉讼。被告花儿朵朵娱乐城经本院合法传唤无正当理由拒不到庭。本案现已审理终结。

原告音集协向本院提出诉讼请求,请求判令被告赔偿经济损失 4000 元(包括原告为制止侵权行为所支出的合理费用 50 元)。

事实和理由:滚石国际音乐股份有限公司(以下简称滚石公司)是《裙摆

摇摇》《童年》《不想睡》《彩虹》四首MTV音乐电视作品的著作权人。原告经上述公司授权，取得了对上述音乐电视作品的排他性专属授权，包括但不限于复制权、放映权，并得以自己名义向侵权使用者提起诉讼。被告花儿朵朵娱乐城未经原告授权，以营利为目的，擅自在其经营场所内以卡拉OK方式向公众放映上述作品，严重侵犯了原告依法享有的权利，给原告造成较大的经济损失。

被告花儿朵朵娱乐城未应诉。

本院经审理查明下列事实：原告音集协是经民政部批准成立的社会团体法人，其业务范围包括开展音像著作权集体管理工作、咨询服务、法律诉讼、国际版权交流、举办研讨及与其宗旨一致的相关业务活动。原告（甲方）于2012年3月6日与滚石公司（乙方）签订《音像著作权授权合同》，合同主要内容均约定：乙方将其依法拥有的音像节目的放映权、复制权等权利信托甲方管理，以便上述权利在其存续期间及合同有效期内完全由甲方行使，上述权利包括乙方过去、现在和将来自己制作、购买或以其他任何方式取得的权利。甲方对乙方的权利管理，指同音像节目的使用者商谈使用条件并发放使用许可，征集使用情况，向使用者收取使用费，根据合同的约定向乙方分配使用费，上述管理活动，均以甲方的名义进行。为有效管理乙方授予甲方的权利，甲方有权以自己的名义向侵权使用者提起诉讼。合同自签订之日起生效，有效期为三年，至期满前六十日乙方未以书面形式提出异议，本合同自动续展三年，之后亦照此办理。根据原告提供的中国唱片总公司出版的流行歌曲经典——《中国音像著作权集体管理协会会员作品精选集（第二辑）》（音像制品编码ISBN978-7-7999-2281-2）记载，包括涉案作品《裙摆摇摇》《童年》《不想睡》《彩虹》在内的等12张DVD的音乐电视作品的著作权人为滚石公司。

2015年12月23日，原告委托代理人王帅以普通消费者身份，来到被告花儿朵朵娱乐城的营业场所，使用其包厢内的歌曲点播机点播了《裙摆摇摇》《童年》《不想睡》《彩虹》等127首音乐电视作品，共在该店消费60元。王帅对取证过程进行了拍照、摄像，山东省济南市槐荫公证处公证人员进行了现场公证，并据此制作了（2016）济槐荫证经字第014号公证书。经庭审比对，公证保全的音乐作品与原告涉案作品具有音源同一性。

上述事实由原告提供的中国音像著作权集体管理协会的社团法人登记证书，组织机构代码证，中国唱片总公司出版、中国音像著作权集体管理协会监制的流行歌曲经典（第二辑）（音像制品编码 ISBN978-7-7999-2281-2），北京市东方公证处（2014）京东方内民证第 4726 号公证，山东省济南市槐荫公证处（2016）济槐荫证经字第 014 号公证书和庭审笔录在案证实。上述证据客观真实，本院予以采信，并据此确认上述事实。

本院认为，本案涉及的 MTV 音乐电视作品以特定的音乐作品为题材，通过摄影、录音、剪辑、合成等方式制作而成，应当认定为"以类似摄制电影的方法创作的作品"。根据我国著作权法及相关法律的规定，以类似摄制电影的方法创作的作品，其著作权由制片者享有。根据著作权法的规定，在作品上署名的人为著作权人，有相反证据的除外。根据原告提交的合法出版物，可以认定滚石公司是涉案音乐电视作品的制片人及著作权人，享有涉案作品的著作权，有权许可他人行使著作权并收取报酬。

原告系依法经批准成立的开展音像著作权集体管理的社会团体法人，其与滚石公司签订的《音像著作权授权合同》均真实有效，应受法律保护。原告在合同规定的有效期限内合法取得了涉案音乐电视作品的放映权，有权以自己的名义同上述音乐电视作品的使用者商谈使用条件并发放使用许可，向使用者收取使用费，并向侵权使用者提起诉讼。因此，音集协作为本案原告主体适格，其合法权益应受法律保护。

本案中被告的行为主要涉及著作财产权中的放映权。被告未经权利人许可，向消费者提供以点播形式使用涉案 MTV 音乐电视作品的商业性服务，侵犯了原告管理的涉案音乐电视作品的放映权，依法应承担赔偿损失的责任。关于赔偿数额，由于原、被告双方均未能提供直接的证据证明被告的侵权行为给原告造成的实际损失以及被告的实际获利，故本院参考相关作品的使用费标准，综合考虑原告主张被侵权音乐电视作品的数量，被告的经营规模、侵权方式、侵权持续时间、主观过错及其经营地所在区域的收入水平和消费水平、原告取证费用等因素酌情确定。

综上，依据《著作权法》第八条第一款、第十条第一款第（十）项、第二款、第十一条、第十五条第一款、第四十八条第（一）项、第四十九条，《中华人民共和国著作权法实施条例》第四条第（十一）项，《著作权集体管理条例》第二条，《最高人民法院关于审理著作权民事纠纷案件适用法律若干问题的解释》第二十五条第二款，《中华人民共和国民事诉讼法》第一百四十四条之规定，判决如下：

（1）被告济南市长清区花儿朵朵娱乐城于本判决生效之日起十日内赔偿原告中国音像著作权集体管理协会经济损失 2800 元；

（2）驳回原告中国音像著作权集体管理协会的其他诉讼请求。

如果未按本判决所指定的期间履行给付金钱义务，应当依据《中华人民共和国民事诉讼法》第二百五十三条之规定，加倍支付延迟履行期间的债务利息。

案件受理费 50 元、财产保全费 41 元，合计 91 元，由被告济南市长清区花儿朵朵娱乐城负担。

如不服本判决，可在判决书送达之日起十五日内，向本院递交上诉状一份和副本五份，并预交上诉案件受理费 [收款单位：财政票款分离（济南市中级人民法院）；开户行：农业银行济南市大观园支行，账号：15154101011830338]，上诉于山东省高级人民法院。

审判长　隋洪明

代理审判员　王俊河

人民陪审员　常兆芝

二〇一六年九月一日

书记员　张蕾

三、广东原创动力文化传播有限公司与高新开发区舜华万帝珠宝店等著作权权属、侵权纠纷案

（一）案情简介

2008 年 8 月 29 日，原告广东原创动力文化传播有限公司就《喜羊羊与灰太狼》主角造型之"美羊羊"美术作品进行了著作权登记，记载的作品完成日期为 2003 年 12 月 18 日。2014 年 2 月 27 日，被告万帝珠宝公司与被告高新万帝珠宝店的经营者陈某某签订品牌使用授权协议书。2014 年 3 月 1 日，被告万帝珠宝

公司与被告高新万帝珠宝店的经营者陈某某出具授权书，授权其为"万帝珠宝"品牌经销商，授权使用"万帝珠宝"商标，并在济南市高新区济南丁豪广场一楼（107、108 号）商铺开展和商标有关的相关工作事宜，商标使用期为四年。原告认为被告的行为侵犯了原告的著作权，请求法院判令被告立即停止侵害原告美术作品"美羊羊"著作权的行为并判令被告万帝珠宝公司赔偿原告经济损失及维权费用共计 50 万元，被告高新万帝珠宝店在其销售范围内承担 10 万元的连带赔偿责任。

（二）审理思路

1. 案由审查

本案是著作权侵权纠纷，属于知识产权庭的受案范围。

2. 证据查证

原告向法院提交的证据有：①动画片《喜羊羊与灰太狼》主角造型之五"美羊羊"美术作品的著作权登记证书及获奖证书〔（2014）粤广广州第 050078、050071、050072050073 号公证书的形式出示〕，用以证明原告著作公的内容及知名度。②（2015）济长清证民字第 980 号公证书及封存的产品实物，用以证明两被告的侵权行为。③被告万帝珠宝公司的官方网站截图，用以证明两被告的侵权规模。

3. 争议归纳

本案争议的焦点为被告的行为是否构成侵权。

4. 法律依据

本案涉及的法律条文有《著作权法》第四十八条第（一）项、第四十九条第二款、第五十三条，《最高人民法院关于审理著作权民事纠纷案件适用法律若干问题的解释》第十九条的规定。

（三）裁判旨要

原告系《喜羊羊与灰太狼》主角造型之"美羊羊"美术作品登记的著作权人，原告依法享有作品的著作权应予保护。经对比，虽然其中一个被诉产品上卡通形象在局部设计上与原告作品有所不同，但是两件被诉产品上的卡通形象头部的整体形象视觉效果与原告"美羊羊"美术作品相似，构成对原告著作权的侵害。被告万帝珠宝公司作为被诉产品的生产及销售商，其行为侵害了原告的著作权，应当承担停止侵权、赔偿损失的民事责任。被告高新万帝珠宝店作为被诉产品的销售商，其行为亦侵害了原告的著作，应当承担停止侵权民事责任。因被诉产品的生产商已经查明，且原告亦无证据证明被告高新万帝珠宝店明知产品侵权而销售，故被告高新万帝珠宝店不承担赔偿损失的民事责任。

（四）判决书

山东省济南市中级人民法院
民事判决书

（2016）鲁 01 民初 1661 号

原告：广东原创动力文化传播有限公司，住所地广东省广州市。

法定代表人：蔡某某，执行董事。

委托诉讼代理人：姜兴涛，山东海扬律师事务所律师。

委托诉讼代理人：王晓彤，山东海扬律师事务所律师。

被告：高新开发区舜华万帝珠宝店，住所地山东省济南市。

经营者：陈某某，男，1986 年 10 月 28 日出生，汉族，住福建省莆田市。

被告：深圳市万帝珠宝有限公司，住所地广东省深圳市。

法定代表人：陈某某，总经理。

两被告共同委托诉讼代理人：赵晓亮，山东齐鲁律师事务所律师。

两被告共同委托诉讼代理人：杜秋林，山东齐鲁律师事务所律师。

　　原告广东原创动力文化传播有限公司（以下简称"原创动力公司"）与被告高新开发区舜华万帝珠宝店（以下简称"高新万帝珠宝店"）、深圳市万帝珠宝有限公司（以下简称"万帝珠宝公司"）侵害著作权纠纷一案，本院于 2016 年 8 月 9 日立案后，依法适用普通程序，于 2016 年 10 月 18 日公开开庭进行了审理。原告原创动力公司的委托诉讼代理人姜兴涛、王晓彤，被告高新万帝珠宝店、万帝珠宝公司的共同委托诉讼代理人赵晓亮、杜秋林到庭参加诉讼。本案现已审理终结。

原告原创动力公司向本院提出诉讼请求：①判令两被告立即停止侵害原告美术作品"美羊羊"著作权的行为；②判令被告万帝珠宝公司赔偿原告经济损失及维权费用共计 50 万元，被告高新万帝珠宝店在其销售范围内承担 10 万元的连带赔偿责任。

事实和理由：由原告创作完成的《喜羊羊与灰太狼》动画片，自公映以来，获得多项殊荣，深受小朋友们的喜爱，原告对其中的主要角色"喜羊羊""灰太狼""美羊羊"等动漫形象进行了著作权登记。原告经调查发现，被告万帝珠宝公司生产、被告高新万帝珠宝店销售的银饰坠上使用了"美羊羊"的形象，侵害了原告的著作权。

被告高新万帝珠宝店、万帝珠宝公司共同辩称：①被诉产品上使用的卡通形象与原告著作不同，不构成对原告著作权的侵害。②原告主张经济损失及维权费用共计 50 万元无事实依据。③两被告是各自独立的经营主体，被告万帝珠宝公司只是授权被告高新万帝珠宝店"万帝珠宝"的品牌使用权，被告高新万帝珠宝店销售的被诉产品与被告万帝珠宝公司无关，不应由被告万帝珠宝公司承担侵权责任。

原告原创动力公司为证明其诉讼请求，提交了下列证据：

（1）动画片《喜羊羊与灰太狼》主角造型之"美羊羊"美术作品的著作权登记证书及获奖证书 [（2014）粤广广州第 050078、050071、050072050073 号公证书的形式出示]，用以证明原告著作公的内容及知名度。两被告对该证据无异议，本院予以采信。

（2）（2015）济长清证民字第 980 号公证书及封存的产品实物，用以证明两被告的侵权行为。两被告对该证据的真实性无异议，本院予以确认。

（3）被告万帝珠宝公司的官方网站截图，用以证明两被告的侵权规模。两被告对该证据无异议，本院予以采信。

被告万帝珠宝公司为证明其抗辩主张提供了其与被告高新万帝珠宝店之间签订品牌使用授权协议书、授权书。原告及被告高新万帝珠宝店对上述证据无异议，本院予以采信。

被告高新万帝珠宝店未提交证据。

根据上述质证、认证及当事人陈述，本院查明下列事实：

2008 年 8 月 29 日，原告就《喜羊羊与灰太狼》主角造型之"美羊羊"美术作品进行了著作权登记，记载的作品完成日期为 2003 年 12 月 18 日。电视动画片《喜羊羊与灰太狼》曾荣获广东省第七届精神文明建设"五个一工程"优秀作品奖、白玉兰奖、内地及港澳台年度最佳创意动画奖。

2015 年 8 月 14 日，济南鲁盟知识产权代理有限公司接受原告委托，申请山东省济南市长清公证处保全证据。2015 年 8 月 17 日，山东省济南市长清公证处公证人员和申请人的代理人姜兴涛到山东省济南市，以 187.2 元、126 元、135 元购得"足银挂坠"三个，取得盖有"高新开发区舜华万帝珠宝店发票专用章"发票一张、盖有"济南丁豪广场万帝珠宝店现金收讫"章的质保单三张、签章一张。在公证人员的监督下，姜兴涛对购物场所外观、所购物品进行了拍照，公证人员对所购物品进行封存。庭审时，经公证保全取得的商品的封存状况完好，本院予以解封。被告高新万帝珠宝店品认可被诉产品是其销售的，被告万帝珠宝公司不认可是其制造的产品。原告指控其中的两件产品侵害了其"美羊羊"美术作品的著作权。经当庭对比，被诉产品上使用的卡通形象与原告"美羊羊"美术作品相比，头部整体形象的视觉效果相似，包括头部云朵状，羊角上的蝴蝶结设计、黑豆鼻子、圆形大眼睛、脖子上围巾等比较相似，其中一个的眼睛、嘴型存在区别。在被诉产品的包装袋及吊牌上标有被告万帝珠宝公司的企业名称和电话信息。

2014 年 2 月 27 日，被告万帝珠宝公司与被告高新万帝珠宝店的经营者陈某某签订品牌使用授权协议书。2014 年 3 月 1 日，被告万帝珠宝公司与被告高新万帝珠宝店的经营者陈某某出具授权书，授权其为"万帝珠宝"品牌经销商，授权使用"万帝珠宝"商标，并在济南市高新区济南丁豪广场一楼（107、108 号）商铺开展和商标有关的相关工作事宜，商标使用期为四年。

本院认为，原告系《喜羊羊与灰太狼》主角造型之"美羊羊"美术作品登记的著作权人，且电视动画片《喜羊羊与灰太狼》曾荣获广东省第七届精神文明建设"五个一工程"优秀作品奖、白玉兰奖、内地及港澳台年度最佳创意动画奖，具有较高的市场声誉，原告依法享有的上述作品的著作权应予保护。经对比，虽然其中一个被诉产品上卡通形象在局部设计上与原告作品有所不同，但是两件被诉产品上的卡通形象头部的整体形象视觉效果与原告"美羊羊"美术作品相似，构成对原告著作权的侵害。虽然被告万帝珠宝公司不认可被诉产品是其生产的，但是在被诉产品的包装袋及吊牌上均标有的企业名称和电话信息，故应当认定其为被诉产品生产商。被告万帝珠宝公司作为被诉产品的生产及销售商，其行为侵害了原告的著作权，应当承担停止侵权、赔偿损失的民事责任。对于赔偿损失的具体数额，由于原告缺乏因被侵权受损或被告因侵权获利的直接证据，本院将根据原告著作权的知名度及被告万帝珠宝公司的经营规模、侵权行为的性质、原告为制止侵权所支出的费用等因素，酌定本案的赔偿数额。被告高新万帝珠宝店作为被诉产品的销售商，其行为亦侵害了原告的著作，应当承担停止侵权民事责任。因被诉产品的生产商已经查明，且原告亦无证据证明被告高新万帝珠宝店明知产品侵权而销售，故被告高新万帝珠宝店不承担赔偿损失的民事责任。依照《著作权法》第四十八条第（一）项、第四十九条第二款、第五十三条，《最高人民法院关于审理著作权民事纠纷案件适用法律若干问题的解释》第十九条之规定，判决如下：

（1）被告深圳市万帝珠宝有限公司、高新开发区舜华万帝珠宝店立即停止生产、销售侵害原告广东原创动力文化传播有限公司《喜羊羊与灰太狼》主角造型之"美羊羊"美术作品著作权的商品；

（2）被告深圳市万帝珠宝有限公司于本判决生效之日起十日内赔偿原告广东原创动力文化传播有限公司经济损失及维权费用 10 万元；

（3）驳回原告广东原创动力文化传播有限公司的其他诉讼请求。

如果未按照本判决指定的期间履行给付金钱义务，应当依照《中华人民共和国民事诉讼法》第二百五十三条之规定，加倍支付迟延履行期间的债务利息。

案件受理费 8800 元，由被告深圳市万帝珠宝有限公司负担 4800 元，由原告广东原创动力文化传播有限公司负担 4000 元。

如不服本判决，可在判决书送达之日起十五日内向本院递交上诉状正本一份和副本七份，并预交上诉案件受理费 [收款单位：财政票款分离（济南市中级人民法院）；开户行：农业银行济南市大观园支行，账号：15154101011830338]，上诉于山东省高级人民法院。

审判长　隋洪明

审判员　武守宪

代理审判员　王俊河

二〇一六年十一月十八日

书记员　张蕾

第五节　不正当竞争典型案件判例解析

一、黄某与山东广信峰通物流有限公司特许经营合同纠纷案

(一)案情简介

2016 年 4 月 27 日，原告黄某与被告山东广信峰通物流有限公司签订的《广信峰通物流经营合作合同》。合同约定，双方约定在重庆市长寿区区域内，原告向被告缴纳网络使用费 5 万元。合同签订后，原告按合同履行了自己的义务，被告却未按照合同约定履行合同义务，致使原告不能实现合同目的。请求法院依法判令解除原告与被告签订的《广信峰通物流经营合作合同》，判令被告返还原告网络使用费 5 万元及利息。

(二)审理思路

1. 案由审查

本案是特许经营合同纠纷案件，属于知识产权庭的受案范围。

2. 证据查证

原告向法院提交的证据有：①《广信峰通物流经营合作合同书》。②被告出具的收款收据，用以证明原、被告之间的合同关系，且原告已履行合同义务。③原告与被告往来的电子邮件。④重庆市工商行政管理局的行政指导告诫书，用以证明被告未履行合同义务。⑤ 14341283 号商标注册证。⑥被告企业名称变更登记信息。⑦道路运输经营许可证。用以证明被告具有相应的特许经营资源。⑧被告向原告发送的系统安装程序、合同 E3 系统（现升级为 X10）。⑨原告的 QQ 截图及被告邮件发放截图、快递单据，用以证明被告已经履行合同义务。

3. 争议归纳

本案争议的焦点为被告是否按照合同履行了合同义务。

4.法律依据

本案适用的法律条文为《中华人民共和国合同法》第九十四条第一款第（四）项、第九十七条，《商业特许经营管理条例》第二十条、第二十一条、第二十二条、第二十三条的规定。

（三）裁判旨要

原、被告签订的《广信峰通物流经营合作合同书》约定被告将其拥有的物流特许经营权、注册商标、企业标志等经营资源许可原告使用，原告则须按照合同约定按原告制定的统一的经营模式开展经营，属于商业特许经营合同。该合同内容系双方真实意思表示，内容不违反法律强制性规定，合法有效。合同签订后，原告依约向被告支付了网络使用费等费用，并成立了分公司开始从事物流、快递业务经营。但是，根据双方特许经营合同所涉及的物流、快递行业的性质，原告分公司运营需要被告公司及其全国各地分公司完善的网络体系和信息网络系统支持。但被告并未建立起全国完善的物流体系和信息网络系统，被告也未提供其公司及其他分公司正常运营的证据，也未提供向原告披露相关信息的证据，导致合同无法履行，因此，应解除合同，被告赔偿原告由此造成的损失。

（四）判决书

山东省济南市中级人民法院
民事判决书

（2016）鲁 01 民初 1878 号

原告：黄某，男，1975 年 12 月 1 日出生，汉族，住重庆市。
委托诉讼代理人：贾思振，泰和泰（济南）律师事务所律师。
委托诉讼代理人：崔银洁，泰和泰（济南）律师事务所律师。
被告：山东广信峰通物流有限公司，住所地山东省济南市。
法定代表人：谯某某，总经理。
委托诉讼代理人：薛俊前，山东舜天律师事务所律师。
委托诉讼代理人：孙莎，山东舜天律师事务所律师。

原告黄某与被告山东广信峰通物流有限公司（以下简称广信公司）特许经营合同纠纷一案，本院于 2016 年 9 月 30 日立案后，依法适用普通程序，公开开庭进行了审理。原告黄某的委托诉讼代理人贾思振、崔银洁，被告广通公司当时的委托诉讼代理人薛俊前、孙莎到庭参加诉讼。本案现已审理终结。

原告黄某向本院提出诉讼请求：①依法解除原告与被告签订的《广信峰通物流经营合作合同》；②判令被告返还原告网络使用费 5 万元及利息。

事实和理由：2016 年 4 月 27 日，原告与被告签订的《广信峰通物流经营合作合同》。合同约定，双方约定在重庆市长寿区区域内，原告向被告缴纳网络使用费 5 万元。合同签订后，原告按合同履行了自己的义务，被告却未按照合同约定履行合同义务，致使原告不能实现合同目的。

被告广信公司辩称，被告已将依法拥有的注册商标、快递物流经营权许可原告使用，并提供网络支持服务，具体业务是由原告进行。原告主张的由于被告的违约行为，致使其不能实现合同目的的理由不能成立，故不同意解除合同。

原告为支持其诉讼请求，提供以下证据：

第一组：①《广信峰通物流经营合作合同书》；②被告出具的收款收据，用以证明原、被告之间的合同关系，且原告已履行合同义务。

第二组：③原告与被告往来的电子邮件；④重庆市工商行政管理局的行政指导告诫书，用以证明被告未履行合同义务。

被告对证据①、②的真实性无异议，对证据③、④的真实性提出异议，认为该证据不能证明被告未履行合同义务。

被告为支持其答辩主张，提供以下证据：

第一组：① 14341283 号商标注册证；②被告企业名称变更登记信息；③道路运输经营许可证。用以证明被告具有相应的特许经营资源。

第二组：④被告向原告发送的系统安装程序、合同 E3 系统（现升级为 X10）；⑤原告的 QQ 截图及被告邮件发放截图、快递单据，用以证明被告已经履行合同义务。

原告对证据①、②、③的真实性无异议，对证据④、⑤提出异议，认为原告未收到被告交付的材料。关键是被告未能建成完善的物流网络，致使原告不能正常经营。

根据上述举证、质证、认证及当事人陈述，本院认定事实如下：

2016 年 4 月 27 日，原告与被告签订《广信峰通物流经营合作合同书》。合同约定，被告拥有物流、快递特许经营权，包括注册商标、企业标志等资源，在重庆市长寿区区范围内，被告将拥有的注册商标权、企业标记权在内的特许经营权授权原告使用。原告可以在快件揽收与派送、员工制服、经营场所装潢装饰、广告宣传及推广等方面使用原告已授权的特许经营权；原告向被告缴纳网络使用费 5 万元；合同有效期为三年，自 2016 年 4 月 27 日起至 2019 年 4 月 26 日止；任何一方提出在合同期间解除合同的，应当至少提前 30 日用书面形式向对方提出，经双方协商一致，合同终止。

合同签订后，原告向被告缴纳 5 万元的合同款。

被告于 2014 年 7 月 4 日取得中华人民共和国道路运输经营许可证，经营范围：普通货运；于 2015 年 8 月 14 日注册取得第 14341283 号"广通速递物流"文字与图形组合商标权，商标核定使用服务为第 35 类：特许经营的商业管理等。被告没有快递业务经营资质。

原告注册成立山东广信峰通物流有限公司渝北分公司（以下简称广信渝北分公司），2016 年 6 月 21 日，重庆市工商行政管理局出具机关行政指导告诫书，告诫广信渝北分公司经营范围中涉及的普通货运许可项目，不符合行政许可条件。请于 5 个工作日内向原登记机关申请经营范围变更或注销登记。

本院自 2016 年起受理了大量起诉被告及其关联公司的相关案件，均反映被告未建立起全国完善的物流、快递体系网络和信息网络系统。

本院认为，原、被告签订的《广信峰通物流经营合作合同书》约定被告将其拥有的物流特许经营权、注册商标、企业标志等经营资源许可原告使用，原告则须按照合同约定按原告制定的统一的经营模式开展经营，属于商业特许经营合同。该合同内容系双方真实意思表示，内容不违反法律强制性规定，合法有效。合同签订后，原告依约向被告支付了网络使用费等费用，并成立了分公司开始从事物流、快递业务经营。但是，根据双方特许经营合同所涉及的物流、快递行业的性质，原告分公司运营需要被告公司及其全国各地分公司完善的网络体系和信息网络系统支持。从本院受理的起诉被告及其关联公司的相关案件分析，被告并未建立起全国完善的物流体系和信息网络系统，被告也未提供其公司及其他分公司正常运营的证据，也未提供向原告披露相关信息的证据。故原告请求解除合同的理由成立。根据《中华人民共和国合同法》第九十七条的规定，合同解除后，尚未履行的，终止履行；已经履行的部分，根据履行情况合同性质，当事人可以要求恢复原状、采取其他补救措施、并有权要求赔偿损失。综合考虑涉案合同性质及合同履行情况，对原告要求被告返还网络服务费5万元的诉讼请求，本院予以支持。原告主张的利息损失没有法律依据，本院不予支持。

依照《中华人民共和国合同法》第九十四条第一款第（四）项、第九十七条，《商业特许经营管理条例》第二十条、第二十一条、第二十二条、第二十三条规定，判决如下：

（1）解除原告黄某与被告山东广信峰通物流有限公司于2016年4月27日签订《广信峰通物流经营合作合同书》；

（2）被告山东广信峰通物流有限公司于本判决生效之日起十日内返还原告黄维缴纳的网络使用费5万元；

（3）驳回原告黄维的其他诉讼请求。

如果未按本判决指定的期间履行给付金钱义务，应当依照《中华人民共和国民事诉讼法》第二百五十三条规定，加倍支付迟延履行期间的债务利息。

案件受理费1070元，由被告山东广信峰通物流有限公司负担。

如不服本判决，可在判决书送达之日起十五日内，向本院递交上诉状一份和副本五份，并预交上诉案件受理费[收款单位：财政票款分离（济南市中级人民法院）；开户行：农业银行济南市大观园支行，账号：15154101011830338]，上诉于山东省高级人民法院。

审判长　隋洪明

审判员　武守宪

代理审判员　李光乾

二〇一七年二月二十三日

书记员　张蕾

二、赵某某与山东广信峰通物流有限公司特许经营合同纠纷案

（一）案情简介

2015 年 7 月 6 日，原告赵某某与被告山东广信峰通物流有限公司签订《特许经营合同》。合同约定，自 2015 年 7 月 6 日起至 2018 年 7 月 5 日止，被告授权原告在吉林省长春市双阳区范围内使用其拥有的注册商标、企业标记权在内的特许经营权。合同签订后，原告按合同履行了自己的义务，被告却未按照合同约定履行合同义务。被告的违约行为，致使原告不能实现合同目的。请求法院依法判令解除原告与被告签订的《特许经营合同》，同时，被告返还原告网络使用费 5 万元、保证金 1 万元。

（二）审理思路

1. 案由审查

本案是特许权经营合同纠纷，属于知识产权庭的受案范围。

2. 证据查证

本案的主要证据为：①《广信峰通物流经营合作合同书》。②被告出具的收款收据。③ 14341283 号商标注册证。④被告企业名称变更登记信息。⑤道路运输经营许可证。⑥山东广信峰通物流有限公司长春市双阳分公司工商登记信息。⑦被告的官网截图。⑧申通快递单。用以证明被告已经履行合同义务。

3. 争议归纳

本案争议的焦点为被告是否履行合同。

4. 法律依据

本案涉及的法律条文有《中华人民共和国合同法》第九十四条第一款第（四）项、第九十七条,《商业特许经营管理条例》第二十条、第二十一条、第二十二条、第二十三条规定。

（三）裁判旨要

原、被告签订的《广信峰通物流经营合作合同书》约定被告将其拥有的物流特许经营权、注册商标、企业标志等经营资源许可原告使用，原告则须按照合同约定按原告制定的统一的经营模式开展经营，属于商业特许经营合同。该合同内容系双方真实意思表示，内容不违反法律强制性规定，合法有效。合同签订后，原告依约向被告支付了保证金、网络使用费等费用，并成立了分公司开始从事物流业务经营。但是，根据双方特许经营合同所涉及的物流行业的性质，原告分公司运营需要被告公司及其全国各地分公司完善的网络体系和信息网络系统支持。被告并未建立起全国完善的物流体系和信息网络系统，被告也未提供其公司及其他分公司正常运营的证据，也未提供向原告披露相关信息的证据，导致合同实际上无法履行，过错责任在被告一方，因此，应解除合同，由被告承担相应的法律责任。

（四）判决书

山东省济南市中级人民法院
民事判决书

（2016）鲁 01 民初 1657 号

原告：赵某某，男，1968 年 11 月 23 日出生，汉族，住吉林省长春市。
委托诉讼代理人：李斌，山东齐邦律师事务所律师。
委托诉讼代理人：张蕊蕊，山东齐邦律师事务所律师。
被告：山东广信峰通物流有限公司，住所地山东省济南市。
法定代表人：谯某某，总经理。
委托诉讼代理人：薛俊前，山东舜天律师事务所律师。
委托诉讼代理人：孙莎，山东舜天律师事务所律师。

原告赵某某与被告山东广信峰通物流有限公司（以下简称"广信公司"）特许经营合同纠纷一案，本院于 2016 年 8 月 8 日立案后，依法适用普通程序，公开开庭进行了审理。原告赵某某的委托诉讼代理人李斌、张蕊蕊，被告广通公司当时的委托诉讼代理人徐士臣及委托诉讼代理人孙莎到庭参加诉讼。本案现已审理终结。

原告赵某某向本院提出诉讼请求：①依法解除原告与被告签订的《特许经营合同》；②判令被告返还原告网络使用费 5 万元、保证金 1 万元。

事实和理由：2015 年 7 月 6 日，原告与被告签订的《特许经营合同》。合同约定，自 2015 年 7 月 6 日起至 2018 年 7 月 5 日止，被告授权原告在吉林省长春市双阳区范围内使用其拥有的注册商标、企业标记权在内的特许经营权。合同签订后，原告按合同履行了自己的义务，被告却未按照合同约定履行合同义务。被告的违约行为，致使原告不能实现合同目的。

被告广信公司辩称，被告已将依法拥有的注册商标、快递物流经营权许可原告使用，并提供网络支持服务，具体业务是由原告进行。原告主张的由于被告的违约行为，致使其不能实现合同目的的理由不能成立，故不同意解除合同。

原告为支持其诉讼请求，提供《广信峰通物流经营合作合同书》及被告出具的收款收据，用以证明原、被告之间的合同关系，且原告已履行合同义务。经质证，被告对上述证据无异议，本院予以采信。

被告为支持其答辩主张，提供以下证据：

第一组：① 14341283 号商标注册证；②被告企业名称变更登记信息；③道路运输经营许可证。用以证明被告具有相应的特许经营资源。

第二组：④山东广信峰通物流有限公司长春市双阳分公司工商登记信息；⑤被告的官网截图；⑥申通快递单。用以证明被告已经履行合同义务。

原告对上述证据的真实性无异议，但不能达到被告的证明目的。认为证据①、⑥是在合同签订后形成的，被告也不能证明原告收到了上述材料。关键是被告未能建成完善的物流网络，致使原告不能正常经营。

根据上述举证、质证、认证及当事人陈述，本院认定事实如下：

2015 年 7 月 6 日，原告与被告签订《广信峰通物流经营合作合同书》。合同约定，被告拥有物流特许经营权，包括注册商标、企业标志等资源，在吉林省长春市双阳区范围内，被告将拥有的注册商标权、企业标记权在内的特许经营权授权原告使用。原告可以在货件揽收与派送、员工制服、经营场所装潢装饰、广告宣传及推广等方面使用原告已授权的特许经营权；原告向被告缴纳网络使用费 5 万元，保证金 1 万元；合同有效期为三年，自 2015 年 7 月 6 日起至 2018 年 7 月 5 日止；任何一方提出在合同期间解除合同的，应当至少提前 30 日用书面形式向对方提出，经双方协商一致，合同终止。

合同签订后，原告向被告缴纳 6 万元的合同款。

被告于 2014 年 7 月 4 日取得中华人民共和国道路运输经营许可证，经营范围：普通货运；于 2015 年 8 月 14 日注册取得第 14341283 号"广通速递物流"文字与图形组合商标权，商标核定使用服务为第 35 类：特许经营的商业管理等。

原告于 2015 年 9 月 1 日注册成立山东广信峰通物流有限公司长春市双阳分公司，核准日期为 2016 年 6 月 23 日。

本院自 2016 年起受理了大量起诉被告及其关联公司的相关案件，均反映被告未建立起全国完善的物流体系网络和信息网络系统。

本院认为，原、被告签订的《广信峰通物流经营合作合同书》约定被告将其拥有的物流特许经营权、注册商标、企业标志等经营资源许可原告使用，原告则须按照合同约定按原告制定的统一的经营模式开展经营，属于商业特许经营合同。该合同内容系双方真实意思表示，内容不违反法律强制性规定，合法有效。合同签订后，原告依约向被告支付了保证金、网络使用费等费用，并成立了分公司开始从事物流业务经营。但是，根据双方特许经营合同所涉及的物流行业的性质，原告分公司运营需要被告公司及其全国各地分公司完善的网络体系和信息网络系统支持。从本院受理的起诉被告及其关联公司的相关案件分析，被告并未建立起全国完善的物流体系和信息网络系统，被告也未提供其公司及其他分公司正常运营的证据，也未提供向原告披露相关信息的证据。故原告请求解除合同的理由成立。根据《中华人民共和国合同法》第九十七条的规定，合同解除后，尚未履行的，终止履行；已经履行的部分，根据履行情况合同性质，当事人可以要求恢复原状、采取其他补救措施、并有权要求赔偿损失。综合考虑涉案合同性质及合同履行情况，对原告要求被告返还网络服务费 5 万元、保证金 1 万元的诉讼请求，本院予以支持。

依照《中华人民共和国合同法》第九十四条第一款第（四）项、第九十七条，《商业特许经营管理条例》第二十条、第二十一条、第二十二条、第二十三条规定，判决如下：

（1）解除原告赵某某与被告山东广信峰通物流有限公司于 2015 年 7 月 6 日签订《广信峰通物流经营合作合同书》；

（2）被告山东广信峰通物流有限公司于本判决生效之日起十日内返还原告赵某某缴纳的网络使用费 5 万元、保证金 1 万元。

如果未按本判决指定的期间履行给付金钱义务，应当依照《中华人民共和国民事诉讼法》第二百五十三条规定，加倍支付迟延履行期间的债务利息。

案件受理费 1300 元，由被告山东广信峰通物流有限公司负担。

如不服本判决，可在判决书送达之日起十五日内，向本院递交上诉状一份和副本五份，并预交上诉案件受理费 [收款单位：财政票款分离（济南市中级人民法院）；开户行：农业银行济南市大观园支行，账号：15154101011830338]，上诉于山东省高级人民法院。

审判长　隋洪明

审判员　武守宪

代理审判员　王俊河

二〇一七年二月二十三日

书记员　张蕾

三、保定世臣癫痫病医院与济南军都医院不正当竞争纠纷案

（一）案情简介

原告保定世臣癫痫病医院成立于 1985 年 3 月，是一所大型的集科研与诊疗为一体的癫痫病专科医院，在治疗癫痫病方面取得了良好的市场声誉。被告济南军都医院在互联网网站、搜索链接、网页及网页信息中擅自使用原告的名称，混淆了患者对二者的认识，误导患者，侵害了原告的利益。请求法院判令判令被告停止侵害行为，删除网络中用于原告名称的链接；在其网站中和《齐鲁晚报》上公开赔礼道歉并赔偿经济损失 20 万元。

（二）审理思路

1. 案由审查

本案是不正当竞争纠纷案件，属于知识产权庭的受案范围。

2. 证据查证

本案的主要证据有：①山东省莱芜市钢都公证处一份。②原告获得的荣誉证书一组。

3. 争议归纳

本案争议的焦点有两个：一是被诉行为是否由被告实施；二是被诉行为是否属于不正当竞争行为，被告承担何种民事责任。

4. 法律依据

本案涉及的法律条文为《中华人民共和国反不正当竞争法》第五条第（三）项、第二十条第一款，《中华人民共和国民法通则》第一百二十条第二款的规定。（说明：判决时《民法通则》尚未修改。）

（三）裁判旨要

由于被控信息属实且归属于被告济南军都医院。网络信息的建立和发布，其受益者为被告，而被告未能提供证据证明上述页面的制作者和发布者，被诉行为应确定为由被告实施。被告利用这种不当链接获取商业机会，构成不正当竞争，侵害了原告的竞争利益。原告要求被告立即停止在网络上使用原告名称的侵权行为符合法律规定。

（四）判决书

山东省济南市中级人民法院
民事判决书

（2016）鲁 01 民初 1717 号

原告：保定世臣癫痫病医院，住所地河北省保定市。
法定代表人：王某某，院长。

委托诉讼代理人：王鲁杰，山东博睿律师事务所律师。

被告：济南军都医院，住所地山东省济南市。

法定代表人：王某某，院长。

委托诉讼代理人：赵克强，男，被告济南军都医院办公室主任。

委托诉讼代理人：朱莎，女，被告济南军都医院法务。

原告保定世臣癫痫病医院与被告济南军都医院不正当竞争纠纷一案，本院于 2016 年 8 月 26 日受理后，依法适用普通程序，于 2016 年 10 月 28 日公开开庭进行了审理。原告的委托诉讼代理人王鲁杰，被告的委托诉讼代理人赵克强、朱莎到庭参加诉讼。本案现已审理终结。

原告向本院提出诉讼请求：①判令被告停止侵害行为，删除网络中用于原告名称的链接；②判令被告在其网站中和《齐鲁晚报》上公开赔礼道歉；③判令被告赔偿经济损失 20 万元。

事实和理由：原告成立于 1985 年 3 月，是一所大型的集科研与诊疗为一体的癫痫病专科医院，在治疗癫痫病方面取得了良好的市场声誉。被告在互联网网站、搜索链接、网页及网页信息中擅自使用原告的名称，混淆了患者对二者的认识，误导患者，百度、搜狗等网站的搜索链接、网页、博客中擅自使用原告的名称，利用原告的知名度在网络上进行"捆绑宣传"，误导患者，侵害了原告的利益。

被告辩称，原告所主张的网络宣传内容并非被告设计发布，侵权行为并非被告实施；原告要求赔偿经济损失 20 万元，没有事实依据。请求驳回原告的诉讼请求。

当事人围绕诉讼请求进行了举证，本院组织当事人举证、质证，对于双方无异议的证据，本院予以采信并存案佐证。对双方无异议证据所证明的事实，本院确认如下：

原告系由空军 87491 部队癫痫病医院、93428 部队癫痫病医院变更而来，该医院自 1985 年建院，地址为保定市阳光北大街 361 号，法定代表人一直为王某某。1991 年 12 月 9 日，王世臣等因 5000 例癫痫的药物综合治疗效应获得"空军科研成果"医学科学技术一等奖。1994 年 9 月 10 日，《解放军报》发表报道王某某的《治癫高手——王世臣》一文。1996 年 12 月，王某某因以莨菪类药物为主中西医结合治疗癫痫症 2500 例疗效观察而获得保定市科学技术委员会颁发的科技进步一等奖。1996 年 12 月 14 日，王某某被任命为山西省心理卫生协会癫痫防治专业委员会副主任委员。1997 年 11 月 18 日，王某某的论文《癫痫持续状态的抢救治疗》被全国第三届名医学术大会选作大会交流。2001 年 11 月 4 日，《建设科技报》发表报道王某某的《从军营里走出的一代名医王世臣》一文。2004 年 10 月，王某某被中国药文化研究会、中国医药采购编委会评为"癫痫病医疗专家"。2015 年 3 月 20 日，《燕赵都市报》发表报道王某某的《保定世臣癫痫病医院喜庆建院 30 周年——30 年妙手仁心获百万点赞》一文。原告通过《保定日报》、河北卫视等媒体对其业务进行宣传推广。

2015 年 7 月 13 日，山东省莱芜市钢都公证处应原告申请进行证据保全公证，利用公证处的电脑登录互联网，打开"360 安全浏览器 7"，输入"保定世臣癫痫病医院"进行百度搜索，单击搜索结果中的"保定世臣癫痫病医院－保定第一中心医院－保定市第二医院"链接，进入页面"http：//newsxc.com/baike/2015/0701/677293630-66677.html"，该页面载有被告的企业信息、咨询电话 0531-87581616 等内容。53 个链接显示在百度或搜狗当中输入原告名称，单击进入后跳转至被告制作发布的网站，在 53 个网站当中的最后的部分显示版权所有人为被告，IP 地址为 www.sjjzdaiy.com.cn 与其在被告经百度认证当中，所显示的 IP 地址一致，但其没有在公信部备案。在其 53 个网站当中所显示的咨询电话 0531-87581616，经原告公证保全证据核实，上述电话拨通后显示对方为被告，且其医院地址及专家姓名也与网站中宣传的一致。

原告为提起诉讼而支付律师代理费 50000 元。

本院认为，本案有两个争议焦点：①被诉行为的归属，即被诉行为是否由被告实施；②被诉行为是否属于不正当竞争行为，被告承担何种民事责任。分别评述如下：

（1）被诉行为的归属，即被诉行为是否由被告实施。原告通过公证保全证据的形式，将被诉行为固定为在互联网通过搜索原告名称而链接进入宣传被告的页面，该页面载有被告的企业信息、咨询电话 0531－87581616 等内容。同样，原告也通过公证保全证据的形式，对上述页面记载的联络信息进行核实，证明这些信息属实且归属于被告济南军都医院。上述网络信息的建立和发布，其受益者为被告，而被告未能提供证据证明上述页面的制作者和发布者，故本院认为被诉行为归属于被告，被诉行为由被告实施。

（2）被诉行为是否属于不正当竞争行为，被告承担何种民事责任。在互联网上搜索原告的信息却能进入宣传被告的网页，被告利用这种不当链接获取商业机会，构成不正当竞争，侵害了原告的竞争利益。原告要求被告立即停止在网络上使用原告名称的侵权行为，合理有据，本院予以支持。原告要求被告在《齐鲁晚报》上公开赔礼道歉，与被告的侵权形式和范围不相适应，本院酌情予以支持。原告要求被告赔偿经济损失 20 万元，但举证不足，本院综合考量被告的侵权形式、范围和原告因提起诉讼而支付的合理费用等因素确定被告的赔偿数额。

综上，依照《中华人民共和国反不正当竞争法》第五条第（三）项、第二十条第一款，《中华人民共和国民法通则》第一百二十条第二款的规定，判决如下：

（1）被告济南军都医院立即停止使用原告保定世臣癫痫病医院名称的不正当竞争行为；

（2）被告济南军都医院于本判决生效之日起三十日内在其官方网址主页就其不正当竞争行为刊登声明，为原告保定世臣癫痫病医院消除影响，登载时间不少于三十日，内容和所占网页篇幅须经本院审核。

（3）被告济南军都医院于本判决生效之日起十日内赔偿原告保定世臣癫痫病医院经济损失 5 万元。

如果未按本判决指定的期间履行给付金钱义务，应当依照《中华人民共和国民事诉讼法》第二百五十三条之规定，加倍支付迟延履行期间的债务利息。

案件受理费 4300 元，由原告保定世臣癫痫病医院负担 1300 元，由被告济南军都医院负担 3000 元。

如不服本判决，可在判决书送达之日起十五日内，向本院递交上诉状和副本七份，并预交上诉案件受理费 [收款单位：财政票款分离（济南市中级人民法院）；开户行：农业银行济南市大观园支行，账号：15154101011830338]，上诉于山东省高级人民法院。

审判长　隋洪明

审判员　武守宪

代理审判员　王俊河

二〇一六年十一月十八日

书记员　张蕾

四、张某某与山东广全物流有限责任公司特许经营合同纠纷案

（一）案情简介

原告张某某参加被告山东广全物流有限责任公司 2016 年 4 月 17 日在广州举行的信息发布会，在被告营销人员鼓动下，原告当即向被告缴纳了 10 万元的网络建设费，被告工作人员向原告出具了收款收据，并当场签订了合同。次日，原告返回家乡后发现难以操作，即于 2016 年 4 月 11 日电话请求退回缴纳的网络建设费 10 万元，被告营销人员以各种理由不予退还。2016 年 5 月 18 日，原告又向被告邮寄了书面退款申请，至今，被告也未回复。故起诉请求判令被告立即返还原告缴纳的网络建设费 10 万元，并赔偿给原告造成的差旅费、误工费损失 10000 元。

（二）审理思路

1. 案由审查

本案是特许经营合同纠纷案件，属于知识产权庭受案范围。

2. 证据查证

原告向法院提交的证据有：① 2016 年 4 月 7 日，原告（乙方）与被告（甲方）签订书面合同。②被告收款收据。

3. 争议归纳

本案争议的焦点为被告是否按照合同履行义务。

4. 法律依据

本案涉及的法律条文为《中华人民共和国合同法》第六十条、第九十四条第（二）项、第九十七条，《商业特许经营管理条例》第十二条，《中华人民共和国民事诉讼法》第一百四十四条的规定。

（三）裁判旨要

原、被告签订的《合同书》约定被告将其拥有的物流特许经营权、注册商标、企业标志等经营资源许可原告使用，原告则须按照合同约定按原告制定的统一的经营模式开展经营，属于商业特许经营合同。该合同内容系双方真实意思表示，内容不违反法律强制性规定，合法有效。合同签订后，原告依约向被告支付了保证金、网络使用费，根据合同约定，被告应当自合同签订之日起 30 日内向原告提供有关经营模式、管理制度、店面装潢、网络接入方式等有关经营体系的书面资料，但被告未提供证据证明其履行了上述义务。并且，根据《商业特许经营条例》第十二条规定，特许人和被特许人应当在特许经营合同中约定，被特许人在特许经营合同订立后一定期限内，可以单方解除合同。被告作为从事特许经营活动的经营者，明知存在这样的规定而未在合同中约定"冷静期"条款，该规避法律的行为不受法律保护，被特许人仍然享有在合理期限内单方解除合同的权利，该合理期限以原告是否已经从事特许经营并使用了被告的特许经营资源为限。本案中原告尚未开展快递经营业务，没有使用被告的经营资源，依法享有单方解除合同的权利，被告应承担给原告造成的损失。

（四）判决书

山东省济南市中级人民法院
民事判决书

（2016）鲁 01 民初 1718 号

原告：张某某，男，1969 年 3 月 16 日出生，汉族，住甘肃省酒泉市。

被告：山东广全物流有限责任公司，住所地山东省济南市。

法定代表人：孙某，总经理

原告张某某与被告山东广全物流有限责任公司（以下简称广全公司）特许经营合同纠纷一案，本院于 2016 年 8 月 26 日立案后，依法适用普通程序，公开开庭进行了审理。原告张某某到庭参加诉讼。被告广全公司经本院合法传唤，无正当理由拒不到庭，本院依法缺席进行了审理。本案现已审理终结。

原告张某某向本院提出诉讼请求：①判令被告立即返还原告缴纳的网络建

设费 10 万元；②赔偿原告损失 10000 元。

事实和理由：经被告网络邀请，原告参加了被告单位于 2016 年 4 月 17 日广州的信息发布会，在被告营销人员煽情下，原告当即向被告缴纳了 10 万元的网络建设费，被告工作人员向原告出具了收款收据，并当场签订了合同。次日，原告返回家乡后发现难以操作，即于 2016 年 4 月 11 日电话请求退回缴纳的网络建设费 10 万元，被告营销人员以各种理由不予退还。2016 年 5 月 18 日，原告又向被告邮寄了书面退款申请，至今，被告也未回复。故起诉请求判令被告立即返还原告缴纳的网络建设费 10 万元，并赔偿给原告造成的差旅费、误工费损失 10000 元。

被告广全公司未出庭应诉，亦未提交书面答辩意见。

经审理，本院认定事实如下：

2016 年 4 月 7 日，原告（乙方）与被告（甲方）签订书面合同。合同约定，甲方系依法设立、取得物流业务经营许可证，并有权在合同第 3.1 条款的地区范围内从事物流业务的企业法人，拥有物流经营权，包括注册商标（名称及权属证书号）、企业标志（名称、图形）等经营资源。在甘肃省酒泉市直营嘉峪关市区域范围内，甲方将拥有的注册商标权、企业标记权在内的特许经营权授予乙方使用。乙方可以在货件揽收与派送、员工制服、经营场所装潢装饰、广告宣传及推广等方面使用被告已授予的特许经营权。乙方向甲方缴纳网络使用费 8 万元，保证金 2 万元。合同有效期自 2014 年 6 月 9 日起至 2019 年 6 月 9 日止。甲方应当向乙方提供以下特许经营产品及服务，并保证其所提供的产品和服务没有品质及权利上的瑕疵：①完整的企业识别及管理系统（硬件及软件）；②统一的经营模式、物流网络使用指导及员工培训；③充足、连续、保证质量的物料供应；④统一店面装潢、人员着装；⑤统一的广告宣传及促销支持；⑥异地快件的运输、中转（含仓储）及派送服务；⑦其他。甲方应当自合同签订之日起 30 日内，向乙方提供有关经营模式、管理制度、店面装潢形式、网络接入方式等有关特许经营体系的书面资料（经营手册），该书面资料作为本合同的附件，为甲方承诺的一部分。本合同有效期内，甲方应当对乙方或指定的人员提供在线单独和集中培训。甲方未按照约定向乙方交付特许经营权的权属证明、特许经营体系资料等相关资料，经乙方书面催告，甲方仍未交付或提供，导致乙方无法从事物流业务的，乙方有权书面通知甲方解除合同。

合同签订当日，原告向被告缴纳 10 万元。原告主张，合同签订后至起诉之日止，原告未从事快递经营业务，被告也未履行合同义务。

上述事实，有原告提供的《合同书》、收款收据为证，被告未到庭，视为放弃质证权利，本院对上述证据经审查后予以采信。

本院认为，原、被告签订的《合同书》约定被告将其拥有的物流特许经营权、注册商标、企业标志等经营资源许可原告使用，原告则须按照合同约定按原告制定的统一的经营模式开展经营，属于商业特许经营合同。该合同内容系双方真实意思表示，内容不违反法律强制性规定，合法有效。合同签订后，原告依约向被告支付了保证金、网络使用费，根据合同约定，被告应当自合同签订之日起 30日内向原告提供有关经营模式、管理制度、店面装潢、网络接入方式等有关经营体系的书面资料，但被告未提供证据证明其履行了上述义务。并且，根据《商业特许经营条例》第十二条规定，特许人和被特许人应当在特许经营合同中约定，被特许人在特许经营合同订立后一定期限内，可以单方解除合同。被告作为从事特许经营活动的经营者，明知存在这样的规定而未在合同中约定"冷静期"条款，该规避法律的行为不受法律保护，被特许人仍然享有在合理期限内单方解除合同的权利，该合理期限以原告是否已经从事特许经营并使用了被告的特许经营资源为限。本案中原告尚未开展快递经营业务，没有使用被告的经营资源，依法享有单方解除合同的权利。

综上，被告未举证证明其履行了合同基本义务，也未在合同中约定合理期限的单方解除权，双方于 2016 年 4 月 7 日签订的书面合同应予解除。对于合同解除后的法律后果，根据合同法的相关规定，合同解除后，尚未履行的，终止履行；已经履行的部分，根据履行情况合同性质，当事人可以要求恢复原状、采取其他补救措施、并有权要求赔偿损失。对原告要求被告返还已支付的网络建设费10 万元的诉讼请求，本院予以支持。对于原告主张的差旅费、误工费损失 10000元，原告虽然未提供证据，但是原告往来参与诉讼的差旅费、误工费确实发生，故本院酌情予以支持。依照《中华人民共和国合同法》第六十条、第九十四条第（二）项、第九十七条，《商业特许经营管理条例》第十二条，《中华人民共和国民事诉讼法》第一百四十四条之规定，判决如下：

（1）被告山东广全物流有限责任公司于本判决生效之日起十日内返还原告张兴俊缴纳的网络使用费、保证金 10 万元；

（2）被告山东广全物流有限责任公司于本判决生效之日起十日内赔偿原告张兴俊差旅费、误工费 5000 元；

（3）驳回原告张某某的其他诉讼请求。

如果未按本判决指定的期间履行给付金钱义务，应当依照《中华人民共和国民事诉讼法》第二百五十三条规定，加倍支付迟延履行期间的债务利息。

案件受理费 2500 元，由被告山东广全物流有限责任公司负担。

如不服本判决，可在判决书送达之日起十五日内，向本院递交上诉状一份和副本五份，并预交上诉案件受理费 [收款单位：财政票款分离（济南市中级人民法院）；开户行：农业银行济南市大观园支行，账号：15154101011830338]，上诉于山东省高级人民法院。

审判长　隋洪明

审判员　武守宪

代理审判员　王俊河

二〇一七年二月二十三日

书记员　张蕾

附录一　法律法规目录

（一）总类

1.《中华人民共和国民事诉讼法》（1991年4月9日第七届全国人民代表大会第四次会议通过　根据2007年10月28日第十届全国人民代表大会常务委员会第三十次会议《关于修改〈中华人民共和国民事诉讼法〉的决定》第一次修正　根据2012年8月31日第十一届全国人民代表大会常务委员会第二十八次会议《关于修改〈中华人民共和国民事诉讼法〉的决定》第二次修正　根据2017年6月27日第十二届全国人民代表大会常务委员会第二十八次会议《关于修改〈中华人民共和国民事诉讼法〉和〈中华人民共和国行政诉讼法〉的决定》第三次修正）

2.《中华人民共和国侵权责任法》（中华人民共和国第十一届全国人民代表大会常务委员会第十二次会议于2009年12月26日通过，自2010年7月1日起施行）

3.《中华人民共和国合同法》（1999年3月15日第九届全国人民代表大会第二次会议通过　1999年3月15日中华人民共和国主席令第十五号公布　自1999年10月1日起施行）

4.《最高人民法院、最高人民检察院关于办理侵犯知识产权刑事案件具体应用法律若干问题的解释》（2004年11月2日最高人民法院审判委员会第1331次会议、2004年11月11日最高人民检察院第十届检察委员会第２８次会议通过）（法释〔2004〕19号）

5.《最高人民法院、最高人民检察院关于办理侵犯知识产权刑事案件具体应用法律若干问题的解释（二）》（2007 年 4 月 4 日最高人民法院审判委员会第 1422 次会议、最高人民检察院第十届检察委员会第 75 次会议通过）法释〔2007〕6 号

6.《最高人民法院、最高人民检察院、公安部关于办理侵犯知识产权刑事案件适用法律若干问题的意见》（二〇一一年一月十日法发〔2011〕3 号）

7.《关于印发基层人民法院管辖第一审知识产权民事案件标准的通知》（法发〔2010〕6 号）

（二）著作权法

8.《中华人民共和国著作权法》（1990 年 9 月 7 日第七届全国人民代表大会常务委员会第十五次会议通过　根据 2001 年 10 月 27 日第九届全国人民代表大会常务委员会第二十四次会议《关于修改〈中华人民共和国著作权法〉的决定》第一次修正，根据 2010 年 2 月 26 日第十一届全国人民代表大会常务委员会第十三次会议《关于修改〈中华人民共和国著作权法〉的决定》第二次修正）

9.《中华人民共和国著作权法实施条例》（2002 年 8 月 2 日中华人民共和国国务院令第 359 号公布　根据 2011 年 1 月 8 日《国务院关于废止和修改部分行政法规的决定》第一次修订　根据 2013 年 1 月 30 日《国务院关于修改〈中华人民共和国著作权法实施条例〉的决定》第二次修订）

10.《著作权集体管理条例》（2004 年 12 月 22 日国务院第 74 次常务会议通过，自 2005 年 3 月 1 日起施行。2011 年 1 月 8 日《国务院关于废止和修改部分行政法规的决定》第一次修订，根据 2013 年 12 月 7 日《国务院关于修改部分行政法规的决定》第二次修订）

11.《著作权行政处罚实施办法》（2009 年 4 月 21 日国家版权局第 1 次局务会议通过，自 2009 年 6 月 15 日起施行）

12.《信息网络传播权保护条例》（2006 年 5 月 18 日以中华人民共和国国务院令第 468 号公布，根据 2013 年 1 月 30 日中华人民共和国国务院令第 634 号《国务院关于修改〈信息网络传播权保护条例〉的决定》修订，自 2013 年 3 月 1 日起施行）

13.《计算机软件保护条例》（2001 年 12 月 20 日以中华人民共和国国务院令第 339 号公布，根据 2011 年 1 月 8 日《国务院关于废止和修改部分行政法规

的决定》第 1 次修订，根据 2013 年 1 月 30 日中华人民共和国国务院令第 632 号《国务院关于修改〈计算机软件保护条例〉的决定》第 2 次修订。自 2002 年 1 月 1 日起施行。1991 年 6 月 4 日国务院发布的《计算机软件保护条例》予以废止）

14.《计算机软件著作权登记办法》（2002 年 2 月 20 日中华人民共和国国家版权局令第 1 号）

15.《著作权质权登记办法》（2010 年 10 月 19 日国家版权局第 1 次局务会议通过，自 2011 年 1 月 1 日起施行。国家版权局令第 8 号）

16.《互联网著作权行政保护办法 》（2005 年 4 月 29 日国家版权局、国信息产业部发布）

17.《最高人民法院关于审理涉及计算机网络著作权纠纷案件适用法律若干问题的解释》（2000 年 11 月 22 日由最高人民法院审判委员会第 1144 次会议通过，自 2000 年 12 月 21 日起施行）

18. 最高人民法院关于修改《最高人民法院关于审理涉及计算机网络著作权纠纷案件适用法律若干问题的解释》的决定（二）（2006 年 11 月 20 日由最高人民法院审判委员会第 1406 次会议通过。自 2006 年 12 月 8 日起施行）

（三）商标法

19.《中华人民共和国商标法》（1982 年 8 月 23 日第五届全国人民代表大会常务委员会第二十四次会议通过根据 1993 年 2 月 22 日第七届全国人民代表大会常务委员会第三十次会议《关于修改〈中华人民共和国商标法〉的决定》第一次修正根据 2001 年 10 月 27 日第九届全国人民代表大会常务委员会第二十四次会议《关于修改〈中华人民共和国商标法〉的决定》第二次修正根据 2013 年 8 月 30 日第十二届全国人民代表大会常务委员会第四次会议《关于修改〈中华人民共和国商标法〉的决定》第三次修正）

20.《中华人民共和国商标法实施条例》（2002 年 8 月 3 日中华人民共和国国务院令第 358 号公布 2014 年 4 月 29 日中华人民共和国国务院令第 651 号修订）

21.《商标审查及审理标准 》（工商总局商标局 2017 年 1 月 4 日 ）

22.《商标评审规则》（1995 年 11 月 2 日以国家工商行政管理局第 37 号令公布，2002 年 9 月 17 日国家工商行政管理总局令第 3 号第一次修订，2005 年 9 月 26 日国家工商行政管理总局令第 20 号第二次修订，2014 年 5 月 28 日国家工

商行政管理总局令第65号第三次修订。自2014年6月1日起施行）

23.《商标代理管理办法》（中华人民共和国国家工商行政管理总局于2010年7月20日颁布，国家工商行政管理总局令第50号，国家工商行政管理总局令第86号）于2016年4月29日修订）

24.《商标印制管理办法》（中华人民共和国国家工商行政管理总局局务会议决定修改，自2004年9月1日起施行）

25.《驰名商标认定和保护规定》（2003年4月17日中华人民共和国国家工商行政管理总局局务会议审议通过，自2003年6月1日起施行）

26.《最高人民法院关于人民法院对注册商标权进行财产保全的解释》（2000年11月22日由最高人民法院审判委员会第1144次会议通过，自2001年1月21日起施行）

27.《最高人民法院关于审理商标案件有关管辖和法律适用范围问题的解释》（2014年2月10日由最高人民法院审判委员会第1606次会议通过，自2014年5月1日起施行）

28.《最高人民法院关于审理商标民事纠纷案件适用法律若干问题的解释》（2002年10月12日由最高人民法院审判委员会第1246次会议通过。自2002年10月16日起施行）

29.《最高人民法院关于审理注册商标、企业名称与在先权利冲突的民事纠纷案件若干问题的规定》（2008年2月18日由最高人民法院审判委员会第1444次会议通过。现予公布，自2008年3月1日起施行）

30.《最高人民法院关于审理涉及驰名商标保护的民事纠纷案件应用法律若干问题的解释》（2009年4月22日由最高人民法院审判委员会第1467次会议通过，自2009年5月1日起施行）

31.《最高人民法院关于诉前停止侵犯注册商标专用权行为和保全证据适用法律问题的解释》（2001年12月25日由最高人民法院审判委员会第1203次会议通过。现予公布，自2002年1月22日起施行。法释〔2002〕2号）

32.《最高人民法院关于审理涉及驰名商标保护的民事纠纷案件应用法律若干问题的解释》（2009年4月22日由最高人民法院审判委员会第1467次会议通过，自2009年5月1日起施行）

33.《国家工商行政管理局关于解决商标与企业名称中若干问题的意见》（工

商标字〔1999〕第 81 号）

（四）专利法

34.《中华人民共和国专利法》（1984 年 3 月 12 日第六届全国人民代表大会常务委员会第四次会议通过 根据 1992 年 9 月 4 日第七届全国人民代表大会常务委员会第二十七次会议《关于修改〈中华人民共和国专利法〉的决定》第一次修正 根据 2000 年 8 月 25 日第九届全国人民代表大会常务委员会第十七次会议《关于修改〈中华人民共和国专利法〉的决定》第二次修正 根据 2008 年 12 月 27 日第十一届全国人民代表大会常务委员会第六次会议《关于修改〈中华人民共和国专利法〉的决定》第三次修正）

35.《中华人民共和国专利法实施细则》（2001 年 6 月 15 日中华人民共和国国务院令第 306 号公布 根据 2002 年 12 月 28 日《国务院关于修改〈中华人民共和国专利法实施细则〉的决定》第一次修订 根据 2010 年 1 月 9 日《国务院关于修改〈中华人民共和国专利法实施细则〉的决定》第二次修订）

36.《专利代理条例》（中华人民共和国国务院令 第 76 号，自 1991 年 4 月 1 日起施行）

37.《专利行政执法办法》（2010 年 12 月 29 日以国家知识产权局令第 60 号发布，根据 2015 年 5 月 29 日国家知识产权局令第 71 号《国家知识产权局关于修改〈专利行政执法办法〉的决定》修正）

38.《发明专利申请优先审查管理办法》（2017 年 6 月 27 日国家知识产权局令第七十六号，自 2017 年 8 月 1 日起施行）

39.《专利代理管理办法》（2015 年 4 月 30 日国家知识产权局令第七十号，自 2015 年 5 月 1 日起施行）

40.《专利实施强制许可办法》（2012 年 3 月 15 日国家知识产权局令 第六十四号，自 2012 年 5 月 1 日起施行）

41.《专利标识标注办法》（2012 年 3 月 8 日国家知识产权局令 第六十三号 自 2012 年 5 月 1 日起施行）

42.《专利实施许可合同备案办法》（2011 年 6 月 27 日国家知识产权局令第 62 号自 2011 年 8 月 1 日起施行）

43.《专利权质押登记办法》（2010 年 8 月 26 日中华人民共和国专利局令第

五十六号，2010 年 10 月 1 日起施行）

44.《国家标准涉及专利的管理规定（暂行）》（2013 年 12 月 19 日，国家标准委、国家知识产权局发布，自 2014 年 1 月 1 日起施行）

45.《最高人民法院关于审理侵犯专利权纠纷案件应用法律若干问题的解释》（2009 年 12 月 21 日最高人民法院审判委员会第 1480 次会议通过，法释〔2009〕21 号）

46.《最高人民法院关于审理侵犯专利权纠纷案件应用法律若干问题的解释（二）》（2016 年 1 月 25 日由最高人民法院审判委员会第 1676 次会议通过，自 2016 年 4 月 1 日起施行）

47.《最高人民法院关于审理专利纠纷案件适用法律问题的若干规定》（2015 年 1 月 19 日由最高人民法院审判委员会第 1641 次会议通过，自 2015 年 2 月 1 日起施行）

48.《最高人民法院关于对诉前停止侵犯专利权行为适用法律问题的若干规定》（2001 年 6 月 5 日由最高人民法院审判委员会第 1179 次会议通过予以公布，自 2001 年 7 月 1 日起施行）

49.《最高人民法院关于专利、商标等授权确权类知识产权行政案件审理分工的规定》（2009 年 6 月 22 日第 1469 次审判委员会讨论通过，自 2009 年 7 月 1 日起施行，法发〔2009〕39 号）

（五）反垄断法与反不正当竞争法

50.《中华人民共和国反不正当竞争法》（1993 年 9 月 2 日第八届全国人民代表大会常务委员会第三次会议通过　2017 年 11 月 4 日第十二届全国人民代表大会常务委员会第三十次会议修订）

51.《中华人民共和国反垄断法》（中华人民共和国第十届全国人民代表大会常务委员会第二十九次会议于 2007 年 8 月 30 日通过，自 2008 年 8 月 1 日起施行）

52.《最高人民法院关于审理不正当竞争民事案件应用法律若干问题的解释》（2006 年 12 月 30 日由最高人民法院审判委员会第 1412 次会议通过，现予公布，自 2007 年 2 月 1 日起施行。2006 年 12 月 30 日由最高人民法院审判委员会第 1412 次会议通过，现予公布，自 2007 年 2 月 1 日起施行）

53.《中华人民共和国广告法》（1994 年 10 月 27 日第八届全国人民代表大

会常务委员会第十次会议通过 2015 年 4 月 24 日第十二届全国人民代表大会常务委员会第十四次会议修订）

54.《中华人民共和国反倾销条例》（2001 年 11 月 26 日以中华人民共和国国务院令第 328 号公布，根据 2004 年 3 月 31 日中华人民共和国国务院令第 401 号《国务院关于修改〈中华人民共和国反倾销条例〉的决定》修订）

（六）技术合同法

55.《中华人民共和国技术进出口管理条例》（2001 年 10 月 31 日，《中华人民共和国技术进出口管理条例》由国务院第 46 次常务会议通过，自 2002 年 1 月 1 日起实施）

56.《技术进出口合同登记管理办法》（2009 年 2 月 1 日中华人民共和国商务部令 2009 年第 3 号，自公布之日起 30 日后施行）

57.《禁止进口限制进口技术管理办法》（2009 年 2 月 1 日中华人民共和国商务部令 2009 年第 1 号自公布之日起 30 日后施行）

58.《技术合同认定登记管理办法》（2000 年 2 月 16 日科学技术部财政部，国家税务总局 国科发政字〔2000〕063 号）

59.《技术合同认定规则》（国科发政字〔2001〕253 号）

60.《最高人民法院关于审理技术合同纠纷案件适用法律若干问题的解释》（2004 年 11 月 30 日由最高人民法院审判委员会第 1335 次会议通过，现予公布，自 2005 年 1 月 1 日起施行。法释〔2004〕20 号）

61.《全国法院知识产权审判工作会议关于审理技术合同纠纷案件若干问题的纪要》（2001 年 6 月 15 日）

（七）其他知识产权法

62.《中华人民共和国电子签名法》（2004 年 8 月 28 日第十届全国人民代表大会常务委员会第十一次会议通过 根据 2015 年 4 月 24 日第十二届全国人民代表大会常务委员会第十四次会议《关于修改〈中华人民共和国电力法〉等六部法律的决定》修正）

63.《最高人民法院关于审理涉及计算机网络域名民事纠纷案件适用法律若干问题的解释》（2001 年 6 月 26 日最高人民法院审判委员会第 1182 次会议通过，

法释〔2001〕24 号）

64.《集成电路布图设计保护条例》（2001 年 3 月 28 日国务院第 36 次常务会议通过，自 2001 年 10 月 1 日起施行）

65.《中华人民共和国促进科技成果转化法》（1996 年 5 月 15 日第八届全国人民代表大会常务委员会第十九次会议通过根据 2015 年 8 月 29 日第十二届全国人民代表大会常务委员会第十六次会议《关于修改〈中华人民共和国促进科技成果转化法〉的决定》修正）

66.《中华人民共和国科学技术进步法》（第八届全国人民代表大会常务委员会第二次会议于 1993 年 7 月 2 日修订通过，自 1993 年 10 月 1 日起施行）

67.《集成电路布图设计保护条例实施细则》（国家知识产权局局长令（第十一号）自 2001 年 10 月 1 日起施行）

（八）国际条约

68.《与贸易有关的知识产权协定》

69.《专利合作条约》

70.《商标国际注册马德里协定》

71.《商标国际注册马德里协定实施细则》

72.《伯尼尔保护文学和艺术作品公约》

73.《世界版权公约》

（九）山东省知识产权保护法规

74. 山东省知识产权局制定《山东省举报假冒专利行为奖励办法（试行）》的通知（鲁知法字〔2016〕25 号）

75. 山东省政府制定《山东省专利纠纷处理和调解办法》（省政府令第 296 号）

76. 山东省知识产权局 山东省高级人民法院关于建立专利纠纷诉调对接机制的若干意见（鲁知法字〔2015〕64 号）

77. 关于印发《山东省推进重点产业知识产权保护联盟工作办法》的通知（鲁知法字〔2015〕59 号）

78. 山东省人民政府办公厅 关于转发省知识产权局《山东省深入实施知识产权战略行动计划（2015-2020 年）》（鲁政办发〔2015〕40 号）

79. 关于印发《山东省小微企业知识产权质押融资项目管理办法》的通知（鲁科字〔2015〕88 号）

80. 《山东省专利奖励办法》（鲁政办字〔2015〕45 号）

81. 山东省知识产权试点和示范单位认定管理办法（鲁知管字〔2013〕75 号）

82. 山东省知识产权试点和示范园区认定管理办法（鲁知管字〔2013〕75 号）

83. 关于加强科技创新和科技管理中知识产权工作的暂行办法（鲁科办字第〔2013〕137 号）

84. 山东省知识产权（专利）专项资金管理暂行办法（2013 年）

85. 山东省人民政府关于加强知识产权工作提高企业核心竞争力的意见（鲁政发〔2012〕46 号）

86. 山东省知识产权战略纲要（鲁政发〔2012〕35 号）

87. 山东省专利发展专项资金管理办法（2012 年 2 月 21 日）

88. 山东省知识产权政务信息与新闻宣传工作管理办法（2012 年 2 月 21 日）

89. 山东省专利工作"十二五"规划（2012 年 2 月 21 日）

90. 山东省知识产权远程教育平台分站管理办法（2017 年 9 月 13 日）

91. 关于鼓励全省专利代理机构服务创新发展的暂行意见（2017 年 7 月 5 日 鲁知合字〔2017〕37 号）

92. 山东省专利奖励办法实施细则（2017 年 8 月 29 日鲁知管字〔2017〕50 号）

93. 山东省知识产权示范企业认定管理办法（2017 年 12 月 13 日鲁知管字〔2017〕82 号）

94. 山东省专利权"政银保"融资试点工作实施办法（试行）（2018 年 2 月 14 日鲁知管字〔2018〕6 号）

附录二　知识产权实用法律文书

一、目录

19. 强制许可请求书

20. 强制许可使用费数额裁决请求书

21. 专利代理委托书（中英文）

22. 总委托书

23. 遗传资源来源披露登记表

24. 生物材料样品保藏及存活证明中文题录

25. 在先申请文件副本中文题录

26. 优先权转让证明中文题录

27. 专利权评价报告证明

28. 放弃专利权声明

29. 专利权评价报告请求书

30. 发明专利请求书

31. 发明专利请求提前公布声明

32. 实质审查请求书

33. 参与专利审查高速路（PPH）项目请求表

34. PPH 请求补正书

35. 实用新型专利请求书

36. 实用新型专利检索报告请求书

37. 外观设计图片或照片

38. 外观设计简要说明

39. 外观设计专利请求书

40. 窗口递交文件回执

41. 专利申请优先审查请求书

42. 复审无效宣告程序优先审查请求书

43. 总委托书

44. 集成电路布图设计登记申请表

45. 集成电路布图设计登记代理委托书

46. 集成电路布图设计专有权放弃声明

47. 集成电路布图设计登记著录项目变更申报书

48. 集成电路布图设计登记恢复权利请求书

49. 集成电路布图设计登记补正书

50. 对已公布的集成电路布图设计专有权提出意见

51. 集成电路布图设计专有权办理文件副本请求书

52. 关于使用修订后专利实施许可合同备案相关表格的说明

53. 专利实施许可合同备案注销申请表

54. 专利实施许可合同备案申请表

55. 专利实施许可合同备案变更申请表

56. 专利实施许可合同文本

57. 专利申请技术实施许可合同文本

58. 专利权质押登记申请表

59. 专利权质押登记变更申请表

60. 专利权质押登记注销申请表

61. 专利权质押合同文本

62. 专利行政执法文书表格

63. 专利行政执法证件和执法标识申领表

64. 复审请求书

65. 复审无效程序意见陈述书

66. 复审请求口头审理通知书回执

67. 复审无效宣告程序补正书

68. 复审程序恢复权利请求书

69. 复审程序延长期限请求书

70. 复审程序授权委托书

71. 专利权无效宣告请求书

72. 无效宣告请求口头审理通知书回执

73. 专利权无效宣告程序授权委托书

74. 马德里国际商标出具商标注册证明申请书（2017 年 1 月 1 日启用）

75. 商标注册申请书

76. 撤回商标注册申请申请书

77. 撤回商标异议申请书

78. 商标异议申请书

79. 出具优先权证明文件申请书

80. 撤回商标续展注册申请书

81. 商标续展注册申请书

82. 变更商标申请人注册人名义地址变更集体商标证明商标管理规则集体成员名单申请书

83. 撤回变更商标代理人文件接收人申请书

84. 变更商标代理人文件接收人申请书

85. 撤回变更商标申请人注册人名义地址变更集体商标证明商标管理规则集体成员名单申请书

86. 转让移转申请注册商标申请书

87. 撤回删减商品服务项目申请书

88. 删减商品服务项目申请书

89. 变更许可人被许可人名称备案表

90. 商标使用许可备案表

91. 撤回转让移转申请注册商标申请书

92. 撤回商标使用许可备案申请书

93. 商标使用许可提前终止备案表

94. 商标专用权质权登记事项变更申请书

95. 商标专用权质权登记申请书

96. 商标专用权质权登记证补发申请书

97. 商标专用权质权登记期限延期申请书

98. 撤回商标注销申请书

99. 商标专用权质权登记注销申请书

100. 补发商标注册证申请书

101. 补发变更转让续展证明申请书

102. 撤回撤销连续三年不使用注册商标申请书

103. 撤销连续三年不使用注册商标申请书

104. 更正商标申请注册事项申请书

105. 撤回撤销成为商品服务通用名称注册商标申请书

106. 撤销成为商品服务通用名称注册商标申请书

二、样本

（一）专利申请书范本

专利权人姓名或名称：

电话：

邮政编码　地址：

联系人　姓名：　　　　　　电话：

邮政编码　地址：

专利代理机构名称　代码：

地址：

邮编：　　　　　　　　电话号码：

代理人姓名：　　　　　　工作证号：

1. 所属技术领域：

本发明涉及一种＿＿＿＿＿＿＿＿＿＿＿＿＿＿＿＿＿＿。

2. 背景技术：

是指对发明的理解、检索、审查有用的技术，可以引证反映这些背景技术的文件。背景技术是对最接近的现有技术的说明，它是做出实用技术新型技术方案的基础。此外，还要客观地指出背景技术中存在的问题和缺点，引证文献、资料的，应写明其出处。

3. 发明内容：

应包括发明所要解决的技术问题、解决其技术问题所采用的技术方案及其有益效果。

4. 要解决的技术问题：

是指要解决的现有技术中存在的技术问题，应当针对现有技术存在的缺陷或不足，用简明、准确的语言写明发明所要解决的技术问题，也可以进一步说明其技术效果，但是不得采用广告式宣传用语。

5. 技术方案：

是申请人对其要解决的技术问题所采取的技术措施的集合。技术措施通常是由技术特征来体现的。技术方案应当清楚、完整地说明发明的形状、构造特征，说明技术方案是如何解决技术问题的，必要时应说明技术方案所依据的科学原理。撰写技术方案时，机械产品应描述必要零部件及其整体结构关系；涉及电路的产品，应描述电路的连接关系；机电结合的产品还应写明电路与机械部分的结合关系；涉及分布参数的申请时，应写明元器件的相互位置关系；涉及集成电路时，应清楚公开集成电路的型号、功能等。本例"试电笔"的构造特征包括机械构造及电路的连接关系，因此既要写明主要机械零部件及其整体结构的关系，又要写明电路的连接关系。技术方案不能仅描述原理、动作及各零部件的名称、功能或用途。

6. 有益效果：

是发明和现有技术相比所具有的优点及积极效果，它是由技术特征直接带来的，或者是由技术特征产生的必然的技术效果。

7. 附图说明：

下面结合附图和实施例对本发明进一步说明。应写明各附图的图名和图号，对各幅附图作简略说明，必要时可将附图中标号所示零部件名称列出。

8. 具体实施方式：

是发明优选的具体实施例。具体实施方式应当对照附图对发明的形状、构造进行说明，实施方式应与技术方案相一致，并且应当对权利要求的技术特征给予详细说明，以支持权利要求。附图中的标号应写在相应的零部件名称之后，使所属技术领域的技术人员能够理解和实现，必要时说明其动作过程或者操作步骤。如果有多个实施例，每个实施例都必须与本发明所要解决的技术问题及其有益效果相一致。

（二）商标注册申请书

商标注册申请书

申请人名称（中文）：

（英文）：

申请人国籍/地区：

申请人地址（中文）：

（英文）：

邮政编码：

联系人：

电话：

代理机构名称：

外国申请人的国内接收人：

国内接收人地址：

邮政编码：

商标申请声明： □集体商标　□证明商标

□以三维标志申请商标注册

□以颜色组合申请商标注册

□以声音标志申请商标注册

□两个以上申请人共同申请注册同一商标

要求优先权声明： □基于第一次申请的优先权

□基于展会的优先权

□优先权证明文件后补

申请／展出国家／地区：

申请／展出日期：

申请号：

　　下框为商标图样粘贴处。图样应当不大于 10cm×10cm，不小于 5cm×5cm。以颜色组合或者着色图样申请商标注册的，应当提交着色图样并提交黑白稿 1 份；不指定颜色的，应当提交黑白图样。以三维标志申请商标注册的，应当提交能够确定三维形状的图样，提交的商标图样应当至少包含三面视图。以声音标志申请商标注册的，应当以五线谱或者简谱对申请用作商标的声音加以描述并附加文字说明；无法以五线谱或者简谱描述的，应当使用文字进行描述；商标描述与声音样本应当一致。

```
┌──────────────────────────────────┐
│                                  │
│                                  │
│                                  │
│            商                    │
│            标                    │
│            图                    │
│            样                    │
│            粘                    │
│            贴                    │
│            处                    │
│                                  │
│                                  │
│                                  │
│                                  │
└──────────────────────────────────┘
```

商标说明：

类别：

商品／服务项目：

类别：

商品／服务项目：

填写说明

1. 办理商标注册申请，适用本书式。申请书应当打字或者印刷。申请人应当按照规定并使用国家公布的中文简化汉字填写，不得修改格式。

2. "申请人名称"栏：申请人应当填写身份证明文件上的名称。申请人是自然人的，应当在姓名后注明证明文件号码。外国申请人应当同时在英文栏内填写英文名称。共同申请的，应将指定的代表人填写在"申请人名称"栏，其他共同申请人名称应当填写在"商标注册申请书附页——其他共同申请人名称列表"栏。没有指定代表人的，以申请书中顺序排列的第一人为代表人。

3. "申请人国籍／地区"栏：申请人应当如实填写，国内申请人不填写此栏。

4. "申请人地址"栏：申请人应当按照身份证明文件中的地址填写。身份证明文件中的地址未冠有省、市、县等行政区划的，申请人应当增加相应行政区划名称。申请人为自然人的，可以填写通信地址。符合自行办理商标申请事宜条件的外国申请人地址应当冠以省、市、县等行政区划详细填写。不符合自行办理商标申请事宜条件的外国申请人应当同时详细填写中英文地址。

5. "邮政编码""联系人""电话"栏：此栏供国内申请人和符合自行办理商标申请事宜条件的外国申请人填写其在中国的联系方式。

6. "代理机构名称"栏：申请人委托已在商标局备案的商标代理机构代为办理商标申请事宜的，此栏填写商标代理机构名称。申请人自行办理商标申请事宜的，不填写此栏。

7. "外国申请人的国内接收人""国内接收人地址""邮政编码"栏：外国申请人应当在申请书中指定国内接收人负责接收商标局、商标评审委员会后继商标业务的法律文件。国内接收人地址应当冠以省、市、县等行政区划详细填写。

8. "商标申请声明"栏：申请注册集体商标、证明商标的，以三维标志、颜色组合、声音标志申请商标注册的，两个以上申请人共同申请注册同一商标的，应当在本栏声明。申请人应当按照申请内容进行选择，并附送相关文件。

9. "要求优先权声明"栏：申请人依据《商标法》第二十五条要求优先权的，选择"基于第一次申请的优先权"，并填写"申请／展出国家／地区""申请／展出日期""申请号"栏。申请人依据《商标法》第二十六条要求优先权的，选择"基于展会的优先权"，并填写"申请／展出国家／地区""申请／展出日期"栏。申请人应当同时提交优先权证明文件（包括原件和中文译文）；优先权证明文件不能同时提交的，应当选择"优先权证明文件后补"，并自申请日起三个月内提交。未提出书面声明或者逾期未提交优先权证明文件的，视为未要求优先权。

10. "申请人章戳"栏：申请人为法人或其他组织的，应加盖公章。申请人为自然人的，应当由本人签字。所盖章戳或者签字应当完整、清晰。

11. "代理机构章戳"栏：代为办理申请事宜的商标代理机构应在此栏加盖公章，并由代理人签字。

12. "商标图样"栏：商标图样应当粘贴在图样框内。

13. "商标说明"栏：申请人应当根据实际情况填写。以三维标志、声音标志申请商标注册的，应当说明商标使用方式。以颜色组合申请商标注册的，应当提交文字说明，注明色标，并说明商标使用方式。商标为外文或者包含外文的，应当说明含义。自然人将自己的肖像作为商标图样进行注册申请应当予以说明。申请人将他人肖像作为商标图样进行注册申请应当予以说明，附送肖像人的授权书。

14. "类别""商品／服务项目"栏：申请人应按《类似商品和服务项目区分表》填写类别、商品／服务项目名称。商品／服务项目应按类别对应填写，每个类别的项目前应分别标明顺序号。类别和商品／服务项目填写不下的，可按本申请书的格式填写在附页上。全部类别和项目填写完毕后应当注明"截止"字样。

15. "商标注册申请书附页——其他共同申请人名称列表"栏：此栏填写其他共同申请人名称，外国申请人应当同时填写中文名称和英文名称。并在空白处按顺序加盖申请人章戳或由申请人本人签字。

16. 收费标准：一个类别受理商标注册费300元人民币（限定本类10个商品／服务项目，本类中每超过1个另加收30元人民币）。受理集体商标注册费1500元人民币。受理证明商标注册费1500元人民币。

17. 申请事宜并请详细阅读"商标申请指南"（www.saic.gov.cn）。

（三）知识产权保护、保密和不竞争协议

第一条 职务技术成果

乙方在为甲方聘用期间，及在聘用关系终止后一年内，所有由乙方独立或与其他人联合构思、开发、完成的一切与甲方业务、产品、程序与服务有关的技术成果，包括但不限于发现、发明、思路、概念、过程、产品、方法和改进或其一部分（以下统称"技术成果"），不论是否可以或已经受到知识产权法律保护，不论以何种形式存在，均应为甲方之职务技术成果，都为甲方所有。

第二条 资料的保管

乙方同意按照甲方所指定的格式或方法为甲方记录并保管其在被甲方聘用期间独自或合作开发出的技术成果。该资料是甲方的绝对财产，甲方有权在任何时间获得上述资料。

第三条　知识产权的申请

乙方同意帮助甲方或其指定人用甲方自己的费用，采用各种适当的方法确保甲方在上述技术成果或与之有关的知识产权中的利益，包括向甲方披露所有相关的信息和数据，签署所有相关的法律文件。乙方同意其按照上述义务而签署的相关法律文件在乙方终止与甲方的聘用关系后继续有效。

第四条　先前成果

乙方应由本协议附件一中明确列出其所拥有的，在被甲方聘用之前取得的，并与甲方的业务、产品、研究开发有关而并未转让给甲方的所有发明、拥有著作权的原始作品、发展和改进与商业秘密（合称"先前成果"）。乙方同意：如乙方未附有上述附件即表明乙方未拥有任何上述之"先前成果"。如果在乙方被甲方聘用的过程中，乙方在甲方的产品、过程或机器中融入了乙方所拥有的或乙方在其中拥有利益的任何"先前成果"，乙方同意给予甲方非独家性的、不可撤销的、永久的许可，允许甲方制作、修改使用或出售作为上述产品、过程或机器一部分或与之有关的"先前成果"，且甲方无须为此向乙方支付任何费用。

第五条　机密信息

1. 乙方同意甲方的"机密信息"，无论以何种形式储存，均为甲方所有，乙方应严守机密。"机密信息"包括但不限于下列：

（一）甲方档案资料，包括但不限甲方所拥有的所有的各项合同、人事档案、行政文件、客户名单、业务合作方资料等；

（二）甲方技术资料，包括但不限甲方所拥有的所有的开发计划、开发大纲、技术文件、技术资料、图纸、算法、模型以及相应的技术文章、技术报告等；

（三）甲方市场销售资料，包括但不限甲方所拥有的所有的质量管理方法、定价方法、销售方法、客户资料、销售价格等；

（四）甲方财务信息资料，包括但不限甲方所拥有的外部报表及报告、所有的开户银行资料、股东资料、投资背景等；

（五）甲方所拥有的各项知识产权（不论是公司独自拥有的，或是和其他方共同拥有的亦不论是甲方现有的或是将来开拓发展的）；

（六）本协议第一条所规定的由乙方构思、开发、完成的职务技术成果；

（七）由甲方其他员工构思、开发、完成的职务技术成果；

（八）按照法律和甲方与第三方达成的协议，甲方应对第三方负有保密责任的所有第三方的机密信息；

（九）其他所有被甲方明确标明或声明为机密的信息。

2. 不在保护范围内的信息：

（十）从公众媒体获得的信息，但因违反对甲方保密义务而使公众得知的情形除外；

（十一）甲方从未订立保密协议的第三方合法取得的信息；

第六条　保密的执行

1. 乙方有责任和义务对机密信息保守秘密，遵守并严格执行甲方制定的所有保密规定。

2. 非经甲方书面同意，乙方不得将机密信息提供或泄露给任何第三方（包括甲方内部无关的工作人员）。

3. 除与乙方执行甲方所安排或委托的工作有关外，乙方不得将机密信息用于其他任何目的。

4. 非为工作需要，乙方不得将被列为机密的信息加以复制。确因工作需要而必须复制时，复制文本（含但不限于文件、磁盘、光盘、计算机内存等）为甲方所有，乙方应对复制文本明确标记并加以保护和管理。

5. 非经甲方书面同意，乙方不将含有机密信息的载体（含但不限于文件、磁盘、光盘、计算机内存等）带出甲方住所，也不许通过计算机网络将公司的商业秘密和技术资料泄露给第三方。

6. 乙方不得在公共场合或通过公共媒体谈论涉及机密信息的内容。须通过公共媒体传递机密信息时，乙方应按照保密要求采取保密措施，如加密、设置口令、分散分批提供等。

第七条　保密文件的回收与销毁

1. 乙方应按照甲方的要求退回或销毁机密信息。

2. 若甲方无明确要求，乙方应在机密信息使用结束后 5 个工作日内交还甲方。

3. 在乙方终止与甲方聘用关系时，乙方应将所有包含、代表、显示、记录或者组成机密信息的原件及拷贝，包括但不限于装置、记录、数据、笔记、报告、建议书、名单、信件、规格、图纸、设备、材料、电子邮件等，归还甲方。

乙方并同意签署作为本协议附件二的"保证书"。

第八条 乙方同意，在被甲方聘用期间，不得以乙方个人的名义或者作为任何其他经济实体的任何身份，直接或间接的从事同甲方业务有竞争性的业务，也不为第三方开发与甲方产品相同或类似的产品。

第九条 乙方在与甲方之间的聘用关系终止后壹年内不得受雇于甲方在行业内竞争对手，乙方不得教唆、引诱、企图聘用或聘用任何甲方现任员工（含在甲乙双方终止聘用关系之日前六个月至甲乙终止聘用关系之日后六个月内的甲方聘用的人员），亦不得帮助其他的任何人或实体进行类似的聘用，或鼓励甲方的任何员工终止他或她与甲方的聘用关系。

第十条 乙方在与甲方之间的聘用关系终止后一年内，乙方不得从甲方转移或企图转移在乙方被聘用期间的任何客户、准客户与本公司的业务往来及账目。

第十一条 如果乙方违反任何本节的条款，本节条款制定的内容在从发现乙方违反情节之日起的一年之内继续有效。

第十二条 作为竞业限制的经济补偿，甲方按照内部有关规定，每月向乙方支付一定数额的竞业限制津贴（工资单中统一称为"特殊津贴"）。

第十三条 乙方同意在其终止与甲方的聘用关系后，甲方有权将乙方在本协议项下的权利和义务通知乙方新的聘用单位。

第十四条 甲乙双方同意乙方违反本协议规定的任何行为将会给甲方带来实质性的损害甚至无法挽回的损失，因乙方违反本协议规定而给协议对方造成损失的，甲方有权采取一切合法措施减少损失的扩大。乙方应赔偿甲方因此而受到的一切经济损失，并承担由此产生的一切法律责任。

第十五条 如乙方违反竞业限制条款，甲方有权要求乙方给予竞业限制津贴三倍的经济赔偿。若因乙方违约造成甲方损失，乙方应按甲方实际损失金额给予赔偿。

第十六条 与本协议有关或由本协议所产生的任何争议可由甲乙双方协议解决，协商不成的可由国家相关授权部门进行仲裁，仲裁裁决是终局的，对各方都有具有约束力。仲裁地点为上海。

第十七条 如乙方违反本协议的任何规定，或者乙方采取任何违反本协议的行为，甲方有权在任何有管辖权的法院发起任何可以阻止乙方违反本协议的法律程序。

第十八条 任何一方没有行使其权利或没有就对方违反行为采取任何行动，不应被视为是对权利的放弃或对追究违约责任或义务的放弃。

第十九条 任何一方放弃针对对方的任何权利，或者放弃追究对方的任何过失，不应视为对任何其他权利或追究任何其他过失的放弃。

第二十条 所有放弃应书面做出。

第二十一条 对于本协议的任何修改，须经协议双方协商一致、共同签署后生效；

第二十二条 本协议之条款如与其他协议双方之间的协议、合同条款（包括甲乙双方签署的劳动合同）存在冲突，以本协议条款为准；

第二十三条 本协议内标题仅是为了阅读方便而设，不应影响本协议的解释。

第二十四条 如果本协议的任何条款在被法律认定为无效、不合法而无法执行时，本协议其他条款的有效性、合法性和可执行性不受到影响。

第二十五条 本协议的约束效力将遵循以下原则：与乙方被甲方聘用时间的长短无关，与终止甲乙双方聘用关系的原因无关，与乙方的薪酬多少无关。在甲乙双方终止聘用关系之后，在此协议之下乙方的义务仍然存在，并与终止聘用关系的原因无关。本协议不得受终止聘用关系的影响而做出什么形式的修改和改变。

第二十六条 本协议经双方签字盖章后生效。

第二十七条 本协议有效期至甲乙双方聘用关系解除之日起一年止。协议终止后一年内，乙方于协议终止前所知悉的甲方的任何机密信息，仍按照本协议执行。同时，甲乙双方聘用关系解除后本协议继续有效的条款对双方仍有约束力。

第二十八条 本协议正本一式两份，双方当事人各持一份，具有相同法律效力。

甲方（单位盖章）： 乙方（签字）：

授权代表人（签字）：＿＿＿＿＿＿＿＿

签约日期：＿＿年＿＿月＿＿日 签约日期：＿＿年＿＿月＿＿日

（四）专项技术工作成员保密协议

甲方：＿＿＿＿＿＿＿＿＿＿＿工作组

乙方：＿＿＿＿＿＿（工作组成员单位）

乙方遵照《＿＿＿＿＿章程》自愿加入＿＿＿＿＿＿工作组（以下简称"工作组"），并依工作组要求完成＿＿＿＿＿的有关工作（以下简称"相关工作"）。经双方协商一致，为确保相应工作涉及的技术信息和技术资源不被泄露，并防止上述保密信息被滥用，甲乙双方达成如下协议：

一、甲乙双方作为相关工作的承担或参与单位，其工作任务依据相关工作的有关任务书确定，本协议仅涉及承担或参与该相关工作过程中及以后的保密责任。

二、本协议涉及保密的技术信息和技术资料包括：

1. 相关工作任务书中涉及的技术信息和技术资料，以及有关会议文件，纪要和决定；

2. 相关工作承担者之间往来的传真，信函，电子邮件等；

3. 相关工作实施过程中产生的新的技术信息和技术资料；

4. 相关工作实施过程中各有关当事人拥有的知识产权，已经公开的知识产权信息除外；

5. 经甲乙双方在该相关工作实施过程中确认的需要保密的其他信息。

三、甲方责任

1. 甲方应根据相关工作任务书的规定，向乙方提供必要的技术信息和技术资料；

2. 甲方在以书面形式（包括：邮件、传真、磁盘、光盘等）向乙方提供技术信息时，可以进行登记或备案；

3. 甲方对乙方提供的注明保密的技术信息和资料负有保密责任，未经乙方同意不得提供本相关工作无关的任何第三方；

4. 对不再需要保密或者已经公开的技术信息和技术资料，甲方应及时通知乙方。

四、乙方责任

1. 乙方应仅将工作组纰漏的保密信息用于工作组范围内的＿＿＿＿＿制订

工作。

2．乙方对从甲方或者甲方以外的其他渠道获得的涉及相关工作的技术信息和技术资料负有保密责任，未经甲方同意不得提供给任何第三方，包括乙方的分支机构，子公司或委托顾问方，接受咨询方；

3．乙方为承担本协议约定的保密责任，应妥善保管有关的文件和资料，未经工作组事先的书面许可，不对其复制，仿造等；

4．乙方应对有关人员进行有效管理，以确保本协议的履行。如乙方在职或曾在职人员在保密期内；

5．在本协议约定的保密期限内，乙方如发现有关保密信息被泄露，应及时通知甲方，并采取积极的措施避免损失的扩大。

五、本协议中涉及的有关保密信息，其中已经拥有知识产权的归原所有人所有；相关工作实施中产生的知识产权，其知识产权的归属依相关工作任务书的约定。

六、甲方为实施相关工作的需要，除乙方特别声明不能提供给他人的以外，可以将乙方提供的有关信息向本相关工作的有关方面（包括：承担相关工作的其他成员、聘请的专家、政府主管部门）提供，此行为不视为甲方违约。

乙方在实施相关工作过程中，需要向本相关工作的有关方面（包括：承担相关工作的其他成员、聘请的专家、政府主管部门）提供保密信息时，必须取得甲方的书面许可，或者由甲方负责提供。

七、违反本协议的约定，由违约方承担相应责任，并赔偿由此产生的一切损失。

八、本协议要求双方承担保密义务的期限为，自本协议签字之日或者自双方中的一方取得有关文件，资料之日起，以时间在前的为准，至本相关工作全部完成之日止。如在本相关工作实施过程中，乙方提前退出本项目，双方应在终止本相关工作后的＿＿＿＿＿＿＿年内继续履行有关保密责任。

九、双方在履行协议中产生的纠纷，应通过友好协商解决。如协商不成，双方约定的纠纷裁决地点为工作组所在地，机构为＿＿＿＿＿＿人民法院。

十、本协议一式三份，甲方持有两份，乙方持有一份。

甲方（盖章）：＿＿＿＿＿＿＿＿＿　　　乙方（盖章）：＿＿＿＿＿＿＿＿＿

代表人（签字）：_____　成员（签字）：_____
_____年_____月___日　_____年_____月___日
签订地点：_____

（五）离职保证书

兹保证我已向 XX 集团有限公司全部归还并不持有任何包含、代表、显示、记录或者组成机密信息的原件及拷贝，包括但不限于装置、记录、数据、笔记、报告、建议书、名单、信件、规格、图纸、设备、材料、电子邮件等。

我进一步同意我将继续遵守协议的规定，对协议所规定的机密信息严格保密。

我进一步同意在我签署本保证书后我将不以任何形式或任何名义聘用公司的任何员工，也不诱使、鼓励、怂恿公司的任何员工解除与公司的聘用关系。

签名：_____
日期：_____

（六）技术秘密保密合同书

甲方：_____
乙方：_____

甲、乙双方根据《中华人民共和国反不正当竞争法》和国家、地方有关法律、法规及政策规定，鉴于乙方受聘甲方或服务于甲方，在职或服务期间有从甲方获得商业秘密和技术秘密的机会，有获得及增进知识、经验、技能的机会；甲方给乙方的劳动支付了工资、奖金、提成、奖励等报酬；乙方明白泄露甲方商业秘密、技术秘密会对甲方造成极大损害。为保护甲方的商业秘密、技术秘密，维护甲方及乙方共同的长远利益，双方自愿约定如下：

1. 保密内容和范围

1.1 乙方在合同期内开发设计的技术成果，包括技术研究成果、工程设计、产品设计图纸及其说明等；

1.2 甲方现有的开发成果和技术秘密及设计开发方案；

1.3 甲方所有的工艺技术资料、图纸和所有的财务资料及数据；

1.4 甲方尚未付诸实施的经营战略、规划及生产经营数据；

1.5 甲方销售方案、计划及客户资料；

1.6 甲方采购计划及供应商资料；

1.7 甲方生产定额、工时定额；

1.8 甲方其他认为需要保密的其他保密事项。

2. 具体保密要求

2.1 乙方在聘用合同期内必须按甲方的要求从事产品的设计与开发，其设计开发的所有资料属甲方所有；

2.2 乙方必须严格遵守甲方的保密制度及要求，防止泄露企业的技术秘密和商业秘密；

2.3 对含有甲方商业秘密或技术秘密的作品，如乙方为了发表论文、评定成果、职称等需要在较大范围内公开的应事先取得甲方的书面认可；

2.4 未经甲方书面同意，乙方不得利用技术秘密进行新研究与开发；

2.5 乙方在与甲方解除聘用合同后的三年内不得生产、经营同类产品或在有竞争关系的其他企业任职；

2.6 乙方必须不使他人获取、使用保密信息，不直接或间接地劝诱或帮助他人劝诱企业内掌握商业秘密、技术秘密的员工离开企业；

2.7 乙方保证遵守甲方为保护知识产权制订的相关制度与规章，认真执行保密措施，在发现他人有侵犯甲方商业秘密、技术秘密的行为时，有义务有责任及时向甲方总经理或公司人事行政部报告。当乙方结束在甲方的工作时，及时将所有与甲方经营活动有关的文件、记录或材料交给甲方指定的人员。

3. 协议期限

聘用合同期 ＿＿＿＿＿＿＿＿ 内；

解除聘用合同后的 ＿＿＿＿＿＿＿＿ 年内。

4. 保密费的数额确定及支付方式

甲方对乙方在聘用合同期内所取得的成果支付了工资，工资中内含保密费，其保密费为 ＿＿＿＿＿＿＿＿ 元／月，作为甲方对乙方支付的月份固定保密费。另外还视乙方工作业绩、工作态度、成果的作用和其创造的经济效益而定，给予年终奖励，年终奖励也包括了保密费。

5. 双方违约责任

5.1 经双方协商，达成协议：任何一方违约另一方均有权无条件解除本合约，并有权要求对方赔偿违约保证金额的五倍违约罚款；

5.2 乙方违反协议，造成甲方重大经济损失，应赔偿甲方所受全部损失，并按甲方有关制度处理；甲方如因此上禀法院，乙方自动放弃相关权利；

5.3 以上违约责任的执行，超过法律、法规赋予双方权限的，申请仲裁机构仲裁或向法院提出上诉。

6. 说明

6.1 协议双方签字生效；未尽事宜由双方另行具文，与本合同书具有同等效力。

6.2 本协议一式叁份，协议双方各执一份，人事行政部备案一份。

6.3 本合同书作为乙方聘用合同的附件。

甲方（盖章）：_____　　　　乙方（盖章）：_____

法定代表人（签字）：_____　　法定代表人（签字）：_____

身份证号：_____

地址：_____　　　　地址：_____

_____年____月____日　　　　_____年____月____日

（七）技术服务合同

技术服务项目：_____

委托方：（以下称甲方）_____

法定代表人：_____

法定地址：_____

邮政编码：_____

联系电话：_____

服务方：（以下称乙方）_____

法定代表人：＿＿＿＿＿＿＿＿＿＿＿＿＿

法定地址：＿＿＿＿＿＿＿＿＿＿＿＿＿＿

邮政编码：＿＿＿＿＿＿＿＿＿＿＿＿＿＿

联系电话：＿＿＿＿＿＿＿＿＿＿＿＿＿＿

＿＿＿＿＿＿＿＿＿＿ 年 ＿＿＿＿＿＿ 月 ＿＿＿＿＿ 日

鉴于甲方（委托方）需要就 ＿＿＿＿＿＿＿ 技术项目由乙方（服务方）提供技术服务；鉴于乙方愿意接受甲方的委托并提供技术服务；根据《中华人民共和国合同法》有关技术合同的规定及其他相关法律法规的规定，双方经友好协商，同意就以下条款订立本合同，共同信守执行。

第一条　服务项目名称

1.1 服务项目名称是指技术服务合同所涉及至的技术标的项目的全称。本合同的技术服务项目名称为：（本合同所涉及至的技术服务项目的名称）

1.2 技术服务合同的项目名称应使用简明、准确的词句和语言反映出合同的技术特征和法律特征，并且项目名称一定要与内容相一致，尽量使用规范化的表述，如关于 ＿＿＿＿＿＿ 技术的技术服务合同或技术培训合同或技术中介合同。

1.3 鉴于我国技术服务业的具体情况，技术服务合同的种类繁多复杂，法律上具体规定名称的，只有技术培训合同和技术中介合同。但技术服务的范围远不限于此，凡是当事人之间订立的需要用科学技术知识解决特定技术问题的合同，大都属于技术服务合同。

第二条　技术服务内容、方式和要求

2.1 技术服务合同的标的体现为技术工作成果，主要有产品设计、工艺编制、工程计算、材料配方、设备改造、制定企业技术改造方案、提出改善经营管理、计算机程序设计和检索、复杂的物理测试及化学测试、生物测试、复杂的产品或材料性能的分析鉴定、其他科学研究、技术开发、技术转让、工业化试验和生产活动中完成的特定技术工作以及技术培训和技术中介合同。服务方可就上述技术服务内容向委托方提供技术服务。

2.2 技术服务的方式主要是指完成技术服务工作的具体做法、采用的手段和方式。双方约定服务方可以通过产品设计、工艺编制、非常规理化测试分析、企业技术改造、材料鉴定分析、专业技术人员的培训、技术中介活动等方式来提供技术服务。

2.3 技术服务的要求是指完成特定技术服务项目的难度、具体的技术指标、经济指标以及实施效果。例如，为引进技术设备的安装、调试以及关键部件的消化吸收，通过技术服务，使技术设备能够达到某一种技术生活水平和某种标准。

第三条 履行期限、地点和方式

3.1 本合同的履行期限是指本合同从开始履行到履行完毕的具体时日，以及分阶段履行的各阶段的起止时日。双方约定各自的履行期限为：（如委托方协作事项应在 ＿＿＿ 日内完成；服务方应在本合同生效后 ＿＿＿ 日内完成技术服务项目等。）如双方未约定履行期限，义务方可以随时履行，权利方也可以随时要求对方履行但应给对方必要的准备时间。

3.2 本合同的履行地点可以由双方约定在委托方所在地，也可以约定在服务方所在地，或者双方同意的其他地点。如果约定不明确，则推定在委托方所在地履行。

3.3 本合同的履行方式可以约定以工艺产品结构的设计、新产品、新材料性能的测试分析、新型或者复杂生产线的调试、非标准化的测试分析以及利用技术和经验为特定技术项目服务等方式来完成。

第四条 工作条件和协作事项

4.1 工作条件和协作事项是指为了使服务方顺利开展服务工作，委托方应向服务方提供必要的工作条件和技术背景资料等。

4.2 委托方应协作的事项主要有以下几个方面：

（1）向服务方阐明所要解决的技术问题的要点，提供有关技术背景材料及有关技术、数据、原始设计文件及必要的样品材料等；

（2）根据服务方的要求补充说明有关情况，追加有关资料、数据；

（3）提供给服务方的技术资料、数据有明显错误和缺陷，应及时修改、完善；

（4）为服务方开展服务工作提供场所和必要的工作条件。

4.3 双方约定委托方应向服务方提供以下技术资料和数据：（委托方应提供的技术背景材料和有关技术、数据）

4.4 双方约定委托方应向服务方提供以下工作条件：（委托方应提供的工作条件，如场所、交通、食宿等）

4.5 以上协作事项应约定的明确具体，要尽量写明提供资料及工作条件的具体时间、内容、数量、方式和要求等。

第五条　技术情报和资料的保密

5.1 本合同内容如涉及国家安全和重大利益需要保密的，应在合同中载明秘密事项的范围、密级和保密期限以及各方承担的保密义务。

5.2 委托方提供的技术资料、数据需要保密的，应当在合同中约定保密范围和期限。合同没有约定的，委托方不得干预服务方引用、发表和向第三者提供。

5.3 双方可以约定不论合同是否变更、解除或者终止，合同保密条款不受其限制而继续有效，各方均应继续承担约定的保密义务。

第六条　验收标准和方式

6.1 鉴于技术服务合同的验收比较特殊，其技术服务成果大都属于软科学范畴，在某种程度上具有无形、不可操作的特点，其验收标准一般无法以硬指标衡量，故双方应本着科学、公正、实事求是的原则，严格按照合同约定的要求进行验收，不能过于苛刻或显失公平。

6.2 双方可以在合同中约定对技术服务成果采用鉴定会、专家评估的方式验收，也可以约定由委托方单方认可视为验收通过。但不论采用何种方式验收都应由验收方出具书面验收证明。

6.3 如果双方在合同中没有约定验收或评价方法，则按照合同实用的一般要求组织鉴定。

第七条　报酬及其支付方式

7.1 双方应明确约定服务方提供技术服务所应获得的报酬。在本合同中委托方应向服务方支付报酬____元人民币。

7.2 双方约定报酬的支付方式和期限为：（可以约定采用一次总付、分期支付等方式支付，并明确约定支付期限）

7.3 双方可以约定在合同履行过程中，服务方进行必要的调查研究、分析论证、试验测定活动等经费如果不包含在合同报酬中，其费用应由哪一方支付、支付的金额及方式。

（八）技术委托合同

甲方（委托方）

乙方（开发方）

第一条　项目名称

第二条　合同性质

本合同属于：

1. 委托开发合同 □

2. 合作开发合同 □

第三条 签约时间和地点

本合同由上述签约方于＿＿＿＿年＿＿＿＿月＿＿＿＿日在＿＿＿签订。

第四条　项目名称（用简明规范的专业术语概括技术特征）

第五条　技术内容

5.1 技术主要组成部分：

5.2 研究方法和技术路线：

5.3 技术开发手段：

5.4 技术目标（包括技术指标和参数）

第六条　研究开发计划

6.1 阶段进度：

6.2 总体计划：

第七条　转委托

7.1 开发方 / 合作双方是否可以将部分开发工作转委托给第三方：

（1）是 □

（2）否 □

7.2 转委托的具体内容包括：

第八条　保密要求

8.1 保密范围：

8.2 保密期限：

第九条　权利保障

签约方保证本合同涉及的全部技术内容具有自主性和真实性，并不因本合同的履行而侵犯他人的合法权益。

第十条　风险承担

10.1 在本合同履行过程中，因现有技术水平和客观条件下难以克服的技术困难造成的损失，风险责任按如下约定承担：

10.2 因不可抗力因素造成的损失，双方按如下约定承担：

10.3 本合同所指不可抗力因素，除法律规定情形之外，还包括以下情形：

第十一条　技术成果权益的归属和分享

11.1 履行本合同产生的技术成果申请专利的权利归____方所有；

11.2 履行本合同产生的技术秘密成果有关权益约定如下：

使用权归属：甲方□ 乙方□ 甲乙双方□

转让权归属：甲方□ 乙方□ 甲乙双方□

使用，转让所产生利益的分配办法：

11.3 其他需要约定的内容：

第十二条　成果验收

12.1 技术成果交付载体：

12.2 技术成果交付时间，地点：

12.3 技术成果验收标准，方式：

第十三条　相关技术服务

13.1 签约方确认，履行本合同是否需要相关技术服务：

（1）是 □

（2）否 □

13.2 相关技术服务的内容，方式：

第十四条　费用及支付方式

14.1 本合同费用总额为____元。

其中：

（1）技术开发经费为____元；

（2）购置相关设备等费用为____元；

（3）相关技术服务费为____元。

14.2 委托开发合同委托方费用，按以下第__种方式支付：

（1）一次总付，支付时间和方式：_____

（2）分期支付，支付时间和方式：_____

（3）其他方式约定如下：_____

14.3 合作开发合同签约各方确认按以下比例承担费用：

（1）技术开发费：＿＿＿＿

甲方＿＿＿＿元，支付时间和方式：＿＿＿＿＿＿＿

乙方＿＿＿＿元，支付时间和方式：＿＿＿＿＿＿＿

（2）设备等其他费用：＿＿＿＿

甲方＿＿＿＿元，支付时间和方式：＿＿＿＿＿＿＿

乙方＿＿＿＿元，支付时间和方式：＿＿＿＿＿＿＿

（3）相关技术服务费的约定：

第十五条 费用结算办法

15.1 费用使用方式：

（1）包干使用 □

（2）按实际支出使用 □

15.2 实际支出后的结余费用，签约方按如下约定处理：

＿＿＿＿＿＿＿＿＿＿＿＿＿＿＿＿＿＿＿＿

15.3 开发过程中购置的相关设备，器材，资料等财产按如下约定处理：

＿＿＿＿＿＿＿＿＿＿＿＿＿＿＿＿＿＿＿＿

第十六条 违约责任

16.1 任何签约方违反本合同中的任何一条，按以下第＿＿种方式承担违约责任：

（1）支付＿＿＿＿元违约金；

（2）按合同总标的＿＿＿＿% 支付违约金；

（3）按实际损失支付赔偿金；实际损失的范围和计算方法为：

＿＿＿＿＿＿＿＿＿＿＿＿＿＿＿＿＿＿＿＿

（4）其他计算方式：＿＿＿＿

16.2 违约方承担违约责任后，签约方约定本合同内容：

（1）继续履行 □

（2）不再履行 □

（3）是否履行再行协商 □

第十七条 合同的变更

签约方确认，在履行合同过程中对于具体内容需要变更的，由签约各方另行协商并书面约定，作为本合同的变更文本。

第十八条　合同的解除

18.1 在合同履行过程中，发生以下情形之一的，签约方可在＿＿日内通知对方解除合同：

（1）标的技术及与之相关的技术已经公开，使本合同的履行已没有意义或没有必要；

（2）因对方违约使合同不能继续履行或没有必要继续履行；

（3）其他约定情形：

18.2 合同解除后，对于已履行部分给签约方造成的实际损失，按如下约定承担：

_____

第十九条　争议解决方式

19.1 签约各方因履行合同发生争议，应协商解决；

19.2 协商解决不成，签约方同意采用以下第＿＿种方式解决纠纷：

（1）申请由＿＿＿仲裁委员会仲裁；

（2）向有管辖权的人民法院起诉。

第二十条　名词解释

为避免签约各方理解上的分歧，签约方对本合同及相关补充内容中涉及的有关名词及技术术语，特作如下确认：

第二十一条　补充约定

21.1 签约方确定以下内容作为本合同的附件，并与本合同具有同等效力：

21.2 其他需要补充约定的内容：

第二十二条　合同生效

本合同一式＿＿份，经签约各方签字盖章后生效。

甲方：＿＿＿＿＿＿＿＿　　　　乙方：＿＿＿＿＿＿＿＿

（盖章）　　　　　　　　　　（盖章）

法定代表人 / 委托代理人：　　　法定代表人 / 委托代理人：

住所地：　　　　　　　　　　住所地：

邮政编码：　　　　　　　　　邮政编码：

电话：   电话：

传真：   传真：

电子信箱：   电子信箱：

开户银行：   开户银行：

账　号：   账　号：

认定登记事项

_____

_____

登记编号：□□□□ - □□□□ - □□ - □□□□□□

认定意见：_____

登记员（签字）_____

登记机关（盖章）

（九）合资商标和商号许可协议

鉴于：许可方是以拉丁文和中文书写的 _____ 商标和商号以及本协议附件 a 所列出格式的注册和申请（许可商标）的所有权人。

鉴于：被许可方准备根据合营合同的约定在中华人民共和国营销、制造、供应和安装 _____ 公司业务且希望在合营合同规定的合营公司业务中使用许可商标。

有鉴于此，考虑到有关各点，双方达成如下协议：

第一条　许可的授予

1.1 根据以下所规定的条款和条件，许可方在此授予被许可方在区域内，且被许可方在此接受，一项非独家、不可转让且免收特许权使用费的使用附件 a 所列许可商标和商号的许可。

1.2 许可方在此承诺其为许可商标的合法所有权人并拥有全权授予被许可方许可商标的使用权。

1.3 本许可仅授予以合营公司名义进行的合营公司业务。

1.4 上述第 1.1 条的许可的授予，不包括合营公司的分许可授予权。

第二条　区域

本协议的唯一区域应为中华人民共和国的大陆领域（不包括中国香港、澳门和台湾）。

第三条 许可商标和商号的所有权

3.1 合营公司承认，许可方拥有许可商标和商号及其所有权利，本协议并不给予合营公司除授予的许可外的对许可商标和商号的任何权利或利益。

3.2 合营公司同意，其将不做任何与许可方对许可商标和商号的所有权相抵触的行为且不对许可方做出或不协助第三方试图对许可方做出任何有关该所有权有关的不利索赔。

3.3 合营公司同意，其将不对许可方对许可商标的权利提出异议，不反对许可商标的任何注册，或不对本协议的效力或本协议所授予的许可提出异议。

3.4 未经许可方事先书面批准，合营公司不得将许可商标用于任何与合营公司业务无关的业务。

3.5 尽管有本协议授予的许可以及本协议的任何规定，本协议并未授予合营公司有关没有列于附件 a 中的任何其他商标、服务标记和／或商号的任何权利或许可。

3.6 合营公司同意协助许可方按照中华人民共和国法律或法规的要求或许可方的许可和愿望到相关政府机构办理本协议的备案手续。

3.7 所有有关本协议的备案费用以及本协议授予许可的费用应由合营公司承担。所有有关许可商标和商号的注册、维持或续展费用应由许可方承担。

第四条 许可商标和商号的使用

4.1 合营公司承诺采取各种措施促进许可商标和其小册子、出版物和促销资料的使用，特别是使用时以合营公司的名义。

4.2 在有关介绍许可商标的任何出版物面世之前，合营公司将申请许可方的批准。

4.3 合营公司只能在本协议所授予的许可生效期间内使用许可商标。

4.4 合营公司承诺决不损害许可商标或以可能损害许可方名声的方式使用许可商标。

4.5 合营公司承诺在使用许可商标时使用与该商标注册时完全一致的格式和颜色。未经许可方事先批准不得作任何改变或修改。

4.6 合营公司承诺不直接或通过任何关联公司使用、注册、促销可能与许可商标构成竞争关系的任何商标或商号。

第五条　许可期限和终止

5.1 本协议在双方正式代表签署且经被许可方董事会第一次会议认可后生效，且在许可商标有效期间保持其效力，但本协议根据以下第 5.2 条规定提前终止的情况除外。

5.2 本协议在下列情况下终止：

（1）由许可方提出终止：如果许可方在合营公司中拥有的股权低于百分之五十一（51%）；如果合营公司解散或破产或业务停止；如果被许可方违反本协议的任何义务；如果技术许可协议或合营合同终止。

（2）如果许可方违反本协议的义务，则被许可方可提出终止。

在上述任何情况下，本协议应在用挂号信发出一封通知后三十日内终止。

5.3 不论何种原因导致本协议终止后，合营公司同意（i）立即停止任何使用包含 _____ 或许可方的许可商标和／或任何类似商号的行为，和（ii）立即采取各种措施停止将许可商标用于广告、商业登记、目录、互联网和网址、电话簿和任何其他类似名册。

第六条　保护

6.1 合营公司应当将其所知道的任何侵权、模仿、模拟或其他非法使用或误用许可商标的情况立即通知许可方。

6.2 作为许可方商标的唯一所有权人，许可方应当决定是否对侵权、模仿、模拟或其他非法使用或误用许可商标的行为采取任何措施。如果许可方选择不采取这些措施，则合营公司自费可采取这些措施，但须事先取得许可方的书面批准。在此种情况下，许可方将与合营公司合作行动，包括但不限于作为一方，但费用应由合营公司承担。

6.3 通过采取这些行动所收回的任何金钱赔偿或其他金钱应由承担这些行动费用的一方来享受；或如果双方共同承担费用的话，这些金钱应由双方根据承担费用的比例共享。

6.4 合营公司应在有关许可商标的保护、执行或侵权时向许可方提供所有合理的协助，不管是在法院、行政机构还是在准司法机构或其他机构。

第七条　新的商标

7.1 如果合营公司希望发展一个使用 _____ 或许可方的名称但不是许可商标的格式而是其他任何格式，则合营公司应当首先与许可方协商并取得其书面批准，许可方有权不予批准。

7.2 该新发展的商标将以许可方的名义注册并将在许可方书面批准之前被视为许可给合营公司的商标和商号。在此种情况下，应当适用本协议的所有条款和条件。取得和维持该新商标的费用应由合营公司承担。

第八条　适用法律和仲裁

8.1 本协议根据中华人民共和国法律解释和适用。

8.2 由本协议产生的且双方不能通过友好协商解决的任何纠纷或索赔应当只能通过仲裁最终解决并适用中国国际经济贸易仲裁委员会（cietac）的仲裁规则。

8.3 仲裁程序应在上海进行。仲裁庭由根据 cietac 指定的三名仲裁员组成。

8.4 各方（许可方，合营公司）应当承担其自己的仲裁费用。

第九条　语言

本协议以中英文两种语言写成，两种文本具有同等效力且在所有实质方面一致。

本协议中英文原件各一式三份。

许可方（盖章）：＿＿＿＿＿＿＿　　　　被许可方（盖章）：＿＿＿＿＿＿＿

法人代表（签字）：＿＿＿＿＿　　　　法人代表（签字）：＿＿＿＿＿＿

签订地点：＿＿＿＿＿＿＿　　　　　　签订地点：＿＿＿＿＿＿＿

＿＿＿年＿＿月＿＿日　　　　　　＿＿＿年＿＿月＿＿日

参考文献

一、专著

1. 吴汉东.知识产权多维度解读 [M].北京：北京大学出版社，2008.

2. 薛虹.网络时代的知识产权法 [M].北京：法律出版社，2000.

3. 张文显.法理学 [M].北京：高等教育出版社，2011.

4. 刘春田.知识产权法 [M].北京：中国人民大学出版社，2003.

5. 辛格.机器人战争：21 世纪机器人技术革命与反思 [M].武汉：华中科技大学出版社，2016.

6. 邹彩霞.中国知识产权发展的困境与出路：法理学视角的理论反思与现实研究 [M].上海：
上海社会科学院出版社，2013.

7. 冯晓青.知识产权法哲学 [M].北京：中国人民公安大学出版社，2003.

8. 郑成思.知识产权法 [M].二版.北京：法律出版社，2004.

9. 聂洪勇.知识产权的刑法保护 [M].北京：中国方正出版社，2000.

10. 赵秉志.侵犯知识产权犯罪比较研究 [M].北京：法律出版社，2004.

11. 拉伦茨.德国民法通论：上册 [M].王晓晔，等，译.北京：法律出版社，2003.

12. 吕忠梅.经济法的法学与经济学分析 [M].北京：中国检察出版社，1998.

13. 卓泽渊.法的价值论 [M].北京：法律出版社，2006.

14. 贝克.世界风险社会 [M].吴英姿，孙淑敏，译.南京：南京大学出版社，2004.

15. 富田彻男.市场竞争中的知识产权 [M].廖正衡，等，译.北京：商务印书馆，2000.

16. 肖新林，等.企业社会责任与知识产权 [M]// 易继明.中国科技法学年刊（2008 年卷）.武汉：
华中科技大学出版社，2010.

17. 纳尔逊，温特.经济变迁的演化理论 [M].胡世凯，译.北京：商务印书馆，1997.

18. 曹新明.梅术文.知识产权保护战略研究 [M].北京：知识产权出版社，2010.

19. 李明德.美国知识产权法 [M].北京：法律出版社，2003.

20. 贝克.世界风险社会 [M].吴英姿，译.南京：南京大学出版社，2004.

21. 王先林.知识产权与反垄断法：知识产权滥用的反垄断问题研究（修订版）[M].北京：法

律出版社，2008．

22. 费安玲．防止知识产权滥用法律机制研究 [M]. 北京：中国政法大学出版社，2009．

23. 史尚宽．民法总论 [M]. 北京：中国政法大学出版社，2000．

24. 美国专利法 [M]. 易继明，译．北京：知识产权出版社，2013．

25. 张志成．知识产权战略研究 [M]. 北京：科学出版社，2010．

26. 尹新天．中国专利法详解 [M]. 北京：知识产权出版社，2011．

27. 李琛．论知识产权法的体系化 [M]. 北京：北京大学出版社，2005．

28. 曹新明．中国知识产权法典化研究 [M]. 北京：中国政法大学出版社，2005．

29. 郑成思．知识产权论 [M]. 北京：法律出版社，2003．

30. 范长军．德国专利法研究 [M]. 北京：科学出版社，2010.

31. 侯仰坤．植物新品种权保护问题研究 [M]. 北京：知识产权出版社，2007.

32. 雷炳德．中华人民共和国著作权法 [M]. 北京：张恩民，译．北京：法律出版社，2004.

33. 熊彼特．经济发展理论 [M]. 何畏，易家祥，等，译．北京：商务印书馆1990．

34. 朱谢群．我国知识产权发展战略与实施的法律问题研究 [M]. 北京：中国人民大学出版社，2008.

35. 毛金生．企业知识产权战略指南 [M]. 北京：知识产权出版社，2010.

36. 吴汉东，杜颖，肖志远．知识产权法学 [M]. 北京：中共中央党校出版社，2008.

37. 吴汉东．知识产权法学 [M]. 六版．北京：北京大学出版社，2014.

38. 易继明．技术理性．社会发展与自由——科技法学导论 [M]. 北京：北京大学出版社，2005.

39. 塞尔．私权．公法——知识产权的全球化 [M]. 北京：国人民大学出版社，2008．

40. 孔祥俊．知识产权法律适用的基本问题 [M]. 北京：中国法制出版社，2013.

41. 张勤，朱雪忠．知识产权制度战略化问题研究 [M]. 北京：北京大学出版社，2010．

42. 陶鑫良．知识产权基础 [M]. 二版．北京：知识产权出版社，2011．

43. 丁丽瑛．传统知识保护的权利设计与制度构建——以知识产权为中心 [M]. 北京：法律出版社，2009．

44. 李明德．美国知识产权法 [M]. 二版．北京：法律出版社，2014.

45. 朱显国．知识产权代理实务 [M]. 北京：知识产权出版社，2017.

46. 杨昇．网络环境下的公民权利意识 [M]. 北京：知识产权出版社，2016.

47. 袁博．知识产权诉讼实战策略 [M]. 北京：中国法制出版社，2017.

48. 张志峰．知识产权疑难解答与实务指导 [M]. 北京：中国法制出版社，2017.

49. 倪静．知识产权争议多元化解决机制研究 [M]. 北京：法律出版社，2015.

50. 谢湘辉．知识产权权利冲突：理论与案例分析 [M]. 北京：法律出版社，2015.

二、论文

1. 郑成思．侵害知识产权的无过错责任 [J]. 中国法学，1998（1）．

2. 莫骅．我国知识产权保护的基本对策 [J]. 改革与战略，2008（12）．

3. 孙玲. 浅谈我国知识产权保护问题 [J]. 实证分析，2010（10）.

4. 吴汉东，李登瑞. 中国知识产权法研究 30 年 [J]. 法商研究，2010（5）.

5. 周天炎，等. 知识产权法规对我国情报服务的影响与对策研究 [J]. 情报杂志，1996（2）.

6. 周德明. 专利产权信息与技术引进 [J]. 图书馆杂志，1995（5）.

7. 吴汉东. 设计未来：中国发展与知识产权 [J]. 西北政法大学学报，2011（4）.

8. 何敏. 知识产权客体新论 [J]. 中国法学，2014（6）.

9. 于志强. 我国网络知识产权犯罪制裁体系检视与未来建构 [J]. 中国法学，2014（3）.

10. 吴汉东. 论反不正当竞争中的知识产权问题 [J]. 现代法学，2013（1）.

11. 于志刚. 网络犯罪与中国刑法应对 [J]. 中国社会科学，2010（3）.

12. 刘科，高雪梅. 刑法谦抑视野下的侵犯知识产权犯罪 [J]. 法学杂志，2011（1）.

13. 吴汉东. 知识产权法的制度创新本质与知识创新目标 [J]. 法学研究，2014（3）.

14. 吴汉东. 知识产权制度运作：他国经验分析与中国路径探索 [J]. 中国版权，2007（2）.

15. 张韬略. 英美和东亚专利制度历史及其启示 [J]. 科技与法律，2003（1）.

16. 宋志国. 我国知识产权法律移植中的递减效应原因探析 [J]. 政治与法律，2006（5）.

17. 高富平. 寻求数字时代的版权法生存法则 [J]. 知识产权，2011（2）.

18. 王太平. 知识产权制度的未来 [J]. 法学研究，2011（3）.

19. 夏旭阳. 知识产权垄断性批判：以激励论为重心 [J]. 西南政法大学学报，2007（1）.

20. 付明星. 韩国知识产权政策及管理新动向研究 [J]. 知识产权，2010（3）.

21. 梅永红. 自主创新与国家利益 [J]. 求是，2006（10）.

22. 吴汉东. 知识产权战略实施的国际环境与中国场景——纪念中国加入世界贸易组织及《知识产权协议》10 周年 [J]. 法学，2012（2）.

23. 刘友华. 专利制度的未来模式：替代. 革新抑或全球化 [J]. 华南师范大学学报（社会科学版），2011（4）.

24. 马一德. 创新驱动发展与知识产权战略实施 [J]. 中国法学，2013（4）.

25. 何传启. 第六次科技革命的中国战略机遇 [J]. 决策与信息，2012（6）.

26. 万钢. 紧紧抓住重大战略机遇 努力实现创新驱动发展 [J]. 求是，2012（16）.

27. 张维炜. 知识产权修法的强国之路 [J]. 中国人大，2013（2）.

28. 许春明，陈敏. 中国知识产权保护强度的测定及验证 [J]. 知识产权，2008（1）.

29. 袁秀明. 技术冲击与美国的经济波动——20 世纪末期以来美国经济繁荣与泡沫破裂的思考 [J]. 经济学动态，2004（11）.

30. 周新川，陈劲. 创新研究趋势探讨 [J]. 科学学与科学技术管理，2007（5）.

31. 杨莉莉，王宏起. 产业集群与区域经济协调发展机制及对策 [J]. 科技与管理，2008（10）.

32. 林学军. 美国硅谷的研究模式和中国创新战略思考 [J]. 暨南学报（哲学社会科学版），2007（4）.

33. 何郁冰. 产学研协同创新的理论模式 [J]. 科学学研究，2012（2）.

34. 吴汉东 . 中国知识产权法制建设的评价与反思 [J]. 中国法学，2009（1）.

35. 吴汉东 . 知识产权的共同规则与自主话语 [J]. 中国社会科学，2011（5）.

36. 程啸 . 知识产权法若干基本问题之反思 [J]. 中国人民大学学报，2001（1）.

37. 林炳辉 . 知识产权制度在国家创新体系中的地位和作用 [J]. 知识产权，2001（3）.

38. 陈谊，汪天亮 . 试论知识产权法的价值定位——创新 [J]. 行政与法，2004（9）.

39. 宋志国 . 我国知识产权法律移植中的递减效应原因探析 [J]. 政治与法律，2006（5）.

40. 刘笋 . 知识产权国际造法新趋势 [J]. 法学研究，2006（3）.

41. 冯心明 . 论知识产权保护的价值取向 [J]. 华南师范大学学报（社会科学版），2004（4）.

42. 吴峰 . 知识产权 . 人权 . 发展 [J]. 上海理工大学学报，2005（3）.

43. 张德芬 . 知识产权法之和谐价值的正当性及其实现 [J]. 法学评论，2007（4）.

44. 易继明 . 禁止权利滥用原则在知识产权领域中的适用 [J]. 中国法学，2013（4）.

45. 郭寿康，万勇 . 中国外贸法限制知识产权滥用措施制度研究 [J]. 法学家，2005（5）.

46. 张平 . 专利联营之反垄断规制分析 [J]. 现代法学，2007（3）.

47. 张广良 . 知识产权法院制度设计的本土化思维 [J]. 法学家，2014（6）.

48. 胡淑珠 . 试论我国知识产权法院（法庭）的建立——对我国知识产权审判体制改革的理性
    思考 [J]. 知识产权，2010（4）.

49. 邰中林 . 境外专门知识产权法院制度对我国的启示与借鉴 [J]. 法律适用，2010（11）.

50. 曹新明 . 知识产权与民法典连接模式之选择 [J]. 法商研究，2005（1）.

51. 罗莉 . 论惩罚性赔偿在知识产权法中的引进及实施 [J]. 法学，2014（4）.

52. 张林锋，修红义 . 印度知识产权制度浅析及启示 [J]. 中国发明与专利，2011（12）.

53. 熊琦 . 中国著作权立法中的制度创新 [J]. 中国社会科学，2018（7）.

54. 刘春田 . 著作权法第三次修改是国情巨变的要求 [J]. 知识产权，2012（5）.

55. 熊琦 . 互联网产业驱动下的著作权规则变革 [J]. 中国法学，2013（6）.

56. 李琛 . 论我国著作权立法的新思路 [J]. 中国版权，2011（4）.

57. 汤兆志 . 中国著作权集体管理法律制度的理论与实践 [J]. 中国出版，2014（3）.

58. 熊琦 . 著作权法定许可制度溯源与移植反思 [J]. 法学，2015（5）.

59. 郭寿康，李剑 . 我国知识产权审判组织专门化问题研究——以德国联邦专利法院为视角 [J].
    法学家，2008（3）.

60. 周璨 . 比较法视角下我国技术调查官制度的完善 [J]. 法制博览，2017（14）.

61. 易玲 . 我国专利诉讼中技术法官制度面临的挑战 [J]. 湘潭大学学报，2014（3）.

62. 刘作翔 . 中国案例指导制度的最新进展及其问题 [J]. 东方法学，2015（3）.

63. 崔国斌 . 知识产权法官造法批判 [J]. 中国法学，2006（1）.

64. 郑胜利 . 论知识产权法定主义 [J]. 中国发展，2006（3）.

65. 李瑛，许波 . 论我国案例指导制度的构建与完善——以知识产权审判为视角 [J]. 知识产权，
    2017（3）.

66. 张骐. 论中国案例指导制度向司法判例制度转型的必要性与正当性 [J]. 比较法研究，2017（5）.

67. 曹新明. 我国知识产权判例的规范性探讨 [J]. 知识产权，2016（1）.

68. 宿迟，杨静. 建立知识产权司法判例制度 [J]. 科技与法律，2015（2）.

69. 沈宗灵. 当代中国的判例——一个比较法研究 [J]. 中国法学，1992（3）.

70. 魏大海. 案例指导制度建构中的几个需要厘清的问题——以知识产权审判为说明模式 [J]. 科技与法律，2010（2）.

71. 刘作翔. 中国案例指导制度的最新进展及其问题 [J]. 东方法学，2015（3）.

72. 李瑛，许波. 论我国案例指导制度的构建与完善——以知识产权审判为视角 [J]. 知识产权，2017（3）.

73. 胡云腾，等.《关于案例指导工作的规定》的理解与适用 [J]. 人民司法，2011（3）.

74. 王利明. 我国案例指导制度若干问题研究 [J]. 法学，2012（1）.

75. 贾根良，黄阳华. 德国历史学派再认识与中国经济学的自主创新 [J]. 南开学报（哲学社会科学版），2006（4）.

76. 林学军. 美国硅谷的研究模式和中国创新战略思考 [J]. 暨南学报（哲学社会科学版），2007（4）.

77. 吴汉东. 利弊之间：知识产权制度的政策科学分析 [J]. 法商研究，2006（5）.

78. 冯晓青. 我国企业知识产权运营战略及其实施研究 [J]. 河北法学，2014（5）.

79. 牛强. "后 TRIPS 时代"知识产权国际保护的中国路径 [J]. 西南政法大学学报，2009（6）.

80. 古祖雪. 后 TRIPS 时代的国际知识产权制度变革与国际关系的演变一以 WTO 多哈回合谈判为中心 [J]. 中国社会科学，2007（2）.

81. 杜颖. 知识产权国际保护制度的新发展及中国路径选择 [J]. 法学家，2016（3）.

82. 李顺德. 自由贸易协定（FTA）与知识产权国际环境 [J]. 知识产权，2013（10）.

83. 王太平，熊琦. 论知识产权国际立法的后 TRIPS 发展 [J]. 环球法律评论，2009（5）.

84. 张建邦. "TRIPS—递增"协定的发展与后 TRIPS 时代的知识产权国际保护秩序 [J]. 西南政法大学学报，2008（2）.

85. 王重鸣，薛元昊. 知识产权创业能力的理论构建与实证分析：基于高技术企业的多案例研究 [J]. 浙江大学学报（人文社会科学版），2014（3）.

86. 刘春田. 发展产业与保护创新 [J]. 中国版权，2007（5）.

87. 张志成. 对知识产权事业科学发展的一点思考 [J]. 知识产权，2009（4）.

87. 吴汉东. 经济新常态下知识产权的创新. 驱动与发展 [J]. 法学，2016（7）.

89. 李明德. 关于知识产权损害赔偿的几点思考 [J]. 知识产权，2016（5）.

90. 邓灵斌，余玲. 大数据时代数据共享与知识产权保护的冲突与协调 [J]. 法律研究，2015（6）.

91. 黄雷. "大数据"时代下的知识产权保护研究 [J]. 吉林工程技术师范学院学报，2014（9）.

后 记

律师、法官与教师的角色定位与转换

得益于国家"双千计划"、山东省"双百计划"的实施，本人有幸于2016年3月18日至2017年3月18日在济南市中级人民法院民三庭（现已改为知识产权庭）挂职副庭长一年，从而由一名教师（兼职律师）转变为一名法官，实现了自己的法官梦，也完成了教师、律师、法官三大职业体验与角色转换，学会了对同一法律问题从不同的角度进行观察与思考，一年的知识产权审理工作，经历了知识产权纠纷大量增加，知识产权保护力度不断增大的过程，切实了解了法官工作的真实状况，体味了法官的酸甜苦辣，也对于我国的司法实践有了更进一步的认识，提升了知识产权案件的处理水平，挂职工作结束以后，回到教学工作岗位，得以有机会仔细体味教师、律师和法官三个不同职业的酸甜苦辣，以不同的身份、从不同的角度对知识产权法律问题的研究、运用进行一定的梳理，因此形成了本书的内容，对自己是一个阶段性总结，为他人或许可以提供一些借鉴。

就知识产权问题而言，教师、律师、法官三者的排列在每个人的心中各有不同，不同的人从不同的角度自然会有不同的结论，按照一般社会观念，应该是把律师或者法官排在前面的，因为法官有权，居中裁判，可以决定案件的结果，可以裁断当事人权利义务的是非对错，决定当事人在案件中的命运；律师有利，代理一方，可以维护当事人的利益并可以获得利益；而教师则只会空谈，只能讲授课本上的理论和法律规定，往往不切实际，所以，在当前的状况下，在一般人的眼里或者心里，律师或法官的地位还是远远高于教师的，从职业选择中极少有人主动选择从事教师职业可见一斑，但在我的心中，一直是把教师放在首位的，道理也很简单——没有教师，哪来的律师或法官？或者说，没有老师的培养，怎么能成为一个好的律师或法官，当然，不能否认有无师自通的个别天才，但那只是极少数，不具有普遍意义，只是由于教师的"置身事外"才能更客观地理解法律，跳出利益的羁绊更理智地分析问题解决问题。

作为法律共同体的一员，教师、律师、法官的角色是可以转换的，看待问题也应该从不同的角度尝试理解法官或律师为什么会这样做，律师与法官的角色转换随着改革的深入已经不成问题，律师通过选拔做法官和法官辞职做律师的渠道已经打通，而教师在高校有了用人自主权后，也完全可以实现自由的流动。但真正实现角色的自由转换还需要各方都要做好充分准备。首先，好的律师不一定能成为好的法官，好的法官也不一定能成为好的律师，同样，好教师也不一定是好律师或好法官，反之亦然。三者还是有很大的差异，各有其特点和自身规律，从个人的角度讲，能否成功转型，需要做出自我评估。其次，每个人心中都应该有一个确定的评价标准，没有统一的评价标准，实现转型就很难。什么样的人从事什么职业是无法由单一因素决定的，也不是单方能够决定的，必须全面的衡量，但无论做什么，追求法律的公平正义都应该是法律人的唯一目标。

回归到知识产权问题，知识产权已经被上升为国家战略，急需法律从业者为国家知识产权的发展做出贡献，知识产权人才需要教师培养，知识产权纠纷需要法官裁断，当事人的知识产权权益需要律师维护。法官有法官的纪律与操守，律师有律师的职业道德，教师有教师的标准，在现有法律的框架下，以法律的公平正义为最高准则，就一定能够为我国知识产权的发展做出自己的贡献，同时，加强交流，换位思考，站在不同的角度看待对方的工作，就会少些误解与分歧，多谢理解与沟通，对各自的工作必定有所帮助，对实现法治的共同目标必有所裨益。

感谢家人的理解与支持，让我有时间和精力撰写此书，感谢山东瀛岱律师事务所和陈士宽律师为本书的出版所做的大量工作，感谢知识产权出版社和田姝编辑、李小娟编辑的独具慧眼和辛勤付出，同时，我的学生隋秉汝、闫新雅、任志强、曲婧民、周超、王晓倩、王晓禄同学参与了大量的文字整理和校对工作，在此一并表示感谢。

　　本书付梓之际，心中难免忐忑，虽然希望将自己在知识产权实务工作中的点滴收获做一个体系化的整理，试图将知识产权法律、理论与实务结合起来，让读者能够从中理解知识产权案件的司法认定标准以及可以借鉴的经验教训，但回读书稿却发现与初衷相去甚远，能否实现一厢情愿的目的也不敢确定，所幸得到家人、朋友的理解、支持与鼓励，只有把不能登大雅之堂的拙作呈现出来，才能得到大家的批评指正，才可以获得与大家交流的机会，因此，终于鼓足勇气完成这一对我来说并不轻松的事情，还望读者提出宝贵意见，不吝批评指正。

　　谨以此书献给在知识产权领域不断探索前行的同路人！

隋洪明

二〇一八年十二月六日